全国职业院校技能大赛文秘速录赛项资源转化成果

计算机**中文速记**职业技能 培训用书

亚伟中文速录机
培训教程

7.0版
【上册】

主 编／廖 清

副主编／唐 骥 王 芳 徐云庆 唐 腾

社会科学文献出版社
SOCIAL SCIENCES ACADEMIC PRESS (CHINA)

编辑委员会

修订说明

为了方便教学与实训，本次修订在《亚伟中文速录机培训教程（2017版）》基本内容的基础上，按照学习的阶段，将"基本原理"与"巩固提高训练"分册编排，使学习重点更加集中，也更契合院校的基础课时安排，从而有助于提高入门阶段的教学效果与学习质量。同时也能考虑到学员之间的个体差异，以期适应不同的学习需求。在相关软硬件知识部分，突出"通用性"与"基础性"，以实用为目的，尽量避免纯粹功能性的讲解。

一　上册

上册的核心是基础入门学习。集中学习与练习亚伟中文速录机最基本的指法，为进一步提高奠定牢固的基础。本册主要包括"基本原理"和"培训教程"两部分，作为亚伟中文速录机初学者的入门教材。

1. 基本原理

基本原理介绍了亚伟中文速录机的特点、作用、原理与法则，亚伟中文速录机的学习与应用以及设计原则。

2. 培训教程

培训教程共三十二讲，分为四个阶段。第一讲为第一阶段，学习亚伟中文速录机的键盘键位及坐姿、指法；第二讲到第七讲为第二阶段，学习亚伟中文速录机的全部声码；第八讲到第十五讲为第三阶段，学习亚伟中文速录机的全部韵码；第十六讲到第三十二讲为第四阶段，学习亚伟中文速录机的全部系列音节码。四个阶段层层递进，滚动提高，不可跳跃学习。本部分不仅详细列出了所有基础指法的键盘示意图，而且有相应的指法视频以及练习的音频文件以帮助学习。

二　下册

下册的核心是巩固提高训练。经过承上启下的训练，并进一步通过速度训练，使学生能够掌握和应用亚伟中文速录机高效率完成文字信息采集和整理任务。

1. 训练指南

训练指南共四讲。集中讲解亚伟中文速录机的多种录入及编辑功能、亚伟速录专用文字处理系统软件的基本操作及专用功能、亚伟中文速录实用技巧和亚伟速录训练的方法。

2. 巩固训练

巩固训练的作用是"承上启下"，分篇逐个强化所有韵码的系列音节码扩展词语，并安排了 17 篇短文的训练。目的是巩固"培训教程"的基础指法，顺利过渡到速度提高训练。本部分的内容也可以根据实际情况，配合"培训教程"的进度选用。本部分词语练习及训练范文均配有相应的音频文件。

3. 提高训练

提高训练的作用是集中提供一批速度训练范文，按照初级、中级、高级的顺序编排。本部分共提供 36 篇不同阶段、不同方式、不同用途的速度训练范文。本部分训练文章均配有相应的音频文件。

4. 训练范文出处

本教材所选用的训练范文出自人民网、新华网等。

目　录

·上　册·

基本原理

培训教程

绪　论

走进中文速录

信息化社会的各行各业都离不开信息，都需要进行信息处理。语言文字的信息处理是信息处理的重点和难点，其中，语言信息的采集可谓难点中的难点。

汉字是以表意体系为主的文字，历史悠久，源远流长。从上古的结绳记事，发展到甲骨文、金文、大篆、小篆、隶书、楷书、草书、行书直至简化字，经过长期不断的发展、改进，汉字博大精深，蕴含丰富的内涵，是中华文明传承的重要载体。但是汉字字形结构比较复杂，书写速度缓慢，用于文字信息处理，的确是一个很大的难题。

中文手写"速记"的出现，在中文信息处理领域是一次突破。它能以与语音齐飞的速度记下语言的内容，为我们保存、传递了大量的文献史料与科技信息，为社会发展作出了重要的贡献。

我国汉字结构复杂，不能像拼音文字那样方便地实现汉字机械化"打字"，曾经的大键盘铅字打字机就是一个明显的例子。电子计算机的汉字"键盘输入"也曾经是一个难题。在20世纪70年代，为了使汉字进入计算机，许多能人志士刻苦钻研，陆续出现了许多"汉字编码"方案，有音码、形码、音形码、形音码等多种类型，不下数百种，解决了当时的这一"瓶颈"问题——把汉字输入计算机，这在中文信息处理领域也是一次突破，为国家、民族作出了重要贡献。

20世纪90年代，随着信息时代的飞速发展，世界各国对信息处理的速度和效率要求越来越高。在中文信息处理方面，如何进一步提高汉字输入的速度和效率，又成为当务之急。在这种背景下，一种新型、快速、多功能、高效的"亚伟中文速录机"（YW Chinese Stenography），简称"亚伟速录机"（YWS），作为一种高新技术产品，在北京晓军办公设备有限公司的组织下，集中专家、技术人员进行研制，于1994年研发成功，并推向社会，受到各方面的重视。原中国文献信息速记学会、中国中文信息学会、北京市速记协会等学术团体均予以大力支持与协作。

基本原理

亚伟中文速录机培训教程（7.0版）

本部分介绍了亚伟中文速录机的特点、作用、原理与法则，亚伟中文速录机的学习与应用以及设计原则。

一

亚伟中文速录机的特点和作用

中文速录机的出现是我国中文信息处理事业发展历程的标志性见证。亚伟中文速录攻克了"汉字同声录入"和"电脑速记"这两项世界公认的大难题，填补了我国汉语实时听打领域的空白，得到了广泛认可和应用。

1994年，亚伟中文速录机通过原劳动部职业技能与技术鉴定，专家一致认为该产品属于"国内首创，达到国际先进水平"；

1996年，亚伟中文速录机被列入国家火炬计划项目；

1997年，全国法院系统推广使用亚伟中文速录技术，实现庭审记录计算机化；

2002年，全国人大信息中心正式组建专职速录师队伍，服务于全国人大常委会每两个月一次的会议以及平时的委员长会议和日常办公会议等的现场记录；

2003年，国家劳动和社会保障部颁布《速录师国家职业标准》，将速录师纳入国家职业体系，并在全国范围内推广；

2004年5月28日，唐亚伟教授90岁生日，国际速联名誉主席凯勒尔和当届主席拉曼德利专程前来祝贺，并代表国际速联授予唐老"终身荣誉奖"；

2004年7月，外交部正式组建速录队伍，为国家领导人的外事活动做全程记录；

2006年5月9日，亚伟中文速录机荣获"北京市科学技术一等奖"；

2006年11月22日，唐亚伟教授以其发明的亚伟中文速录技术，以及70余年在中文手写速记推广普及和促进电脑速录行业兴起等方面所作出的卓越贡献，荣获中国中文信息学会首届"钱伟长中文信息处理科学技术一等奖"，这一奖项也是我国中文信息处理科技领域的最高荣誉；

2007年2月27日，亚伟中文速录技术及装置荣获"国家技术发明二等奖"；

2009年8月15~21日，第47届国际信息处理大赛在北京国家奥林匹克体育中心举办。

上述成绩的取得，是亚伟中文速录机卓越性能的证明，其特点总结如下：

1. 高速度

亚伟中文速录机的速度比一般汉字输入速度成倍地提高。无论是"听打"还是"看打"，长时间（2 小时以上）的工作速度均可超过每分钟 200 字。

2. 多功能

亚伟中文速录机既能"听打"，又能"看打"和"想打"，也就是说，既能速记，又能速录。

3. 高效率

亚伟中文速录机通过译码和编校系统，可以即打即显，投影屏幕，快速编校，打印成文。

4. 新形式

亚伟中文速录机的机身玲珑，便于携带；键盘小巧，便于操作。

以上特点，体现出亚伟中文速录机的时代性、先进性、实用性。

速度、时间、效率是信息处理的主要要求，也是信息处理发展高度的里程碑。亚伟中文速录机的推出是时代的需要，是国家、民族、社会发展的需要，也是我国中文信息处理领域里又一次新的突破。

二

亚伟中文速录机的原理与法则

亚伟中文速录机的基本原理，是运用"多键并击"的高效输入法，在输入速度上取得新的突破。一般计算机的键盘输入，都是每次用1个手指击1个键。尽管左右两手10个手指轮流操作，但在同一时间内，1次只能击打1个键，输入1个汉字最少需要击打2~5个键，才能完成，即使最常用的20多个高频字，也需要2键才能输入（先击1个字母键，再击1个空格键）。由此可见，充分发挥10个手指的潜力和优势，在同一时间内，用多个手指击打多个键，就可以大大提高输入的速度。

运用10个手指中的几个手指，同时多击几个键，从运动生理学和心理学的角度看，都是完全可能的，这已经在实践中被充分证明。如抚风琴、弹钢琴，都是运用10个手指中的几个手指，1次按下几个键，同时发出多个不同乐音，奏出多层次的、谐和的悦耳曲调。因此，我们完全有可能运用"多键并击"的原理，同时按下几个键，高效地、快速地录入人们的高谈阔论或锦绣文章。

为了实现"多键并击"，必须设计一种精巧而简单的专用键盘。一般计算机使用的标准键盘，只适合"一次一键"的打法，其字码的排列，既不符合汉语拼音的频率与手指关系的要求，更不符合多个指头同时并击的要求，因而必须另行设计合理的、实用的亚伟中文速录机的专用键盘。这种键盘必须适合两手十指的活动区域范围，在操作时应尽量缩小手指运行的空间和行程，让相应的手指很便捷地同时按下几个键，不仅速度要求"快"，而且出码要求"准"。根据以上要求，经过精心调配，优化组合，设计出一种只有24个键的专用键盘，分为左、右两个部分，两边对称，各分3排，上排、中排各有5个键位，下排各有2个键位。用这个简便精巧的键盘，左、右两手同时操作，多键并击，可以达到既"准"又"快"的目的。

亚伟中文速录机输入汉语的方式，我们采用最通行、最易学的"拼音输入法"。以国家公布的《汉语拼音方案》为依据，以普通话为标准，编订出21个声码，34个韵码，声韵相拼，拼缀成300多个音节码，作为"亚伟码"的基础。

亚伟中文速录机的键位码，用拉丁字母的大写印刷体表示，便于阅读。各个键位码的安排，要求科学化和系统化，因此规定下列几项原则：

（1）整个键盘分为左、右两部分，键位码左右对称，两边完全一样，保证双手并击1次各出1个完整的音节码，代表2个汉字；

（2）音节码的组合次序，以声码排在前，韵码排在后为原则，这既符合拼缀的规范，也符合手指活动的频率要求；

（3）声、韵码的形式，可用"单码"或"组合码"表示，以发挥"多键并击"的优势；

（4）"声码"的编订，均按发音部位分组；"韵码"的编订，尽量与《汉语拼音方案》保持一致，以便于学习和记忆；

（5）根据汉语拼音声、韵母的出现频率，安排"声、韵码"的键位位置，使之符合手指活动频率的要求。

根据以上原则，设计出亚伟中文速录机的专用键盘并具体安排键位码。

根据同样原则，编订出一系列的声码、韵码和音节码。

在这24键的简单键盘上，除了要求打出以上所述的声码、韵码以及300多个音节码以外，还要求打出各种功能码、特定码。如：

（1）功能码：录入开始、录入结束、空格、换行、删除、省略、自定义、块操作、调出特定键盘和"亚伟拼音形码"等。

（2）特定码：单音词特定码、标点符号特定码、数词特定码、拉丁字母特定码等。

在"看打"录入时，如遇见个别不认识的生僻字，可以查字典，或者用"亚伟拼音形码"输入。

这里概括、简要地介绍了亚伟速录机的原理和法则，以便我们初步了解其理论基础，为学习以后各讲课程奠定基础。

三

亚伟中文速录机的易学性

首先，容易理解。只要懂得"汉语拼音"，就能理解全部的亚伟码结构系统。"汉语拼音"是我国小学一年级就开始学习的课程，难度不大。即使有些读者不会"汉语拼音"，也可以按照书上的汉字注音学会。亚伟码的组合，声韵分明，便于理解。

其次，容易记忆。这里没有成串的条文要记忆，没有任何太难的规则要背诵。即使有些高频词语要记住，但规则简单，容易记忆，可以逐步掌握。

最后，在指法练习方面，我们前边已经提到，亚伟中文速录机的原理是"多键并击"，这对一个会弹钢琴、抚风琴的人来说是很容易的。但是对一些不会弹钢琴、抚风琴的人来说，开始学习必然会有一些别扭，但是，一经练习，手指适应了，就会有意想不到的收获。

人的左、右手的活动是与人的左、右两个半脑联系着的，而且左、右两个半脑有严格分工。左半脑管抽象思维，侧重于语言、数字、符号、逻辑推理等；右半脑管形象思维，侧重于想象、节奏、图形、位置、音乐等。两个半脑有相对独立的支配能力，左半脑支配右手，右半脑支配左手。人们一般较多地使用右手，相应地促进左半脑发达，我们要是再多使用左手，必然会促进右半脑发达。如果我们同时使用左、右手进行多键并击，必然会促使左、右半脑同时发达。

令人振奋的是，美国加利福尼亚的奥恩斯坦教授发现：如果对两个半脑中的未开垦处给予刺激，激发其积极配合另一半脑，它所起的作用，会使大脑的总能力和效率成倍地提高。所谓成倍地提高，不是按常规数学进行计算，当一个半脑发挥作用时，对另一个半脑产生的效果，往往是单独使用一个半脑时的 5~10 倍。

由此可见，凡是运用左、右两手同时进行操作的人，都能促使大脑的左、右两个半脑大幅度开发，充分发挥其潜力，使记忆和思维能力大幅度增长。

亚伟中文速录机的学习方式有多种。一种是"面授"，由老师利用教材进行讲解，学生一面听讲一面进行练习，可以集中学习也可以业余学习，根据教材安排进度，由入门到中级再到高级；一种是"函授"，学员自购亚伟中文速录机、电脑设备，通过教材（包括录音、录像带）和远程辅导，进行函授自学，只要坚持到底，一样可以获得成功；还可以进行电脑自动化教学，包括人性化的教学辅导录像、指法演示，还可以通过电脑进行练习、听打、检测、判卷等活动。为了方便教师教学，我们还制作了"文本OK录音系统"，可以制作速度规范的音频文件。

四

亚伟中文速录机应用的广泛性

　　首先是听打。速录人员将听到的语言信息，用亚伟码输入亚伟速录机（硬件），亚伟中文速录机立即将亚伟码传送给计算机，通过"译码、编校系统"（即亚伟速录系统软件，后同）译成汉字，然后通过打印机打印出来，或通过投影仪投向屏幕。

　　其次是看打。速录人员看着文字稿件，将稿件中的文字信息，输入亚伟中文速录机，通过编校，打印成文。图示如下：

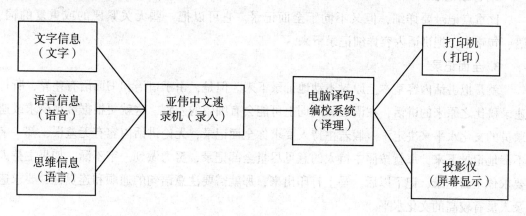

　　总之，亚伟中文速录机的应用是灵活多样的。可以即打、即校、即显，为聋哑人服务，也可以即打、即编、即印，当场出版快报。

五

亚伟中文速录机的听打录入

1. 重点记录

就是把讲话中的重要或主要部分记录下来。这种记录大都是因为讲话内容没有详细记录的必要，或者是由于讲话人的口才欠佳，或者方言难懂，无法进行详细记录，只能记其重点。

2. 详细记录

比重点记录要详细，但又不同于全面记录。它可以把一些无关紧要的或重复的词、语、句略去，把讲话内容详细记录下来。

3. 全面记录

就是把讲话内容基本上原封不动地记录下来。但是，由于口语和书面语有差异，听打速录稿比之原来的讲话，在语法和用词上可能会有细微的差别，这就要根据客观要求或速录员的文化水平来决定了。假若主持人要求你全面记录，无论讲话内容有无差误，都一字不漏地记录下来，那就按照主持人的意见尽量全部记录，努力做到一字不漏。如果主持人要求你全面记录，记下以后，马上打印出来，那就需要注意语句的通顺和连贯性，要求速录人员有较高的文化水平。

由此可以看出，速录工作是一项锻炼人的工作，速录师不仅可以在工作中不断提高自己的文化素养和认识水平，通过手指的锻炼，还可以促使大脑发达、逻辑思维与形象思维能力同时提高，成为一个高智慧、高技术、高品质的专业人才。欧美国家速录学校的招生简章上，开头几行大字就是这样写的：

天才之作
激动人心的职业，
从这简单的键盘开始！

六

亚伟中文速录机编码（亚伟码）的设计原则

（一）亚伟码声码的设计原则

1. 编码方案

编制声码所用的键位码本身就是声码的只有4个，即"B（bu）""D（de）""Z（zhi）""G（ge）"，其余的都要靠这些键位码相互组合来构成。

全部21个声码的编码如下：

编码	读	音	编码	读	音	编码	读	音	编码	读	音
B	（bu）	不	BG	（pu）	铺	XB	（mu）	木	XBU	（fu）	副
D	（de）	的	BD	（te）	特	XBD	（ne）	呢	XD	（le）	了
Z	（zhi）	之	BZ	（chi）	吃	XZ	（shi）	市	XBZ	（ri）	日
DZ	（zi）	子	BDZ	（ci）	此	XDZ	（si）	死			
G	（ge）	个	XBG	（ke）	可	XG	（he）	和			
GI	（ji）	及	XGI	（qi）	其	XI	（xi）	系			

2. 自成音节

亚伟码共有21个声码，所有声码都有固定的读音，与1个固定的音节码相对应，这便是声码所代表的音节码，可以通过单独击打声码来输入。这一点与汉语拼音有所不同，汉语拼音的声母，虽然也都有固定的读音，但那是为了交流的方便，使不发音或发音很微弱的声母能够读出声来，不能单独为汉字注音。

3. 键位码和指法

声码使用的键位码主要是"X""B""D""Z""G"，个别的声码用到了"I"和"U"，这些都是排列在前面的键位码。

构成声码的键位码主要靠拇指和食指进行击打，有个别声码用到了中指。

（二）亚伟码韵码的设计原则

1. 编码方案

全部 34 个韵码的编码如下：

编码	读　音		编码	读　音		编码	读　音		编码	读　音	
I	（yi）	以	U	（wu）	无	IU	（yu）	与	O	（o、wo）	哦、我
E	（e、ei）	额、诶	NE	（eng）	嗯	A	（a）	啊	IN	（yin）	因
AO	（ao）	奥	AN	（an）	按	EO	（ou）	欧	IO	（ai）	爱
UE	（wei）	为	IA	（ya）	压	NO	（ang）	昂	UN	（wen）	问
IE	（ye）	也	EA	（yo）	哟	XE	（er）	而	IUE	（yue）	月
UA	（wa）	挖	UIO	（wai）	外	INE	（ying）	应	UEO	（ong、weng）	翁
IUN	（yun）	云	IAO	（yao）	要	IAN	（yan）	言	UNO	（wang）	王
IUEO	（yong）	用	IEO	（you）	有	INO	（yang）	样			
UAN	（wan）	万	IUAN	（yuan）	圆	N	（en）	恩			

> **提　示**
>
> ※ 编制韵码时，在不造成重码的情况下对个别韵码进行了合并，即 "e" 和 "ei"、"o" 和 "wo"、"ong" 和 "weng" 各共用 1 个韵码。

韵码的编制尤其突出了记忆量小的特点。

（1）与汉语拼音韵母完全相同的韵码达 15 个之多，它们是 I（i）、U（u）、E（e）、A（a）、O（o）、IN（in）、AN（an）、IA（ia）、IAN（ian）、AO（ao）、IAO（iao）、IE（ie）、UN（un）、UAN（uan）、UA（ua）。这些韵码根本无须记忆。

（2）与汉语拼音韵母音节相同的有 2 个，即 UE（wei＝ui）和 IU（yu＝ü），利用 IU 还可以构成 IUN（ün）、IUE（üe）和 IUAN（üan）。这 5 个韵码，只要理解其构成原理，也无须记忆。

至此，已经有 20 个韵码的编码不需要记忆就"学会了"，占全部韵码的 58.82％。

（3）此外，需要加以记忆的只有 9 个，它们是 N（en）、NE（eng）、INE（ing）、IO（ai）、NO（ang）、EO（ou）、UEO（ong）、XE（er）和 EA（yo）。

（4）其他的韵码可以用上面的韵码加以组合构成，它们是 UIO（uai）、INO（iang）、UNO（uang）、IEO（iou）和 IUEO（iong）。只要掌握了上面的韵码，这 5 个韵码的编码也无须特别记忆就能掌握。

只需要记住 9 个韵码的编码就掌握了全部韵码，由此可见，韵码的记忆量非常小。

2. 自成音节

亚伟码共有 34 个韵码，所有韵码都有固定的读音，本身就是音节码。这一点与汉语拼音基本相同，所不同的是，全部韵码都能自成音节。

3. 键位码和指法

韵码用到的键位码主要是"I""U""N""E""A""O"，相对于声码来说，这些键位码的序列是靠后的，符合汉语拼音声母在前、韵母在后的拼缀规范。

构成韵码的键位码主要靠中指、无名指、小指来击打，以较灵活的中指使用频率最高只有 1 个韵码用到了"X"，用拇指击打。

七

亚伟中文速录机的多键并击原则

　　构成每个亚伟码的所有键位码都要求并能够用单手的 1 次击键动作全部并击按出，而不像标准键盘那样是依次击打每一个键，这就是亚伟中文速录机的"多键并击"原则，也是其指法与众不同的特点和高速击打的基础。

（一）多键并击的方式

1. 单指并击两键

用 1 个手指同时击打 2 个键位码的方式，如"AO"和"XB"等都是用单指击打的。

2. 多指并击多键

用多个手指同时击打多个键位码的方式，又有以下几种方式：

（1）靠指并击

几个相邻的手指同时击打相邻的键位码，如"IN"等。

（2）跨指并击

互不相邻的手指同时击打相应的键位码，如"DIA"等。

（3）平击

多指在同一排击键，如"DIAN""ZUEO"等。

（4）斜击

2 个手指一上一下击打相应的键位码，如"UA""IE"等。

3. 双手并击

　　两只手同时各击打 1 个亚伟码，如"A：BA"（阿爸）、"DI：GAO"（底稿）都是双手并击（键位码之间的"："并非"冒号"，而是"界码标志"，"："左边的码为左手击打的，"："右边的码则是右手击打的。在亚伟中文速录机的液晶屏幕上，"："以 2 个空格表示）。

（二）多键并击的作用

1. 提高击键的效率

标准键盘 1 次只能击打 1 个键，假如 1 个音节用 2 个键即可完成录入，要以 120 字/

分钟的速度录入汉语的音节，每分钟需要击键 240 次，每秒钟需要击键 4 次，这已经不是普通人所容易达到的了，而且手指极易疲劳，不能长时间工作。

亚伟中文速录机采用多键并击的击键方式，双手并击 1 次可以完成 2 个音节码的录入，每秒只需击键 2 次，就可以轻松地以 240 字/分钟的速度录入汉语的音节，速度提高了 2 倍，而工作强度反而降低了 1/2，击键效率提高了 4 倍。

更为可贵的是，这种效率的提高理论上是所有人都能完成的，因为每秒钟做 2 次击键的动作，从生理上讲是人人都行的。即便是每秒钟只击键 1 次，也能以 120 字/分钟的速度录入音节码，还是相当实用的。

2. 开发人的大脑

俗话说："一心不可二用"，意思是说，人的大脑不能同时控制人的器官干不同的工作。而事实上，这只是一种错觉，"非不能也，实不为也"，只要进行必要的训练，一心不仅可以"二用"，还可以"多用"。比如骑自行车，眼睛要观察道路、行人、其他车辆、红绿灯，双手要把住车把、控制方向，双脚要不断地蹬踏，耳朵还要听耳机里的音乐，说不定脑子里还想着别的事情……再比如双手书法，双手可以同时写不同的文字；还有演奏钢琴，双手不仅要准确地弹琴，还要掌握合适的力度、节奏并保持连贯性；等等。这些例子充分证明了人的大脑是完全可以胜任"一心二用"的。当然，要想轻松自如地"一心二用"，不经过专门的训练是不行的，没有人天生会骑车、会双手书法，演奏钢琴更需要长期的严格训练。

亚伟中文速录机的多键并击就如同弹钢琴一样，但又相对容易，因为演奏钢琴不仅要弹准，而且要把乐曲的情感传递给听众，但是亚伟中文速录机不存在情感传递问题，只要求打准，并注意不要用力太大就可以了。

一般来说，在刚刚开始练习时可能不习惯，这是因为大脑的控制能力还没有充分发挥出来，只要坚持下去，就能够比较自如地进行双手并击了。而且，不断地进行双手并击的训练，反过来又能进一步地训练大脑，开发大脑。科学证明，人的左、右大脑半球如果能协同工作，其能力要比单独工作时强得多，许多思维活跃、反应敏捷、联想丰富、创造力强的人，其大脑左、右半球的"协同作战"能力就比一般人强。双手并击时，大脑的左、右半球一方面分别控制左、右手击打键位码，另一方面又要控制双手协调运动同时按键，这就是在强迫大脑的左、右半球协同工作。久而久之，大脑的左、右半球就会习惯于协同工作，不仅能熟练地操作亚伟中文速录机，还能使思维能力得到改善和提高。

培训教程

亚伟中文速录机培训教程（7.0版）

　　本部分按教学过程分为四个培训阶段：第一讲为第一阶段，学习亚伟中文速录机的键盘键位及坐姿、指法；第二讲到第七讲为第二阶段，学习亚伟中文速录机的全部声码；第八讲到第十五讲为第三阶段，学习亚伟中文速录机的全部韵码；第十六讲到第三十二讲为第四阶段，学习亚伟中文速录机的全部系列音节码。四个阶段层层递进，滚动提高，不可跳跃学习。

　　本部分不仅详细列出了所有基础指法的键盘示意图，而且有相应的指法视频以及练习的音频文件以帮助学习。通过这四个阶段的培训，学员应该达到下列要求：

　　一、操作时的坐姿正确，按键的指法准确而娴熟；

　　二、熟练地盲打全部亚伟码：键位码、声码、韵码、音节码。

第一讲

亚伟中文速录机键位分布、
操作的坐姿和指法

一　亚伟中文速录机键位分布

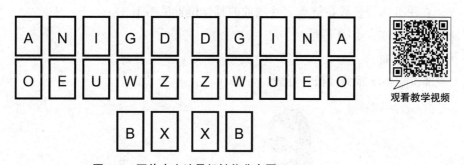

观看教学视频

图 1.1　亚伟中文速录机键位分布图

键位码的读音如下（S型）：

键位码	D	G	I	N	A	O	E	U	W	Z	X	B
拼音注音	de	ge	yi	en	a	o	e	wu	wa	zhi	xi	bu
汉字注音	德	哥	一	恩	啊	我	饿	无	娃	知	喜	不

提　示

※ 键位码和各讲编码所用作注音的汉字，本书中尽量选用在专用文字处理系统中高频先见的，并通用不同声调的所有的同音汉字（这里的功能码"X""W"除外）。

键位码是按照一定的顺序排列的，将"X""B"排列在最前面，并按照"从上到下，从中间到两边"的原则进行排列。其顺序依次如下：

X B D Z G W I U N E A O

键位码的排列顺序是固定不变的，总是按顺序从左到右书写。但根据认读习惯，凡是"N""A"同时出现的，还是写作"AN"。左、右两手控制的键位码，各包括声母编码（声码）、韵母编码（韵码）和功能码（X、W）。

二　亚伟中文速录机操作的坐姿和指法

（一）坐姿

亚伟中文速录机操作的坐姿如图 1.2 所示，具体要求如下：

1. 两眼向前平视；

2. 上身挺直；

3. 肩部放松；

4. 上臂下垂，前臂平伸；

5. 左、右手五指轻轻放在键盘上（摆放的具体位置见图 1.3）；

6. 大腿向前平伸，小腿下垂；

7. 脚掌轻触地面。

以上各部位均要求做到轻松、舒适、自然。

观看教学视频

图 1.2　亚伟中文速录机操作的坐姿

（二）指法

亚伟中文速录机专用键盘如图 1.3 所示，分为左、右两部分，各 12 个键位，其键位码的设置左右对称，均采用大写的拉丁字母印刷体。左边的键位码由左手操控，右边的由右手操控。

1. 拇指位于"X、B"键之间；

2. 食指位于"G"键上或"D、G、Z、W"键的中部；

3. 中指位于"I"键；

4. 无名指位于"N"键；

5. 小指位于"O"键或"A、O"键之间。

左、右两手控制的键位码，各包括 4 个声码（B、D、Z、G），6 个韵码（I、U、N、E、A、O）和 2 个功能码（X、W）。"X"也兼作声码的组合码。

观看教学视频

图 1.3 录入前左、右手五指摆放的位置

提 示

※ 个别情况下，中指、无名指和小指可以灵活地借用来前移击打前面相邻的码。

（三）操作亚伟中文速录机的基本要求

1. 四项基本原则：坚持抬头盲打；放松臂膀腕指；按键用力适中；悬腕维持手形。

2. 指法要准确，双手自然呈"八"字形，尽量不要过分向两边撇开，也不要将手腕并拢。

3. 要轻按键，手指自然回弹，不要使劲敲击键盘，再双手用力弹起。

4. 按键时双手多指同步运动，不要交替按键。

5. 训练时，每一次击键动作结束后，手指一定要重新回到标准准备位置后再开始下一次击键，尤其是反复训练相同的词语时更要注意。

读打练习

提 示

※ 练习时，一定要坚持"盲打"，即击键时不看键盘。盲打对提高击键速度及其准确率至关重要，从接触键盘开始，以后所有的练习均要求盲打，不再一一说明。

※ 亚伟中文速录机的优势是能够以词语为单位录入，左、右手分别找到第一、第二个字相应的键位码，双手同时按键，即可打出这个双音词或两个汉字的组合。

•1-1-1

把下列词语读准确，然后用亚伟码双手并击，打准、打熟。

德德	得知	德格	得以	德乌	的恩	的额	的啊	德沃	得不
值得	制止	制革	旨意	植物	知恩	之额	之啊	知我	支部
歌德	搁置	各个	各异	歌舞	戈恩	个恶	个啊	葛沃	葛布
医德	一直	一个	意义	义务	一恩	抑恶	伊啊	一窝	异步
武德	物质	吴哥	无疑	无误	吴恩	无恶	五阿	无我	无不
恩德	恩之	恩格	恩亿	恩物	恩恩	恩额	恩啊	恩我	恩不
额的	遏制	额个	恶意	讹误	厄恩	谔谔	鄂啊	额我	颚部
阿德	啊之	阿哥	阿姨	阿武	啊恩	啊额	啊啊	啊我	阿布
我的	我支	我哥	我一	我无	沃恩	我额	我啊	喔喔	我不
不得	布置	布格	不宜	不无	布恩	不额	不啊	不我	步步

想一想：亚伟中文速录机键盘键位码中哪些是声码？哪些是韵码？可否用它们相互组合为代表以下汉字读音的音节码？

系、比、本、把、被、波、地、大、住、这、捉、跟、嘎。

第二讲

声码 "B（bu）、BG（pu）、XB（mu）、XBU（fu）"

（一）编码及读音

键位码	B	BG	XB	XBU
拼音注音	bu	pu	mu	fu
汉字注音	不	铺	木	副

> **提 示**
>
> ※ 本讲开始按汉语拼音声母的发音规律分组系统学习亚伟码的声码。
>
> ※ 亚伟中文速录机的编码统称为"亚伟码"，它代表汉语的语音及亚伟中文速录机的各种功能。
>
> ※ 汉语拼音的声母不能单独构成汉语音节，其本来的发音叫本音。由于大多数声母的发音是不响亮的，为了便于教学与交流，通常在每个声母本音的后边加上元音作为读音。
>
> ※ 亚伟码的声码除与韵码相拼构成其他的汉语音节外，均以声码的读音代表相应读的汉语音节。这一点与汉语拼音不同，是亚伟码较之汉语拼音更为简便的特点。
>
> ※ 本组声码在单独使用时，分别代表"bu""pu""mu""fu"等汉语音节。
>
> ※ 本组声码构成中均含有"B"，共使用到"X""B""G""U" 4个键。
>
> ※ 本组声码除使用拇指、食指击键外，还使用到中指击"U"键。

（二）指法

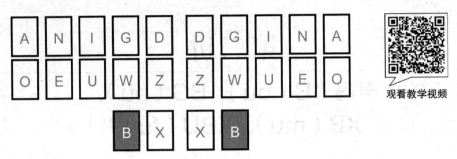

图 2.1　声码"B"的码位

"B"用拇指单击，用于击打与"不"同音的所有汉字（不考虑声调，后同）。

【指法要领】拇指第一关节向内弯曲，侧面位于"B"键上，手腕轻抬，拇指单击。

练习提示

　　单独练习"亚伟码"的指法，应采用"叠音练习法"。即左、右手同时并击相同的亚伟码，录入 2 个发音相同的字。如练习"B"，应以双手并击"B"，击打完毕手指自然回位，如此反复数次以熟悉亚伟码指法击键动作。

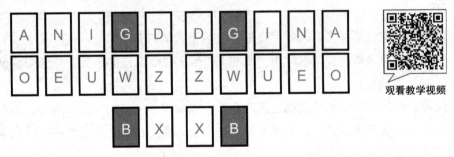

图 2.2　声码"BG"的码位

"BG"用拇指、食指并击，用于击打与"铺"同音的所有汉字。

【指法要领】拇指向内弯曲，第一关节位于"B"键，食指适当弯曲，介于"指尖与指肚"之间位于"G"键，拇指、食指并击。

观看教学视频

图 2.3　声码"XB"的码位

"XB"用拇指并击两键，用于击打与"木"同音的所有汉字。

【指法要领】拇指斜搭在"XB"两键上，手腕轻抬，拇指并击"XB"两键。

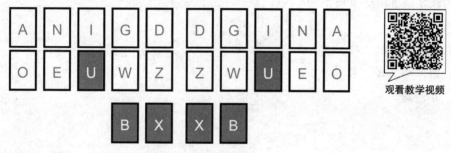

观看教学视频

图 2.4　声码"XBU"的码位

"XBU"用拇指、中指并击，用于击打与"副"同音的所有汉字。

【指法要领】拇指斜搭在"XB"两键上，中指向内弯曲，指尖侧面位于"U"键上，中指适当向外倾斜，拇指、中指并击。

读打练习

键盘输入速度"快"是亚伟中文速录机的一大特点，但同时必须要求"准"。快而准的训练是亚伟中文速录机的一项基本技能训练。俗话说"拳不离手，曲不离口"，这充分说明只有勤学苦练，才能求得纯熟的功夫。快速输入的技能和技巧也是如此，必须通过大量的刻苦练习才可能获得。因此，学生要认真对待每讲的练习，务必通过反复练习力争在"准"的基础上达到速度与准确率的要求。

• 2-1-1

把下列词语读准确，然后用亚伟码双手并击，打准、打熟。

步步	扑扑	幕幕	夫妇	布铺	不睦	不服	瀑布	铺木	葡匐
幕布	木铺	幕府	腹部	副铺	父母	不得	布置	布格	不宜
不无	铺的	朴直	谱仪	穆德	拇指	牧歌	木屋	福德	复制

弗戈　　复议　　服务　　俯卧　　得不　　支部　　葛布　　异步　　无不　　颚部

我不　　质朴　　歌谱　　卧铺　　姨母　　乌木　　阿姆　　德芙　　支付　　衣服

提　示

※ 本书中词语练习的内容除有特殊说明的以外，其他汉字词语仅起注音的作用，
　　如"步步""扑扑"等，无须强求所上屏的汉字与练习内容一致。建议使用
　　"键位练习"方式进行训练。

想一想：用本讲学习的声码与亚伟中文速录机键盘键位码中的韵码相互组合能否构成
代表下列汉字读音的音节码？

批、喷、怕、配、破，
米、们、吗、么、末，
法、非、佛。

第三讲

声码"D（de）、BD（te）、
XBD（ne）、XD（le）"

（一）编码及读音

键位码	D	BD	XBD	XD
拼音注音	de	te	ne	le
汉字注音	的	特	呢	了

> **提示**
>
> ※ 本组声码在单独使用时，分别代表"de""te""ne""le"等汉语音节。
>
> ※ 本组声码构成中均含有"D"，共使用到"X""B""D"3个键。
>
> ※ 本组声码仅使用拇指和食指击键。

（二）指法

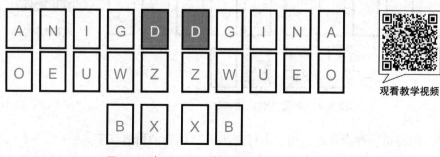

观看教学视频

图3.1 声码"D"的码位

"D"用食指单击，用于击打与"的"同音的所有汉字。

【指法要领】 食指向内弯曲，指尖位于"D"键上，手腕轻抬，食指单击。

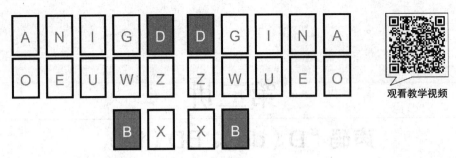

图 3.2　声码"BD"的码位

"BD"用拇指、食指并击，用于击打与"特"同音的所有汉字。

【指法要领】 拇指第一关节向内弯曲，侧面位于"B"键上，食指稍向内弯曲，指尖位于"D"键上，拇指、食指并击。

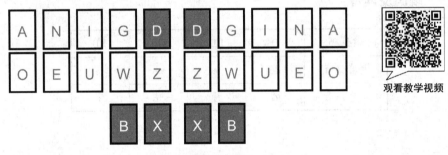

图 3.3　声码"XBD"的码位

"XBD"用拇指、食指并击，用于击打与"呢"同音的所有汉字。

【指法要领】 拇指斜搭在"XB"两键上，食指稍向内弯曲，指尖位于"D"键上，手腕轻抬，拇指、食指并击。

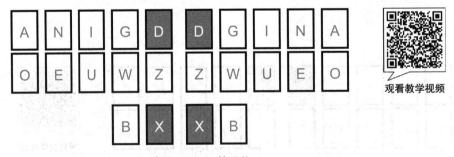

图 3.4　声码"XD"的码位

"XD"用拇指、食指并击，用于击打与"了"同音的所有汉字。

【指法要领】 拇指第一关节向内弯曲，侧面位于"X"键上，食指稍向内弯曲，指尖位于"D"键上，拇指、食指并击。

读打练习

● 3-1-1

把下列词语读准确，然后用亚伟码双手并击，打准、打熟。

德德	忑忑	讷讷	乐了	得不	德芙	的特	德勒	特不	特铺
特木	特副	特的	特呢	特了	呢不	呢铺	呢木	呢副	呢了
乐不	乐得	了特	了呢	不得	铺的	穆德	福德	特的	乐得
不特	普特	木特	福特	的特	呢特	不呢	铺呢	木讷	副呢
特呢	不了	铺了	穆勒	服了	的了				

想一想： 用本讲学习的声码与亚伟中文速录机键盘键位码中的韵码相互组合能否构成代表下列汉字读音的音节码？

地、大、度、多，

体、他、图、脱，

你、嫩、那、努、内、诺，

里、拉、路、类、落。

第四讲

声码 "Z（zhi）、BZ（chi）、XZ（shi）、XBZ（ri）"

（一）编码及读音

键位码	Z	BZ	XZ	XBZ
拼音注音	zhi	chi	shi	ri
汉字注音	之	吃	市	日

> **提 示**
>
> ※ 本组声码在单独使用时，分别代表 "zhi" "chi" "shi" "ri" 等汉语音节。
>
> ※ 本组声码构成中均含有 "Z"，共使用到 "X" "B" "Z" 3 个键。
>
> ※ 本组声码仅使用拇指和食指击键。

（二）指法

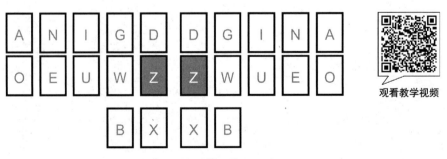

观看教学视频

图 4.1　声码 "Z" 的码位

"Z" 用食指单击，用于击打与 "之" 同音的所有汉字。

【指法要领】食指向内弯曲，指尖位于 "Z" 键上，手腕轻抬，食指单击。

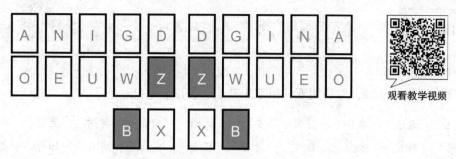

观看教学视频

图 4.2 声码"BZ"的码位

"BZ"用拇指、食指并击，用于击打与"吃"同音的所有汉字。

【指法要领】拇指第一关节向内弯曲，侧面位于"B"键上，食指向内弯曲，指尖位于"Z"键上，手腕轻抬，不参与击键的手指可轻抬。拇指、食指并击。

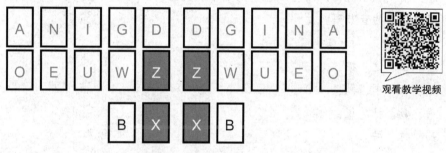

观看教学视频

图 4.3 声码"XZ"的码位

"XZ"用拇指、食指并击，用于击打与"市"同音的所有汉字。

【指法要领】拇指第一关节向内弯曲，侧面位于"X"键上，食指向内弯曲，指尖位于"Z"键上。击键手形类似不封口的"O"，拇指、食指并击。

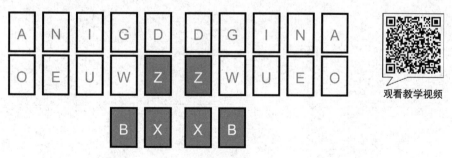

观看教学视频

图 4.4 声码"XBZ"的码位

"XBZ"用拇指、食指并击，用于击打与"日"同音的所有汉字。

【指法要领】拇指斜搭在"XB"两键上，食指向内弯曲，指尖位于"Z"键上，手腕轻抬，拇指、食指并击。

读打练习

● **4-1-1**

把下列词语读准确，然后用亚伟码双手并击，打准、打熟。

制止	迟迟	事实	日日	支持	迟滞	只是	实质	至日	日至
吃食	市尺	池日	日吃	时日	日食	支部	质朴	知母	支付
值得	之特	之呢	指了	吃不	吃铺	迟暮	迟福	吃得	吃特
吃了	师部	食谱	弑母	师傅	使得	史特	特质	施乐	日铺
日复	日德	日特	日呢	日了	布置	朴直	拇指	复制	得知

想一想：用本讲学习的声码与亚伟中文速录机键盘键位码中的韵码相互组合能否构成代表下列汉字读音的音节码？

真、渣、住、这、捉，

陈、差、出、车、戳，

深、杀、数、社、说，

人、如、热、若。

第五讲
声码 "DZ（zi）、BDZ（ci）、XDZ（si）"

（一）编码及读音

键位码	DZ	BDZ	XDZ
拼音注音	zi	ci	si
汉字注音	子	此	死

> **提　示**
>
> ※ 本组声码在单独使用时，分别代表 "zi" "ci" "si" 等汉语音节。
>
> ※ 本组声码构成中均含有 "Z"，共使用到 "B" "D" "Z" "X" 4 个键。
>
> ※ 本组声码仅使用拇指和食指击键。

（二）指法

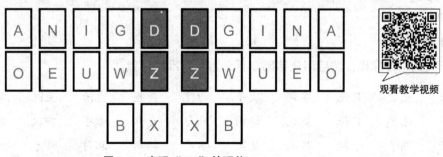

观看教学视频

图 5.1　声码 "DZ" 的码位

"DZ" 用食指并击两键，用于击打与 "子" 同音的所有汉字。

【指法要领】食指向内弯曲，指尖位于 "DZ" 两键中缝处，手腕轻抬，单指并击上下两键位。

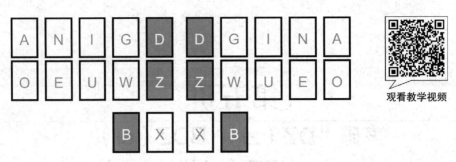

图 5.2　声码"BDZ"的码位

"BDZ"用拇指、食指并击，用于击打与"此"同音的所有汉字。

【指法要领】拇指第一关节向内弯曲，侧面位于"B"键上，食指向内弯曲，指尖位于"DZ"两键中缝处，不参与击键的手指可轻抬，拇指、食指并击。

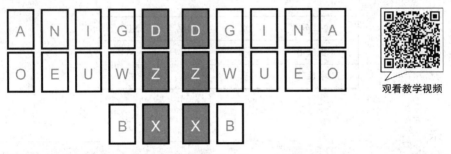

图 5.3　声码"XDZ"的码位

"XDZ"用拇指、食指并击，用于击打与"死"同音的所有汉字。

【指法要领】拇指第一关节向内弯曲，侧面位于"X"键上，食指向内弯曲，指尖位于"DZ"两键中缝处，不参与击键的手指可轻抬，拇指、食指并击。

读打练习

● 5-1-1

把下列词语读准确，然后用亚伟码双手并击，打准、打熟。

孜孜	此次	死死	字词	次子	四肢	致死	自治	至此	次之
誓死	死尸	日子	刺死	诗词	私自	自私	赤字	四次	次日
步子	铺子	卜辞	目次	复次	不死	姆斯	此时	母子	十个
得自	乐滋	特此	乐此	八字	自持	姿势	福斯	四日	自我
词义	各自	依次	戈斯	四十	夫子	意思	歌词	滋补	慈母

　　想一想：用本讲学习的声码与亚伟中文速录机键盘键位码中的韵码相互组合能否构成代表下列汉字读音的音节码？

　　怎、杂、组、则、作，
　　岑、擦、粗、侧、错，
　　森、撒、素、色、所。

第六讲

声码 "G（ge）、XBG（ke）、XG（he）"

（一）编码及读音

键位码	G	XBG	XG
拼音注音	ge	ke	he
汉字注音	个	可	和

提 示

※ 本组声码在单独使用时，分别代表 "ge" "ke" "he" 等汉语音节。

※ 本组声码构成中均含有 "G"，共使用到 "X" "B" "G" 3 个键。

※ 本组声码仅使用拇指和食指击键。

（二）指法

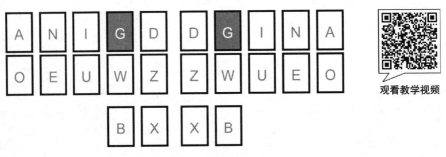

观看教学视频

图 6.1 声码 "G" 的码位

"G" 用食指单击，用于击打与 "个" 同音的所有汉字。

【指法要领】食指稍向内弯曲，指尖位于 "G" 键上，手腕轻抬，食指单击。

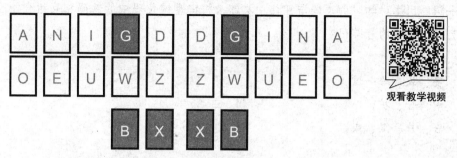

图 6.2 声码"XBG"的码位

"XBG"用拇指、食指并击，用于击打与"可"同音的所有汉字。

【指法要领】拇指斜搭在"XB"两键上，食指稍向内弯曲，指尖位于"G"键上，手腕轻抬，拇指、食指并击。

图 6.3 声码"XG"的码位

"XG"用拇指、食指并击，用于击打与"和"同音的所有汉字。

【指法要领】拇指第一关节向内弯曲，侧面位于"X"键上，食指稍向内弯曲，指尖位于"G"键上，拇指、食指并击。

读打练习

6-1-1

把下列词语读准确，然后用亚伟码双手并击，打准、打熟。

各个	苛刻	荷荷	各科	隔阂	医科	议和	无可	无核	阿哥
妇科	符合	牧歌	德格	诗歌	时刻	适合	资格	和睦	此刻
思科	可歌	可贺	合格	贺客	我哥	克服	科普	克制	可耻
科恩	和睦	和服	合适	呵斥	贺词	可乐	扑克	歌谱	何以
格勒	搁置	格尺	格式	各自	歌词	戈斯	木刻	和乐	合浦

想一想：用本讲学习的声码与亚伟中文速录机键盘键位码中的韵码相互组合能否构成代表下列汉字读音的音节码？

跟、嘎、故、给、过，
肯、卡、苦、扩，
很、哈、户、黑、或。

第七讲

声码"GI（ji）、XGI（qi）、XI（xi）" 声码总复习

一　声码"GI、XGI、XI"

（一）编码及读音

键位码	GI	XGI	XI
拼音注音	ji	qi	xi
汉字注音	及	其	系

提　示

※ 本组声码在单独使用时，分别代表"ji""qi""xi"等汉语音节。

※ 本组声码构成中均含有"I"，共使用到"X""G""I"3个键。

※ 本组声码除使用拇指、食指击键外，还使用到中指击"I"键。

（二）指法

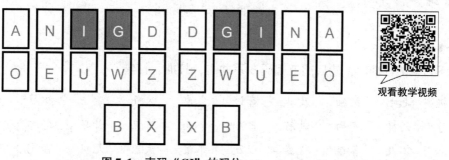

观看教学视频

图 7.1　声码"GI"的码位

"GI"用食指、中指并击，用于击打与"及"同音的所有汉字。

【指法要领】食指、中指稍向内弯曲，分别位于"G""I"两键上，手腕轻抬，食指、中指并击。

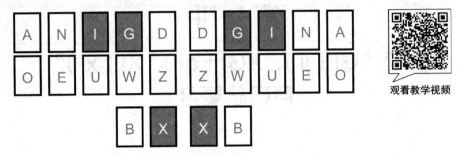

图7.2 声码"XGI"的码位

观看教学视频

"XGI"用拇指、食指、中指并击，用于击打与"其"同音的所有汉字。

【指法要领】拇指第一关节向内弯曲，侧面位于"X"键上，食指、中指稍向内弯曲，分别位于"G""I"两键上，拇指、食指、中指并击。

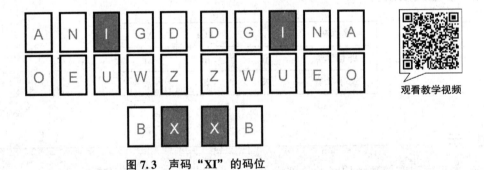

图7.3 声码"XI"的码位

观看教学视频

"XI"用拇指、中指并击，用于击打与"系"同音的所有汉字。

【指法要领】拇指第一关节向内弯曲，侧面位于"X"键上，中指稍向内弯曲，指尖位于"I"键上，拇指、中指并击。

读打练习

●7-1-1

把下列词语读准确，然后用亚伟码双手并击，打准、打熟。

积极	七七	细细	及其	奇迹	气息	吸气	袭击	积习	合计
复习	西德	河西	淇河	日期	私企	日记	昔日	得悉	志气
窒息	不及	各级	仪器	以及	木器	武器	无机	客气	可惜

阿奇	搁起	不惜	瓷器	乙烯	母系	得计	特级	致畸	和气
自欺	仔细	次级	募集	慈禧	七十	各级	科技	无锡	恶习

二　声码总复习

声码大部分使用拇指和食指，少量用到中指。遵循便于理解记忆原则，按发音规律分组，现在我们已经学完 6 组 21 个声码。准确而熟练地掌握声码，对学习、掌握音节码至关重要。

在重复练习同一音节码或词语时，不要摆好手指然后反复击打，这样的效果与练习一遍是一样的。因为，击打词语包括手指寻找键位和按下键位两个过程，而按键的动作非常简单，关键是手指寻找键位的熟练与否决定了该词语击打的熟练与否。因此，练习的重点是如何准确、迅速地让手指找到相应的键位。正确的做法应该是摆好手指位置，果断地击打一次，然后手指立即放松回到准备位置，继续练习。这样每一次击打都在练习手指找键的过程，才是真正有效的重复练习。练习的时候，同学们一定不要把该字词念出来，哪怕是嘴做出念的动作也是不对的。虽然在练习的时候，这并没有什么影响，但是这样的习惯对今后的听打记录是有影响的。如果在听打的时候对听到的每一个字、每一个词、每一句话都要重复念一遍，无形中延长了反应时间、占用了大脑的精力，结果是降低了速度、影响了听讲，无法胜任速录工作。在训练过程中，要注意有意识地把词语的顺序打乱，不要总是一个顺序，这样的熟练才是真正的熟练。

这里我们把全部声码编成双音词语（为了照顾上屏准确，有的只是两个高频字的组合，没有具体含义），要求反复读、打，力争达到正确、熟练的程度。"重复是学习之母"，希望同学们能认真对待这次总复习。

读打练习

● 7-2-1

把下列词语读准确，然后用亚伟码双手并击，打准、打熟。

步步	扑扑	幕幕	夫妇	德德	忑忑	讷讷
乐了	制止	迟迟	事实	日日	兹兹	此次
死死	各个	苛刻	荷荷	积极	七七	细细
不得	得不	制革	搁置	铺木	木铺	特了
了特	吃食	市尺	子和	合资	积习	袭击
副呢	呢副	刺死	特此	齐思	其次	瓷器

● 7-2-2

补充练习下列词语。

扶持	复制	腐蚀	师傅	支付	迟福	弗戈
克服	复课	和服	符合	基辅	负极	起伏
夫妻	客气	起科	可歌	客气	和气	淇河
气息	吸气	窒息	细致	起来	纸盒	何止
贺词	歌词	得失	是的	匍匐	木荷	和睦
字母	母子	得不	拇指	知母	牧歌	搁置
普特	特制	特使	史特	资格	各自	字符
夫子	自欺	妻子	企慕	木器	铺砌	棋谱
搁起	气割	志气	旗帜	奇特	其实	时期
河西	西和	期日	日期	乐呵	和乐	乐事
吃了	隔日	池日	扑克	科普	朴直	质朴
噗嗤	朴实	食谱	隔阂	各个	铺子	戈弗
符合	制革	师傅	合格	复习	吸附	父母
市尺	知识	实质	合适	适合	习武	物系

提　示

※ 声码学完了，大家是否还记得每一讲后面的思考题？为什么要让大家思考这些问题呢？

※ 首先，声码没有涉及键盘键位码的全部内容，通过这些题目可以巩固我们所学过的内容。

※ 其次，声码没有涉及全部的手指，通过这些题目，可以防止我们单独练习声码导致中指、无名指和小指的过分抬高，保持良好的手形。

※ 再次，提前适当接触声韵组合的音节码概念，提前给更多手指的配合"预热"。

※ 最后，如果您觉得这个方法不错，就把这些思考题也重温一下吧。

第八讲

韵码"I（yi）、U（wu）、IU（yu）、N（en）、E（e、ei）"

（一）编码及读音

键位码	I	U	IU	N	E
拼音注音	yi	wu	yu	en	e、ei
汉字注音	以	无	与	恩	额、诶

提 示

※ 本讲开始系统学习亚伟码中的韵码。

※ 需注意"IU（yu）"的构成。

※ 需注意"N（en）"不代表汉语拼音的声母"n"。

※ 需注意"E"代表汉语拼音中两个韵母"e"和"ei"。

（二）指法

观看教学视频

图8.1 韵码"I"的码位

韵码"I"用中指单击，用于击打与"以"同音的所有汉字。

【指法要领】中指向内弯曲，指尖位于"I"键上，手腕轻抬，不参与击键的手指轻抬，中指单击。

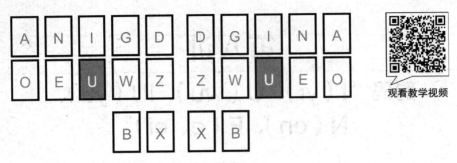

观看教学视频

图8.2 韵码"U"的码位

韵码"U"用中指单击，用于击打与"无"同音的所有汉字。

【指法要领】中指向内弯曲，指尖位于"U"键上，手腕轻抬，不参与击键的手指轻抬，中指单击。

观看教学视频

图8.3 韵码"IU"的码位

韵码"IU"用中指并击两键，用于击打和"与"同音的所有汉字。

【指法要领】中指稍向内弯曲，指尖位于"I""U"两键中缝处，手腕轻抬，不参与击键的手指轻抬，中指并击两键。

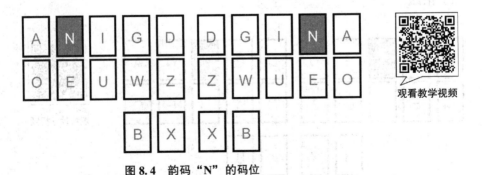

观看教学视频

图8.4 韵码"N"的码位

韵码"N"用无名指单击，用于击打与"恩"同音的所有汉字。

【指法要领】无名指向内弯曲，指尖稍侧面位于"N"键上，无名指单击。

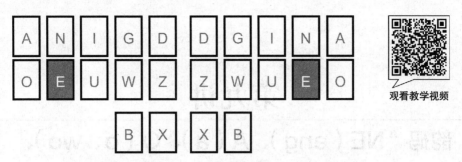

观看教学视频

图 8.5 韵码 "E（e、ei）" 的码位

韵码 "E（e、ei）" 用无名指单击，用于击打与 "额、诶" 同音的所有汉字。

【指法要领】无名指向内弯曲，指尖位于 "E" 键上，手腕轻抬，无名指单击。

读打练习

•**8-1-1**

把下列词语读准确，然后用亚伟码双手并击，打准、打熟。

意义	无误	寓于	恩恩	谔谔	义务	易于	伊恩	以恶	无疑
无余	吴恩	无恶	恶意	吴恩	讹误	予以	俞恩	余额	御侮
机务	恶意	预示	一个	恩赐	迟疑	吴哥	遏制	预付	课余
西域	洗衣	物系	乙烯	玉溪	西恩	恶习	基恩	饥饿	恶计
得以	特务	科恩	俄克	合于	德育	析木	袭击	与其	稀客

第九讲

韵码 "NE（eng）、A（a）、O（o、wo）、AO（ao）、AN（an）"

（一）编码及读音

键位码	NE	A	O	AO	AN
拼音注音	eng	a	o、wo	ao	an
汉字注音	嗯	啊	哦、我	奥	按

> **提 示**
>
> ※ 需注意 "NE（eng）" 的键位码构成。
> ※ 需注意 "O" 代表汉语拼音中的 2 个韵母 "o" 和 "wo"。

（二）指法

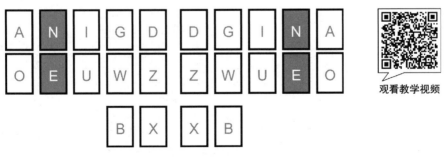

观看教学视频

图 9.1　韵码 "NE" 的码位

韵码 "NE" 用无名指并击两键。

【指法要领】无名指向内弯曲，指尖位于 "N" "E" 两键中缝处，手腕轻抬，不参与击键的手指轻微抬起，无名指并击两键。

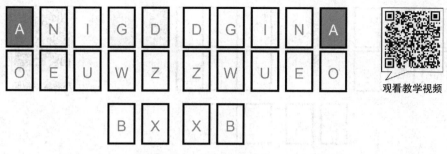

观看教学视频

图9.2 韵码"A"的码位

韵码"A"用小指击，用于击打与"啊"同音的所有汉字。

【指法要领】小指稍向内弯曲，指尖位于"A"键上，小指单击。

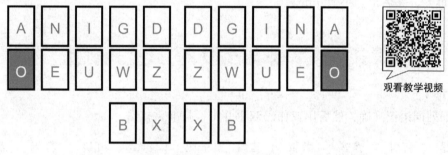

观看教学视频

图9.3 韵码"O（o、wo）"的码位

韵码"O（o、wo）"用小指击，用于击打与"哦、我"同音的所有汉字。

【指法要领】小指向内弯曲，指尖位于"O"键上，小指单击。

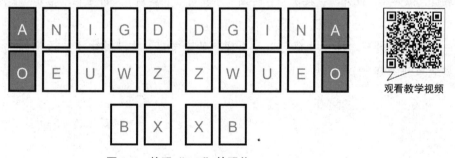

观看教学视频

图9.4 韵码"AO"的码位

韵码"AO"用小指并击两键，用于击打与"奥"同音的所有汉字。

【指法要领】小指向内弯曲，指尖位于"A""O"两键中缝处，其他不参与击键的手指可轻微抬起，小指并击两键。

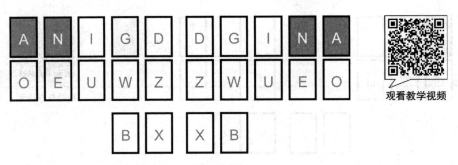

观看教学视频

图9.5 韵码"AN"的码位

韵码"AN"用无名指、小指平击，用于击打与"按"同音的所有汉字。

【指法要领】无名指、小指稍向内弯曲，手指可稍倾斜，指尖侧面分别位于"N""A"两键上，无名指、小指并击。

读 打 练 习

● **9-1-1**

把下列词语读准确，然后用亚伟码双手并击，打准、打熟。

嗯嗯	啊啊	喔喔	嗷嗷	暗暗	一嗯	嗯无	阿姨	阿姆	勒阿
我啊	鸡窝	个啊	奥义	吉奥	奥特	安逸	议案	啊按	按我
教勒	吉安	奥基	安息	奥克	可安	预案	暗喻	阿武	暗喻
奥夫	安抚	伏安	和澳	奥赫	河岸	暗盒	亿澳	奥义	武安
暗物	傲岸	此岸	按次	阿斯	我司	奥斯	卧室	暗示	治安

试一试：本讲韵码与哪些声码可以组合成新的音节码？在亚伟中文速录机键盘上尝试击打这些音节码的感觉。

第十讲

韵码"EO（ou）、IN（yin）、UE（wei）、IA（ya）、NO（ang）"

（一）编码及读音

键位码	EO	IN	UE	IA	NO
拼音注音	ou	yin	wei	ya	ang
汉字注音	欧	因	为	压	昂

> **提 示**
>
> ※ 需注意"UE（wei）"的键位码构成。
> ※ 需注意"EO（ou）""NO（ang）"的键位码构成。

（二）指法

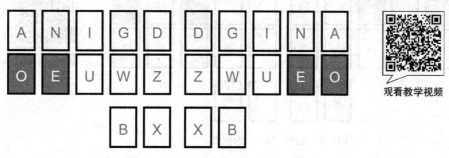

观看教学视频

图 10.1　韵码"EO"的码位

韵码"EO"用无名指、小指平击，用于击打与"欧"同音的所有汉字。

【指法要领】无名指、小指向内弯曲，手指可稍倾斜，指尖侧面分别位于"E""O"两键上，无名指、小指并击。

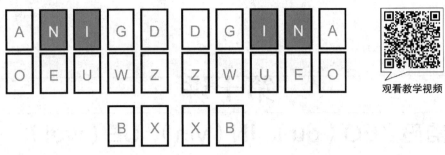

图 10.2　韵码"IN"的码位

韵码"IN"用中指、无名指平击，用于击打与"因"同音的所有汉字。

【指法要领】中指稍向内弯曲，指尖位于"I"键上，无名指稍向内弯曲，指尖位于"N"键上，中指、无名指并击。

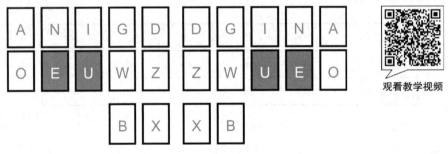

图 10.3　韵码"UE"的码位

韵码"UE"用中指、无名指平击，用于击打与"为"同音的所有汉字。

【指法要领】中指向内弯曲，指尖位于"U"键上，无名指向内弯曲，指尖位于"E"键上，中指、无名指并击。

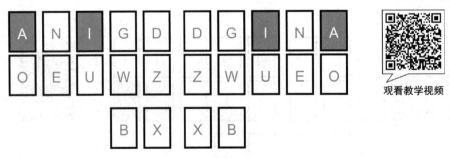

图 10.4　韵码"IA"的码位

韵码"IA"用中指、小指跨指平击，用于击打与"压"同音的所有汉字。

【指法要领】中指稍向内弯曲，指尖位于"I"键上，小指稍向内弯曲，指尖位于"A"键上，其他不参与击键的手指可轻微抬起，中指、小指跨指平击。

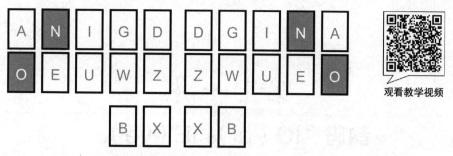

观看教学视频

图 10.5 韵码 "NO" 的码位

韵码 "NO" 用无名指、小指斜击，用于击打与 "昂" 同音的所有汉字。

【指法要领】无名指稍向内弯曲，指尖位于 "N" 键上，小指向内弯曲，指尖位于 "O" 键上，无名指、小指斜击。

读打练习

• 10-1-1

把下列词语读准确，然后用亚伟码双手并击，打准、打熟。

欧欧	隐隐	微微	呀呀	昂昂	恼气	音译	亿欧	微服	气味
尾音	因为	西欧	印制	阴暗	安慰	牙齿	齿牙	激昂	和欧
细微	微细	印欧	德昂	欧昂	雅布	补牙	雅思	嘶哑	盎司
按压	雅安	奥维	卧位	为我	引起	起因	尹恩	微安	安慰
鸭子	亚伟	亚欧	亚奥	耦合	我昂	各位	西亚	压挤	因特

试一试：本讲韵码与哪些声码可以组合成新的音节码？在亚伟中文速录机键盘上尝试击打这些音节码的感觉。

第十一讲

韵码 "IO（ai）、IE（ye）、EA（yo）、XE（er）"

（一）编码及读音

键位码	IO	IE	EA	XE
拼音注音	ai	ye	yo	er
汉字注音	爱	也	哟	而

> **提 示**
>
> ※ 需注意 "IO（ai）" "EA（yo）" "XE（er）" 的键位码构成。
> ※ 需注意 "EA（yo）" 不是 "yao" 和 "you"。

（二）指法

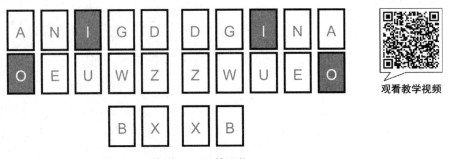

观看教学视频

图 11.1 韵码 "IO" 的码位

韵码 "IO" 用中指、小指跨指斜击，用于击打与 "爱" 同音的所有汉字。

【指法要领】 中指稍向内弯曲，指尖位于 "I" 键上，小指向内弯曲，指尖位于 "O" 键上，中指、小指斜击。

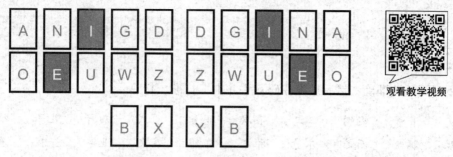

图 11.2 韵码"IE"的码位

韵码"IE"用中指、无名指斜击，用于击打与"也"同音的所有汉字。

【指法要领】中指稍向内弯曲，指尖位于"I"键上，无名指向内弯曲，指尖位于"E"键上，中指、无名指斜击。

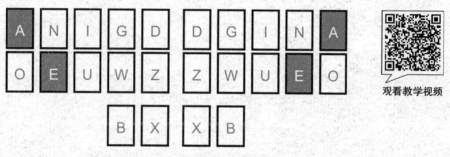

图 11.3 韵码"EA"的码位

韵码"EA"用无名指、小指斜击，用于击打与"哟"同音的所有汉字。

【指法要领】无名指向内弯曲，指尖位于"E"键上，小指稍向内弯曲，指尖位于"A"键上，无名指、小指斜击。

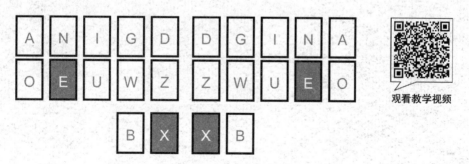

图 11.4 韵码"XE"的码位

韵码"XE"用拇指、无名指并击，用于击打与"而"同音的所有汉字。

【指法要领】拇指第一关节向内弯曲，侧面位于"X"键上，无名指向内弯曲，指尖稍侧面位于"E"键上，拇指、无名指并击。

读打练习

● **11-1-1**

把下列词语读准确，然后用亚伟码双手并击，打准、打熟。

艾艾	爷爷	哟哟	二二	哀思	思爱	页式	四野	儿子	德尔
致癌	职业	而是	尔德	雅尔	尔雅	夜袭	业务	午夜	渔业
业余	恩爱	爱我	液压	牙龈	喑哑	欧冶	奥尔	科尔	耳科
艾尔	胃癌	胃液	二维	熬夜	艾奥	耳机	儿媳	洗耳	腋窝
死而	页特	隔夜	和蔼	爱河	侄儿	饵丝	继而	普尔	耶夫

试一试：本讲韵码与哪些声码可以组合成新的音节码？在亚伟中文速录机键盘上尝试击打这些音节码的感觉。

第十二讲
韵码 "UN（wen）、UA（wa）、UIO（wai）、INE（ying）"

（一）编码及读音

键位码	UN	UA	UIO	INE
拼音注音	wen	wa	wai	ying
汉字注音	问	挖	外	应

提　示

※ 本讲韵码均是在原有韵码的基础上再以 "U" 或 "I" 组合而成的复合韵码，在熟练原有韵码的基础上不难掌握，但一定要反复练习多键并击形成一个整体击键动作。

（二）指法

观看教学视频

图 12.1　韵码 "UN" 的码位

韵码 "UN" 用中指、无名指斜击，用于击打与 "问" 同音的所有汉字。

【指法要领】中指向内弯曲、无名指稍向内弯曲，手指可稍向外倾斜，指尖侧面分别位于 "U" "N" 两键上，中指、无名指斜击。

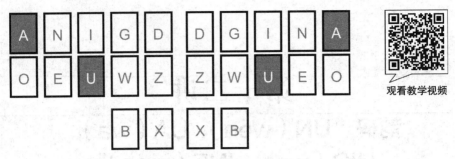

观看教学视频

图 12.2　韵码 "UA" 的码位

韵码 "UA" 用中指、小指跨指斜击，用于击打与 "挖" 同音的所有汉字。

【指法要领】中指向内弯曲，指尖位于 "U" 键上，小指稍向内弯曲，指尖位于 "A" 键上，中指、小指斜击。

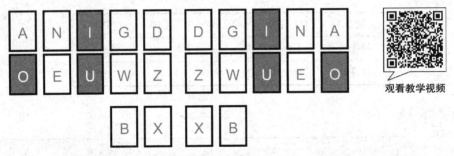

观看教学视频

图 12.3　韵码 "UIO" 的码位

韵码 "UIO" 用中指、小指跨指并击，用于击打与 "外" 同音的所有汉字。

【指法要领】中指向内弯曲，指尖位于 "I" "U" 两键中缝处，小指向内弯曲，指尖位于 "O" 键上，中指、小指跨指并击。

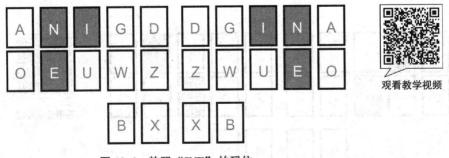

观看教学视频

图 12.4　韵码 "INE" 的码位

韵码 "INE" 用中指、无名指靠指并击，用于击打与 "应" 同音的所有汉字。

【指法要领】中指向内弯曲，无名指向内弯曲，指尖位于 "I" 键上，中指、无名指并击。

读打练习

● **12-1-1**

把下列词语读准确，然后用亚伟码双手并击，打准、打熟。

温文	娃娃	歪歪	盈盈	疑问	文艺	吉娃	瓦特	尔瓦	外籍
应急	影子	自营	阴影	影印	德文	温特	语文	文娱	之外
婴儿	而影	营业	野营	瓦维	佤语	耳闻	吻了	艾文	合营
英语	育英	引文	纹银	文卫	外事	室外	硬壳	柯英	英武
文集	积温	袜子	丝袜	瓦斯	外合	合外	外企	营部	母婴

试一试：本讲韵码与哪些声码可以组合成新的音节码？在亚伟中文速录机键盘上尝试击打这些音节码的感觉。

第十三讲

韵码"IUE（yue）、IUN（yun）、IAO（yao）、IAN（yan）"

（一）编码及读音

键位码	IUE	IUN	IAO	IAN
拼音注音	yue	yun	yao	yan
汉字注音	月	云	要	言

提 示

※ 本讲韵码均为原有韵码与"IU"或"I"组合而成的复合韵码。

※ 需注意"IUE（yue）""IUN（yun）"指法有一定难度，要尽量放松。

（二）指法

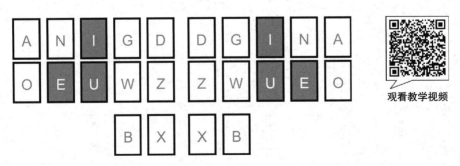

观看教学视频

图 13.1　韵码"IUE"的码位

韵码"IUE"用中指、无名指靠指并击，用于击打与"月"同音的所有汉字。

【指法要领】中指向内弯曲，指尖位于"I""U"两键中缝处，无名指向内弯曲，指尖位于"E"键上，中指、无名指靠指并击。

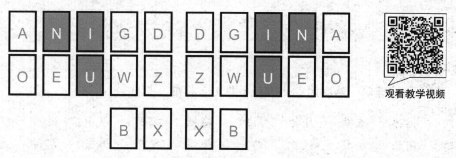

图 13.2 韵码"IUN"的码位

韵码"IUN"用中指、无名指靠指并击，用于击打与"云"同音的所有汉字。

【指法要领】中指向内弯曲，指尖位于"I""U"两键中缝处，无名指稍向内弯曲，指尖位于"N"键上，中指、无名指靠指并击。

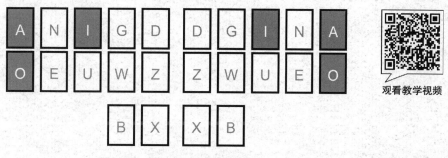

图 13.3 韵码"IAO"的码位

韵码"IAO"用中指、小指跨指并击，用于击打与"要"同音的所有汉字。

【指法要领】中指稍向内弯曲，指尖位于"I"键上，小指稍向内弯曲，指尖位于"A""O"两键中缝处，中指、小指跨指并击。

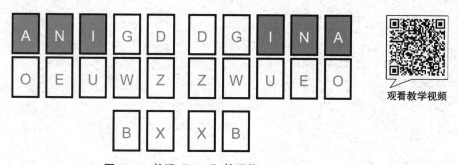

图 13.4 韵码"IAN"的码位

韵码"IAN"用中指、无名指、小指靠指平击，用于击打与"言"同音的所有汉字。

【指法要领】中指、无名指、小指稍向内弯曲，手指稍倾斜，指尖稍侧面分别位于"I""N""A"键位上，中指、无名指、小指靠指平击。

读打练习

● **13-1-1**

把下列词语读准确，然后用亚伟码双手并击，打准、打熟。

跃跃	摇摇	岩盐	月食	集约	越狱	摇曳	演示	邀约	云云
实验	药物	云集	积云	约计	集约	悦耳	浮云	孕妇	瑶池
钥匙	盐基	吸烟	演习	特邀	谣言	余姚	乐谱	隔越	吆喝
月晕	字眼	碍眼	押韵	韵味	外延	营运	运营	厄运	约制
赤月	余韵	熬药	奥运	沿岸	机要	可要	赴约	乐歌	时运

试一试：本讲韵码与哪些声码可以组合成新的音节码？在亚伟中文速录机键盘上尝试击打这些音节码的感觉。

第十四讲
韵码 "UEO（ong、weng）、IUEO（yong）、IEO（you）、INO（yang）"

（一）编码及读音

键位码	UEO	IUEO	IEO	INO
拼音注音	ong、weng	yong	you	yang
汉字注音	翁	用	有	样

提 示

※ 需注意 "UEO（ong、weng）" 的键位码构成。

※ 需注意 "UEO" 既代表韵母 "ong" 也代表音节 "weng"。

※ 需注意本讲其他韵码均为原有韵码与 "I" 组合而成的复合韵码。

※ 需注意韵码 "IUEO（yong）" 在指法上为 "IU" 和 "EO" 的组合。

（二）指法

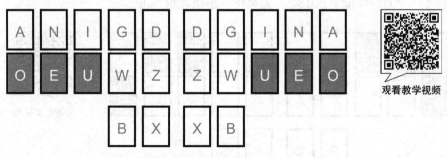

观看教学视频

图 14.1　韵码 "UEO" 的码位

韵码 "UEO" 用中指、无名指、小指靠指平击，用于击打与 "翁" 同音的所有汉字。

【指法要领】中指、无名指、小指向内弯曲，指尖分别位于"U""E""O"键位上，中指、无名指、小指靠指平击。

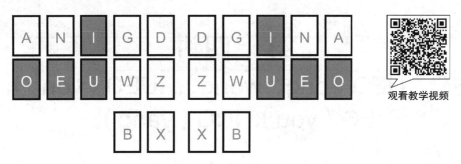

图 14.2　韵码"IUEO"的码位

韵码"IUEO"用中指、无名指、小指靠指并击，用于击打与"用"同音的所有汉字。

【指法要领】中指向内弯曲，指尖位于"I""U"两键中缝处，无名指、小指向内弯曲，指尖分别位于"E""O"两键上，中指、无名指、小指靠指并击。

图 14.3　韵码"IEO"的码位

韵码"IEO"用中指、无名指、小指靠指并击，用于击打与"有"同音的所有汉字。

【指法要领】中指稍向内弯曲、指尖位于"I"键上，无名指、小指向内弯曲，指尖分别位于"E""O"两键上，中指、无名指、小指靠指并击。

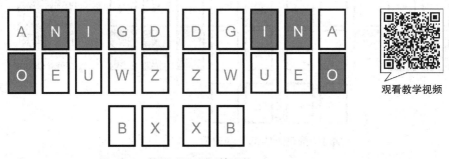

图 14.4　韵码"INO"的码位

韵码"INO"用中指、无名指、小指靠指并击，用于击打与"样"同音的所有汉字。

【指法要领】中指、无名指稍向内弯曲，指尖位于"I""N"两键上，小指向内弯曲，指尖位于"O"键上，中指、无名指、小指靠指并击。

读 打 练 习

•**14-1-1**

把下列词语读准确，然后用亚伟码双手并击，打准、打熟。

嗡嗡	庸庸	悠悠	样样	富翁	义勇	优势	样子	昂扬	哎哟
服用	友爱	育秧	致用	拥有	悠扬	洋油	有用	油压	雅悠
用文	偶有	由此	悠扬	永安	安永	有恩	养育	育秧	拥挤
急用	西洋	游戏	尤为	可用	佑赫	优质	字样	安阳	特有
抚养	养殖	液氧	幼儿	欧阳	永德	石油	有司	幽暗	有机

试一试：本讲韵码与哪些声码可以组合成新的音节码？在亚伟中文速录机键盘上尝试击打这些音节码的感觉。

第十五讲

韵码"UNO（wang）、UAN（wan）、IUAN（yuan）"的全部韵码词语

一 韵码"UNO（wang）、UAN（wan）、IUAN（yuan）"

（一）编码及读音

键位码	UNO	UAN	IUAN
拼音注音	wang	wan	yuan
汉字注音	王	万	圆

提　示

※ 需注意本讲韵码均为原有韵码与"U"和"IU"组合而成的复合韵码。

（二）指法

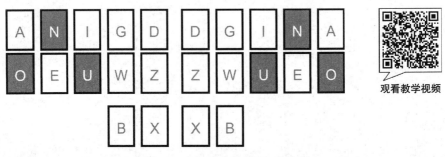

观看教学视频

图 15.1　韵码"UNO"的码位

韵码"UNO"用中指、无名指、小指靠指并击，用于击打与"王"同音的所有汉字。

【指法要领】中指、小指向内弯曲，手指可稍倾斜，指尖位于"U""O"两键上，无名指稍向内弯曲，指尖位于"N"键上，中指、无名指、小指靠指并击。

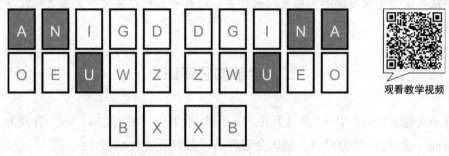

观看教学视频

图 15.2　韵码"UAN"的码位

韵码"UAN"用中指、无名指、小指靠指并击，用于击打与"万"同音的所有汉字。

【指法要领】中指向内弯曲，指尖稍侧面位于"U"键上，无名指、小指稍倾斜，指尖稍侧面分别位于"N""A"两键上，中指、无名指、小指靠指并击。

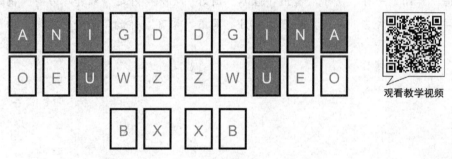

观看教学视频

图 15.3　韵码"IUAN"的码位

韵码"IUAN"用中指、无名指、小指靠指并击，用于击打与"圆"同音的所有汉字。

【指法要领】中指向内弯曲，指尖位于"I""U"两键中缝处，无名指、小指稍倾斜，指尖侧面分别位于"N""A"两键上，中指、无名指、小指靠指并击。

读打练习

● **15-1-1**

把下列词语读准确，然后用亚伟码双手并击，打准、打熟。

往往	万万	远远	往事	万一	原籍	纪元	失望	忘记	往西
亿万	支援	怨艾	愿望	望远	往外	援用	永远	万网	忘了
以往	万元	源于	亿元	无望	驰援	怨妇	妄语	欲望	元月

| 月圆 | 运往 | 遥远 | 阎王 | 应援 | 原文 | 外网 | 王子 | 越王 | 原油 |
| 王尔 | 委婉 | 玩味 | 欧元 | 玩偶 | 往昔 | 万恶 | 员额 | 旺月 | 文苑 |

试一试：本讲韵码与哪些声码可以组合成新的音节码？在亚伟中文速录机键盘上尝试击打这些音节码的感觉。

二　全部韵码词语

亚伟中文速录机韵码共34个（其中"e、ei"合并为"E"，"o、wo"合并为"O"，"ong、weng"合并为"UEO"），编成全部韵码词语如下（共60个）：

阿姨	握有	忘我	厄运	余额	咿呀	义务	无疑	洋务	预约	暗喻	爱问
胃癌	安慰	文安	熬夜	偶尔	昂扬	恩怨	恩爱	遥远	渔翁	而已	婴儿
压抑	油压	业余	渔业	无由	油污	谣言	扼要	因为	原因	英语	沿岸
御侮	舞阳	一样	用于	有用	蛙泳	围岩	无味	外延	额外	万安	夜晚
汪洋	无望	文言	耳闻	越野	爱月	冤案	孕育	押韵	而外	愿意	由于

第十六讲

韵码"I（yi）、U（wu）"的系列音节码

一 韵码"I"的系列音节码

观看教学视频

（一）编码及读音

I		BI	BGI	XBI	DI	BDI	XBDI	XDI
yi		bi	pi	mi	di	ti	ni	li
以		比	批	米	地	体	你	里

提 示

※ 本讲开始逐个学习所有韵码的系列音节码，每个音节码都用汉语拼音和汉字注音标注并在键盘示意图上标记其键位码。

※ 为了教材结构紧凑，键盘示意图采用"一图双码"方式，在左、右两侧分别标记 2 个音节码。

※ 每个音节码都可以用左手、右手单击或双手并击。

※ 系列音节码会用到 5 个手指、按 6 个键，指法难度有所增加。练习时一定要注意保持悬腕、多指同步、轻松击键、及时回位等基本的操作要领，耐心体会，逐渐熟练，切不可盲目求快、急于求成。

※ 需注意声码"GI、XGI、XI"单独使用时即代表"ji、qi、xi"，故不在此列出。

（二）指法

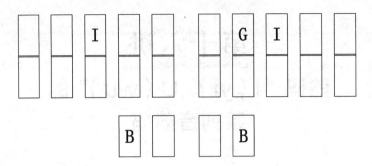

图 16.1　音节码"BI：BGI"的码位

音节码"BI：BGI"的码位，用于击打与"比、批"同音的所有汉字。

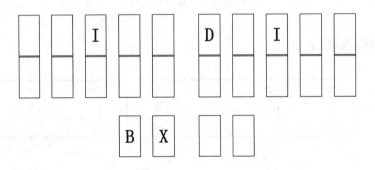

图 16.2　音节码"XBI：DI"的码位

音节码"XBI：DI"的码位，用于击打与"米、地"同音的所有汉字。

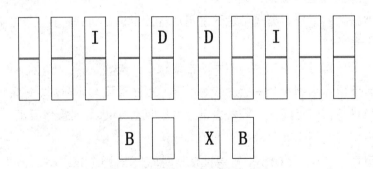

图 16.3　音节码"BDI：XBDI"的码位

音节码"BDI：XBDI"的码位，用于击打与"体、你"同音的所有汉字。

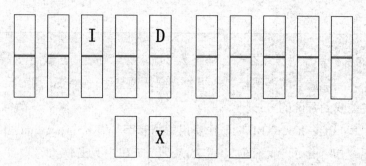

图 16.4 音节码 "XDI：" 的码位

音节码 "XDI：" 的码位，用于击打与 "里" 同音的所有汉字。

读打练习

● 16-1-1

把下列词语读准确，然后用亚伟码双手并击，打准、打熟。

一时	迟疑	比拟	击毙	脾气
布匹	弥补	细密	地步	基地
体格	个体	拟议	河泥	利益
治理				

二 韵码 "U" 的系列音节码

观看教学视频

（一）编码及读音

	DU	BDU	XBDU	XDU	ZU	BZU	XZU
	du	tu	nu	lu	zhu	chu	shu
	度	图	努	路	住	出	数

U							
wu							
无							

	XBZU	DZU	BDZU	XDZU	GU	XBGU	XGU
	ru	zu	cu	su	gu	ku	hu
	如	组	粗	素	故	苦	户

> **提　示**
>
> ※ "U"的系列音节码难点在于正确而熟练地掌握"U"的击键要领。如果感觉有难度，请一定重温前面课程中的相关介绍，调整手形状态，用心反复体会、比较，就能找到正确的方法。
>
> ※ 声码"B、BG、XB、XBU"单独使用即为音节码"bu、pu、mu、fu"，无须再与韵码"U"相拼，故不在"U"的系列音节码中列出。

（二）指法

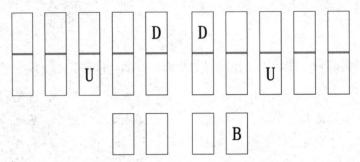

图16.5 音节码"DU：BDU"的码位

音节码"DU：BDU"的码位，用于击打与"度、图"同音的所有汉字。

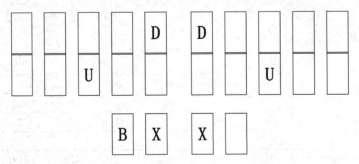

图16.6 音节码"XBDU：XDU"的码位

音节码"XBDU：XDU"的码位，用于击打与"努、路"同音的所有汉字。

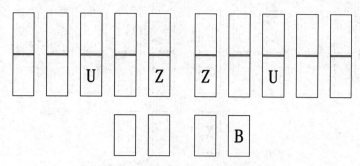

图 16.7　音节码"ZU：BZU"的码位

音节码"ZU：BZU"的码位，用于击打与"住、出"同音的所有汉字。

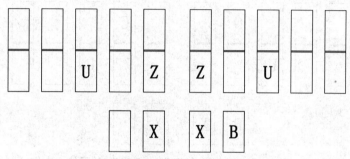

图 16.8　音节码"XZU：XBZU"的码位

音节码"XZU：XBZU"的码位，用于击打与"数、如"同音的所有汉字。

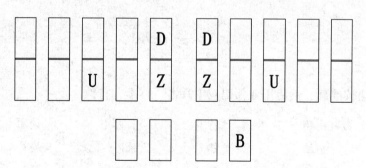

图 16.9　音节码"DZU：BDZU"的码位

音节码"DZU：BDZU"的码位，用于击打与"组、粗"同音的所有汉字。

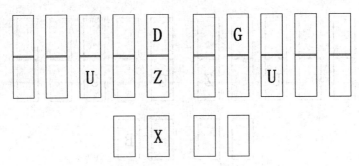

图 16.10　音节码"XDZU：GU"的码位

音节码"XDZU：GU"的码位，用于击打与"素、故"同音的所有汉字。

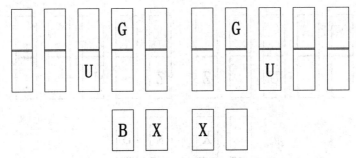

图 16.11　音节码"XBGU：XGU"的码位

音节码"XBGU：XGU"的码位，用于击打与"苦、户"同音的所有汉字。

读打练习

● **16-2-1**

把下列词语读准确，然后用亚伟码双手并击，打准、打熟。

无比	礼物	独特	目睹	读图
图库	怒族	激怒	录入	麋鹿
住户	石柱	出题	指出	数目
部署	如初	如此	组织	不足
粗读	督促	俗气	注塑	孤独
何苦	诉苦	苦闷	忽视	呼机

第十七讲

韵码"IU（yu）、N（en）"的系列音节码

一 韵码"IU"的系列音节码

观看教学视频

（一）编码及读音

IU	XBDIU （XBWIU）	XDIU （BWIU）	GIU （WIU）	XGIU （XWIU）	XIU
yu	nü	lü	ju	qu	xu
与	女	率	据	去	需

> **提 示**
>
> ※ 为了方便击打"IU"的系列音节码，我们编订了相关音节码的"兼容码"（食指统一击"W"），都能够击打相关音节的同音汉字。
>
> ※ 在编码表中，括号内的编码即为兼容码。
>
> ※ 在指法示意图中，兼容码的码位用中灰色填充。
>
> ※ 音节码遵循声韵组合的规律，易于理解，但可能需要更高的手指灵活度；兼容码主要考虑方便击打，虽然有一定的规律性，但需要额外记忆。请大家多操作、比较，细心体会，在"音节码"或"兼容码"中作出选择，固定下来，以方便后续的训练。

（二）指法

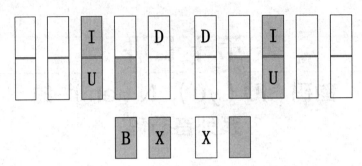

图 17.1 音节码"XBDIU（XBWIU）：XDIU（BWIU）"的码位

音节码"XBDIU（XBWIU）：XDIU（BWIU）"的码位，用于击打与"女、率"同音的所有汉字。

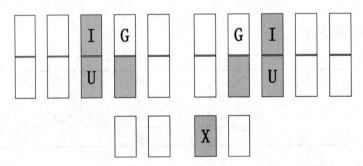

图 17.2 音节码"GIU（WIU）：XGIU（XWIU）"的码位

音节码"GIU（WIU）：XGIU（XWIU）"的码位，用于击打与"据、去"同音的所有汉字。

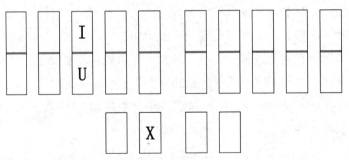

图 17.3 音节码"XIU："的码位

音节码"XIU："的码位，用于击打与"需"同音的所有汉字。

读打练习

● **17-1-1**

把下列词语读准确，然后用亚伟码双手并击，打准、打熟。

预计　　　　富裕　　　　女子　　　　妇女　　　　律师

纪律　　　　具体　　　　依据　　　　特区　　　　去路

许可　　　　秩序

二　韵码"N"的系列音节码

（一）编码及读音

观看教学视频

N	BN	BGN	XBN	XBUN	XBDN	ZN	BZN	DN
en	ben	pen	men	fen	nen	zhen	chen	den
恩	本	喷	门	分	嫩	真	陈	扽

XZN	XBZN	DZN	BDZN	XDZN	GN	XBGN	XGN
shen	ren	zen	cen	sen	gen	ken	hen
深	人	怎	岑	森	跟	肯	很

提　示

※　本组音节码均为相应声码与"N"的直接组合。

※　需注意无名指与拇指、食指的配合。

（二）指法

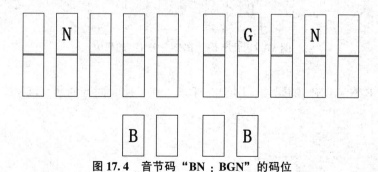

图 17.4　音节码"BN：BGN"的码位

音节码"BN：BGN"的码位，用于击打与"本、喷"同音的所有汉字。

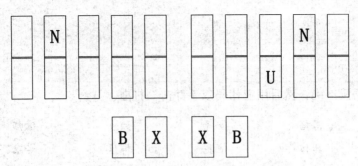

图 17.5　音节码"XBN：XBUN"的码位

音节码"XBN：XBUN"的码位，用于击打与"门、分"同音的所有汉字。

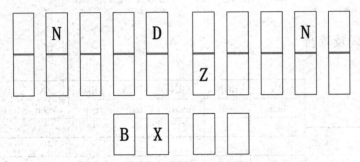

图 17.6　音节码"XBDN：ZN"的码位

音节码"XBDN：ZN"的码位，用于击打与"嫩、真"同音的所有汉字。

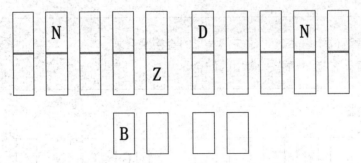

图 17.7　音节码"BZN：DN"的码位

音节码"BZN：DN"的码位，用于击打与"陈、屯"同音的所有汉字。

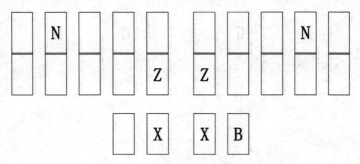

图 17. 8　音节码"XZN：XBZN"的码位

音节码"XZN：XBZN"的码位，用于击打与"深、人"同音的所有汉字。

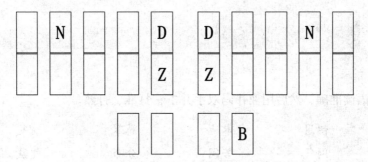

图 17. 9　音节码"DZN：BDZN"的码位

音节码"DZN：BDZN"的码位，用于击打与"怎、岑"同音的所有汉字。

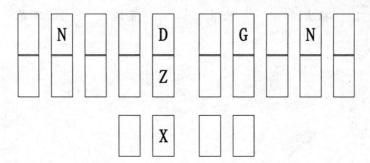

图 17. 10　音节码"XDZN：GN"的码位

音节码"XDZN：GN"的码位，用于击打与"森、跟"同音的所有汉字。

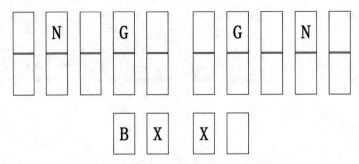

图 17.11　音节码 "XBGN：XGN" 的码位

音节码 "XBGN：XGN" 的码位，用于击打与"肯、很"同音的所有汉字。

读打练习

● **17-2-1**

把下列词语读准确，然后用亚伟码双手并击，打准、打熟。

恩赐	伊恩	本地	愚笨	喷气
骨盆	闷气	苦闷	分布	气氛
嫩枝	细嫩	真是	认真	沉思
赤忱	身体	出身	任务	主任
怎的	怎怎	涔涔	参差	森森
沃森	根除	除根	垦区	不肯

第十八讲
韵码"E（e、ei）、NE（eng）"的系列音节码

一 韵码"E（e）"的系列音节码

观看教学视频

（一）编码及读音

E		XBE	ZE	BZE	XZE	XBZE	DZE	BDZE	XDZE
e		me	zhe	che	she	re	ze	ce	se
额		么	着	车	社	热	则	侧	色

> **提　示**
>
> ※ 需注意声码"D、BD、XBD、XD""G、XBG、XG"在单独使用时即代表音节"de、te、ne、le""ge、ke、he"，故不在此列出。

（二）指法

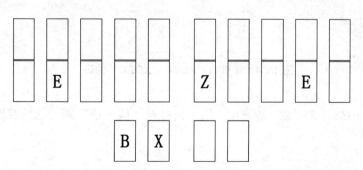

图 18.1　音节码"XBE：ZE"的码位

音节码"XBE：ZE"的码位，用于击打与"么、着"同音的所有汉字。

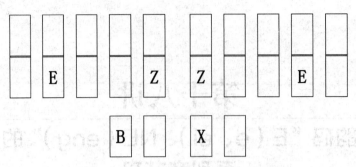

图18.2 音节码"BZE：XZE"的码位

音节码"BZE：XZE"的码位，用于击打与"车、社"同音的所有汉字。

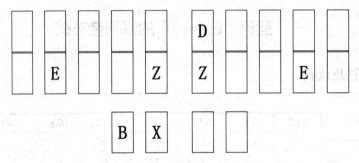

图18.3 音节码"XBZE：DZE"的码位

音节码"XBZE：DZE"的码位，用于击打与"热、则"同音的所有汉字。

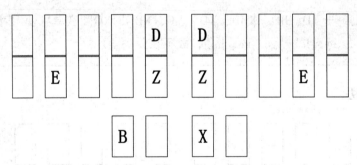

图18.4 音节码"BDZE：XDZE"的码位

音节码"BDZE：XDZE"的码位，用于击打与"侧、色"同音的所有汉字。

读打练习

● 18-1-1

把下列词语读准确，然后用亚伟码双手并击，打准、打熟。

遏制	余额	折合	记者	撤离
出车	舍弃	取舍	惹事	炽热
责任	斥责	侧目	史册	色泽
本色				

观看教学视频

二　韵码 "E（ei）" 的系列音节码

（一）编码及读音

	BE	BGE	※XBIU	XBUE	DE	XBDE	XDE
E	bei	pei	mei	fei	dei	nei	lei
ei	被	配	每	非	得	内	类

	※ZIE	※XZIE	※DZIE	GE	XBGE	XGE
诶	zhei	shei	zei	gei	kei	hei
	这	谁	贼	给	剋	黑

提　示

※ 由于 "E" 代表 "e、ei" 两个韵码，而 "XBE、ZE、XZE、DZE" 已经被使用，所以重新设计了音节码 "XBIU（每）、ZIE（这）、XZIE（谁）、DZIE（贼）"。它们是借用无字的音节码来表示的，全部音节码中仅此 4 个。

※ 在上述音节码中，后 3 个一律加 "I" 方便记忆，"XBIU（每）" 需单独记忆。

（二）指法

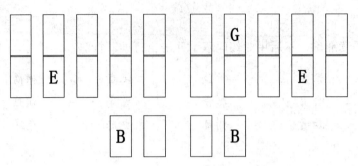

图 18.5　音节码"BE：BGE"的码位

音节码"BE：BGE"的码位，用于击打与"被、配"同音的所有汉字。

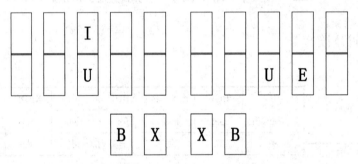

图 18.6　音节码"※XBIU：XBUE"的码位

音节码"※XBIU：XBUE"的码位，用于击打与"每、非"同音的所有汉字。

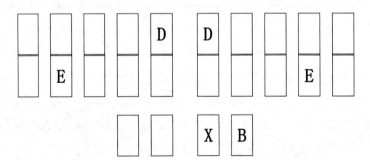

图 18.7　音节码"DE：XBDE"的码位

音节码"DE：XBDE"的码位，用于击打与"得、内"同音的所有汉字。

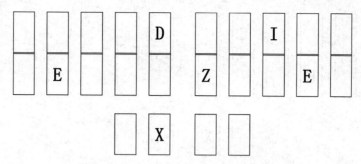

图 18.8　音节码"XDE：※ZIE"的码位

音节码"XDE：※ZIE"的码位，用于击打与"类、这"同音的所有汉字。

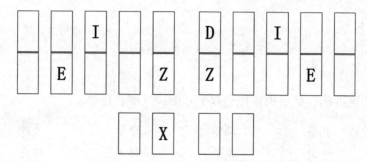

图 18.9　音节码"※XZIE：※DZIE"的码位

音节码"※XZIE：※DZIE"的码位，用于击打与"谁、贼"同音的所有汉字。

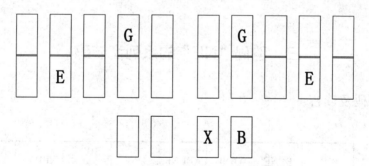

图 18.10　音节码"GE：XBGE"的码位

音节码"GE：XBGE"的码位，用于击打与"给、剐"同音的所有汉字。

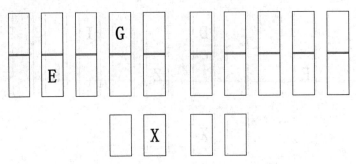

图 18.11　音节码"XGE："的码位

音节码"XGE："的码位，用于击打与"黑"同音的所有汉字。

读打练习

● **18-2-1**

把下列词语读准确，然后用亚伟码双手并击，打准、打熟。

悲愤	具备	陪审	分配	美德
妩媚	费时	是非	得去	非得
内部	自馁	累计	热泪	这次
这个	谁知	是谁	贼眉	飞贼
给以	不给	黑幕	漆黑	

三　韵码"NE"的系列音节码

（一）编码及读音

观看教学视频

NE eng 嗯	BNE	BGNE	XBNE	XBUNE	DNE	BDNE（BDN）	XBDNE	XDNE（XDN）	ZNE
	beng	peng	meng	feng	deng	teng	neng	leng	zheng
	泵	碰	蒙	风	等	腾	能	冷	正

	BZNE	XZNE	XBZNE	DZNE	BDZNE	XDZNE	GNE	XBGNE	XGNE
	cheng	sheng	reng	zeng	ceng	seng	geng	keng	heng
	成	生	仍	增	层	僧	更	坑	横

提 示

※ 本组音节码需用无名指单指并击两键，需要注意其击键要领，防止漏键。

※ 本组的一些音节码有兼容码。

（二）指法

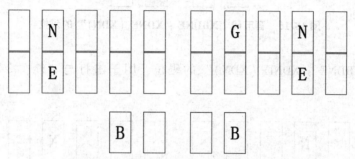

图 18.12 音节码"BNE：BGNE"的码位

音节码"BNE：BGNE"的码位，用于击打与"泵、碰"同音的所有汉字。

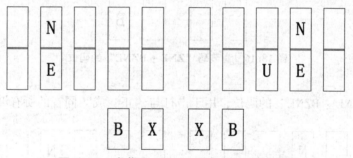

图 18.13 音节码"XBNE：XBUNE"的码位

音节码"XBNE：XBUNE"的码位，用于击打与"蒙、风"同音的所有汉字。

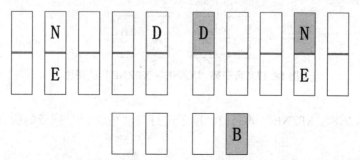

图 18.14 音节码"DNE：BDNE（BDN）"的码位

音节码"DNE：BDNE（BDN）"的码位，用于击打与"等、腾"同音的所有汉字。

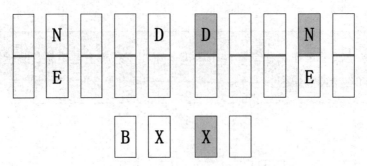

图 18.15　音节码"XBDNE：XDNE（XDN）"的码位

　　音节码"XBDNE：XDNE（XDN）"的码位，用于击打与"能、冷"同音的所有汉字。

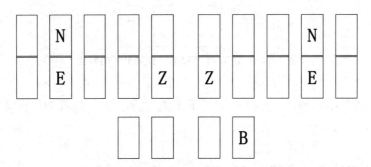

图 18.16　音节码"ZNE：BZNE"的码位

　　音节码"ZNE：BZNE"的码位，用于击打与"正、成"同音的所有汉字。

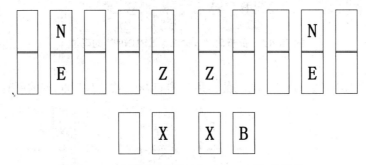

图 18.17　音节码"XZNE：XBZNE"的码位

　　音节码"XZNE：XBZNE"的码位，用于击打与"生、仍"同音的所有汉字。

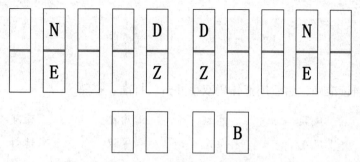

图 18.18 音节码"DZNE：BDZNE"的码位

音节码"DZNE：BDZNE"的码位，用于击打与"增、层"同音的所有汉字。

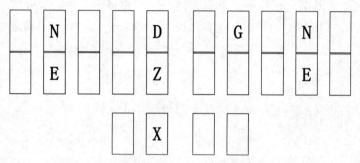

图 18.19 音节码"XDZNE：GNE"的码位

音节码"XDZNE：GNE"的码位，用于击打与"僧、更"同音的所有汉字。

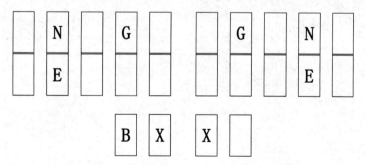

图 18.20 音节码"XBGNE：XGNE"的码位

音节码"XBGNE：XGNE"的码位，用于击打与"坑、横"同音的所有汉字。

读打练习

• 18-3-1

把下列词语读准确，然后用亚伟码双手并击，打准、打熟。

泵此	风泵	烹饪	席棚	蒙蔽
美梦	风气	每逢	等级	熄灯
腾飞	沸腾	能人	职能	冷酷
制冷	政策	市政	成本	继承
升级	风声	扔弃	可扔	增殖
猛增	层层	基层	僧侣	苦僧
更生	机耕	吭声	不吭	横溢
以恒				

第十九讲

韵码"A（a）、O（o、wo）"的系列音节码

一 韵码"A"的系列音节码

（一）编码及读音

观看教学视频

A a 啊	BA	BGA	XBA	XBUA （BIU）	DA	BDA	XBDA	XDA	ZA
	ba	pa	ma	fa	da	ta	na	la	zha
	把	帕	吗	法	大	他	那	拉	渣

BZA	XZA	DZA	BDZA	XDZA	GA	XBGA	XGA
cha	sha	za	ca	sa	ga	ka	ha
差	杀	杂	擦	撒	嘎	卡	哈

提 示

※ 本组音节码需注意小指的击键要领，注意与其他手指的配合，不要漏键。

※ 本组个别音节码有兼容码。

（二）指法

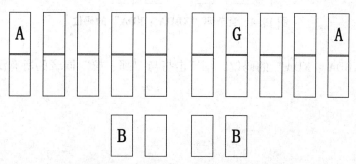

图19.1 音节码"BA：BGA"的码位

91

音节码"BA：BGA"的码位，用于击打与"把、帕"同音的所有汉字。

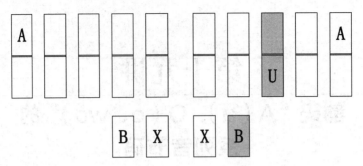

图 19.2　音节码"XBA：XBUA（BIU）"的码位

音节码"XBA：XBUA（BIU）"的码位，用于击打与"吗、法"同音的所有汉字。

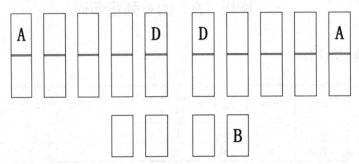

图 19.3　音节码"DA：BDA"的码位

音节码"DA：BDA"的码位，用于击打与"大、他"同音的所有汉字。

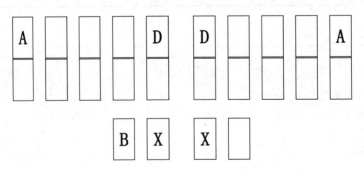

图 19.4　音节码"XBDA：XDA"的码位

音节码"XBDA：XDA"的码位，用于击打与"那、拉"同音的所有汉字。

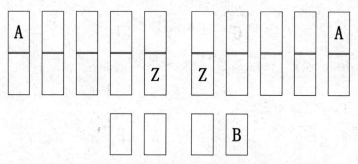

图 19.5 音节码"ZA：BZA"的码位

音节码"ZA：BZA"的码位，用于击打与"渣、差"同音的所有汉字。

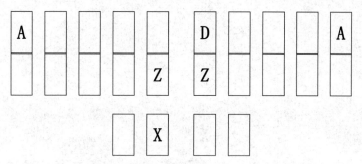

图 19.6 音节码"XZA：DZA"的码位

音节码"XZA：DZA"的码位，用于击打与"杀、杂"同音的所有汉字。

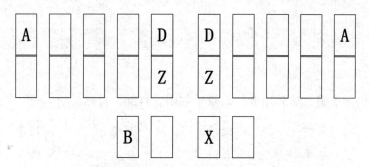

图 19.7 音节码"BDZA：XDZA"的码位

音节码"BDZA：XDZA"的码位，用于击打与"擦、撒"同音的所有汉字。

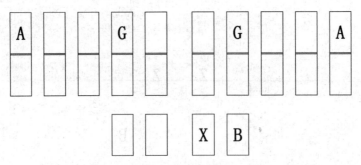

图 19.8　音节码"GA：XBGA"的码位

音节码"GA：XBGA"的码位，用于击打与"嘎、卡"同音的所有汉字。

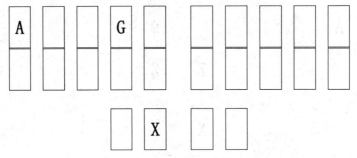

图 19.9　音节码"XGA："的码位

音节码"XGA："的码位，用于击打与"哈"同音的所有汉字。

读打练习

● 19-1-1

把下列词语读准确，然后用亚伟码双手并击，打准、打熟。

阿勒	是啊	跋涉	大坝	怕事
不怕	麻痹	大妈	分发	法人
大地	武打	踏实	灯塔	那个
捕拿	拉车	搭拉	扎根	挣扎
刹那	审查	杀敌	大厦	杂志
砸锅	擦拭	嚓嚓	洒泪	大撒
嘎巴	嘎嘎	卡车	大卡	哈气
马哈				

二 韵码"O（o、wo）"的系列音节码

（一）编码及读音

O o（wo） 哦（我）	BO	BGO	XBO	XBUO	DO	BDO	XBDO	XDO	ZO
	bo	po	mo	fo	duo	tuo	nuo	luo	zhuo
	波	破	末	佛	多	托	诺	落	捉

	BZO	XZO	XBZO	DZO	BDZO	XDZO	GO	XBGO	XGO
	chuo	shuo	ruo	zuo	cuo	suo	guo	kuo	huo
	戳	说	若	作	错	所	过	扩	或

提 示

※ 本组音节码需用小指击"O"键，需注意其击键要领，不要漏键。

※ 声码"B、BG、XB、XBU"需与韵码"O"组合，代表"bo、po、mo、fo"。

（二）指法

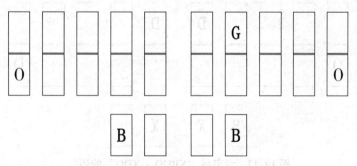

图 19.10 音节码"BO：BGO"的码位

音节码"BO：BGO"的码位，用于击打与"波、破"同音的所有汉字。

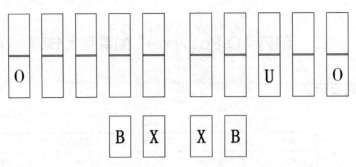

图 19.11　音节码"XBO：XBUO"的码位

音节码"XBO：XBUO"的码位，用于击打与"末、佛"同音的所有汉字。

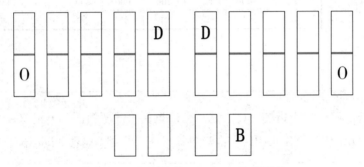

图 19.12　音节码"DO：BDO"的码位

音节码"DO：BDO"的码位，用于击打与"多、托"同音的所有汉字。

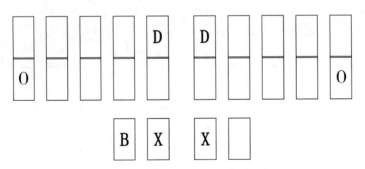

图 19.13　音节码"XBDO：XDO"的码位

音节码"XBDO：XDO"的码位，用于击打与"诺、落"同音的所有汉字。

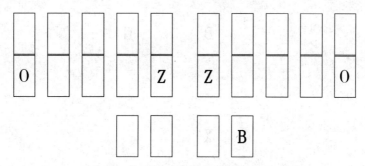

图 19.14 音节码"ZO：BZO"的码位

音节码"ZO：BZO"的码位，用于击打与"捉、戳"同音的所有汉字。

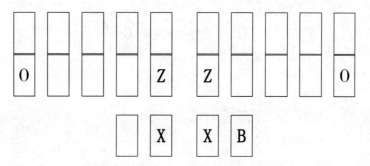

图 19.15 音节码"XZO：XBZO"的码位

音节码"XZO：XBZO"的码位，用于击打与"说、若"同音的所有汉字。

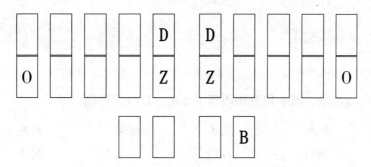

图 19.16 音节码"DZO：BDZO"的码位

音节码"DZO：BDZO"的码位，用于击打与"作、错"同音的所有汉字。

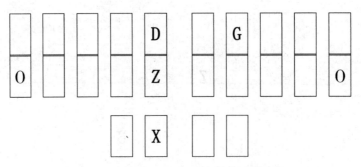

图 19.17　音节码"XDZO：GO"的码位

音节码"XDZO：GO"的码位，用于击打与"所、过"同音的所有汉字。

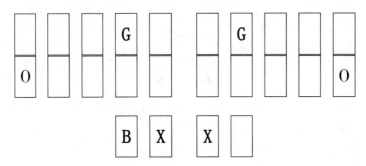

图 19.18　音节码"XBGO：XGO"的码位

音节码"XBGO：XGO"的码位，用于击打与"扩、或"同音的所有汉字。

读打练习

• 19-2-1

把下列词语读准确，然后用亚伟码双手并击，打准、打熟。

剥夺	批驳	泼墨	击破	抹煞
寂寞	佛门	石佛	多时	增多
托福	不妥	许诺	挪移	逻辑
没落	琢磨	笨拙	戳破	绰绰
说法	丰硕	若是	薄弱	作风
合作	错误	差错	所以	思索
国法	各国	阔气	许诺	活泼
捕获				

第二十讲
韵码"AO（ao）、AN（an）"的系列音节码

一 韵码"AO"的系列音节码

观看教学视频

（一）编码及读音

BAO	BGAO	XBAO	DAO	BDAO	XBDAO	XDAO	ZAO	BZAO
bao	pao	mao	dao	tao	nao	lao	zhao	chao
报	跑	毛	到	套	脑	老	找	潮

AO
ao
奥

XZAO	XBZAO	DZAO	BDZAO	XDZAO	GAO	XBGAO	XGAO
shao	rao	zao	cao	sao	gao	kao	hao
少	饶	早	草	嫂	高	靠	好

提 示

※ 本组音节码需使用小指单指并击两键，需注意其指法要领，不要漏键。

（二）指法

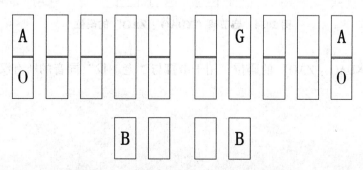

图20.1 音节码"BAO：BGAO"的码位

音节码"BAO：BGAO"的码位，用于击打与"报、跑"同音的所有汉字。

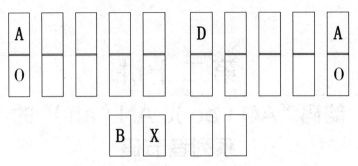

图 20.2　音节码"XBAO：DAO"的码位

音节码"XBAO：DAO"的码位，用于击打与"毛、到"同音的所有汉字。

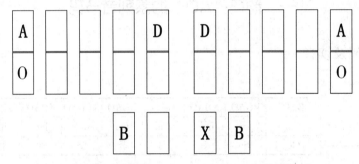

图 20.3　音节码"BDAO：XBDAO"的码位

音节码"BDAO：XBDAO"的码位，用于击打与"套、脑"同音的所有汉字。

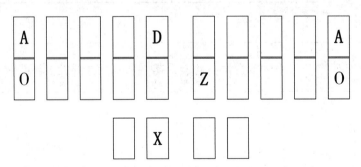

图 20.4　音节码"XDAO：ZAO"的码位

音节码"XDAO：ZAO"的码位，用于击打与"老、找"同音的所有汉字。

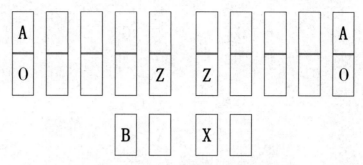

图 20. 5　音节码"BZAO：XZAO"的码位

音节码"BZAO：XZAO"的码位，用于击打与"潮、少"同音的所有汉字。

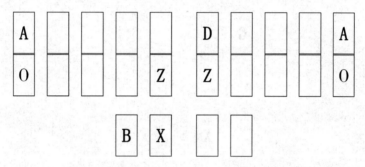

图 20. 6　音节码"XBZAO：DZAO"的码位

音节码"XBZAO：DZAO"的码位，用于击打与"饶、早"同音的所有汉字。

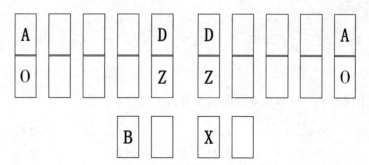

图 20. 7　音节码"BDZAO：XDZAO"的码位

音节码"BDZAO：XDZAO"的码位，用于击打与"草、嫂"同音的所有汉字。

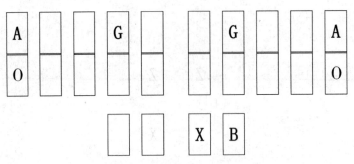

图20.8　音节码"GAO：XBGAO"的码位

音节码"GAO：XBGAO"的码位，用于击打与"高、靠"同音的所有汉字。

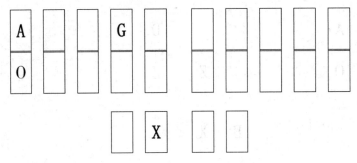

图20.9　音节码"XGAO："的码位

音节码"XGAO："的码位，用于击打与"好"同音的所有汉字。

读打练习

● 20-1-1

把下列词语读准确，然后用亚伟码双手并击，打准、打熟。

傲气	自傲	包庇	承包	炮制
奔跑	冒昧	礼貌	到期	遭遇
逃避	成套	闹事	大脑	老保
操劳	招认	依照	超支	查抄
少许	极少	绕道	富饶	遭遇
老早	曹操	草地	牢骚	骚扰
告示	被告	考古	牢靠	号召
自豪				

二 韵码"AN"的系列音节码

观看教学视频

（一）编码及读音

	BAN	BGAN	XBAN	XBUAN	DAN	BDAN	XBDAN	XDAN	ZAN
AN	ban	pan	man	fan	dan	tan	nan	lan	zhan
	板	盘	满	反	但	谈	南	蓝	占

an	BZAN	XZAN	XBZAN	DZAN	BDZAN	XDZAN	GAN	XBGAN	XGAN
按	chan	shan	ran	zan	can	san	gan	kan	han
	产	山	然	咱	残	散	干	看	含

（二）指法

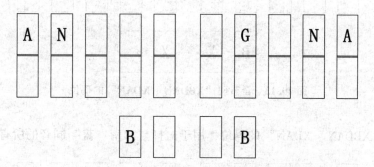

图 20.10 音节码"BAN：BGAN"的码位

音节码"BAN：BGAN"的码位，用于击打与"板、盘"同音的所有汉字。

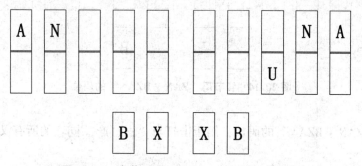

图 20.11 音节码"XBAN：XBUAN"的码位

音节码"XBAN：XBUAN"的码位，用于击打与"满、反"同音的所有汉字。

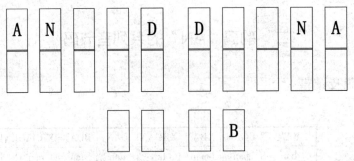

图20.12　音节码"DAN：BDAN"的码位

音节码"DAN：BDAN"的码位，用于击打与"但、谈"同音的所有汉字。

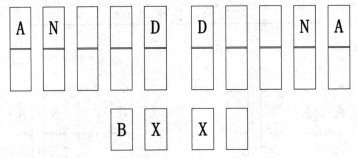

图20.13　音节码"XBDAN：XDAN"的码位

音节码"XBDAN：XDAN"的码位，用于击打与"南、蓝"同音的所有汉字。

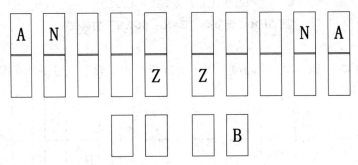

图20.14　音节码"ZAN：BZAN"的码位

音节码"ZAN：BZAN"的码位，用于击打与"占、产"同音的所有汉字。

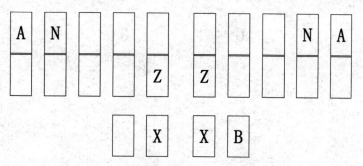

图 20.15 音节码"XZAN：XBZAN"的码位

音节码"XZAN：XBZAN"的码位，用于击打与"山、然"同音的所有汉字。

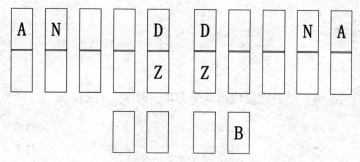

图 20.16 音节码"DZAN：BDZAN"的码位

音节码"DZAN：BDZAN"的码位，用于击打与"咱、残"同音的所有汉字。

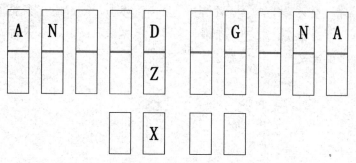

图 20.17 音节码"XDZAN：GAN"的码位

音节码"XDZAN：GAN"的码位，用于击打与"散、干"同音的所有汉字。

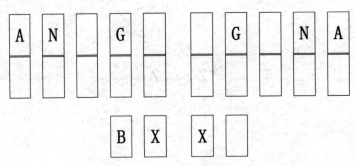

图 20.18　音节码 "XBGAN：XGAN" 的码位

音节码 "XBGAN：XGAN" 的码位，用于击打与 "看、含" 同音的所有汉字。

读打练习

● **20-2-1**

把下列词语读准确，然后用亚伟码双手并击，打准、打熟。

暗示	办案	班级	查办	判处
盘根	蛮横	自满	凡是	超凡
担任	负担	贪污	漫谈	河南
南部	烂漫	展览	展出	奋战
产值	增产	善于	妥善	燃起
必然	赞许	称赞	参与	聚餐
散布	分散	干涉	不敢	看好
勘探	含义			

第二十一讲
韵码"EO（ou）、IN（yin）"的系列音节码

一　韵码"EO"的系列音节码

观看教学视频

（一）编码及读音

EO ou 欧	BGEO	XBEO	XBUEO	DEO	BDEO	XBDEO	XDEO	ZEO	BZEO
	pou	mou	fou	dou	tou	nou	lou	zhou	chou
	剖	某	否	都	头	耨	楼	轴	抽

XZEO	XBZEO	DZEO	BDZEO	XDZEO	GEO	XBGEO	XGEO
shou	rou	zou	cou	sou	gou	kou	hou
收	肉	走	凑	艘	够	口	后

> **提 示**
>
> ※ 本组音节码要求用无名指和小指同时击键，需注意不要漏键。

（二）指法

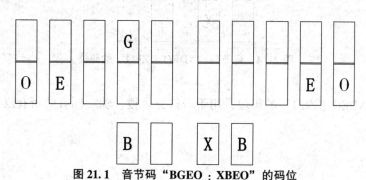

图 21.1　音节码"BGEO：XBEO"的码位

音节码"BGEO：XBEO"的码位，用于击打与"剖、某"同音的所有汉字。

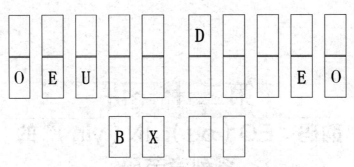

图 21.2　音节码"XBUEO：DEO"的码位

音节码"XBUEO：DEO"的码位，用于击打与"否、都"同音的所有汉字。

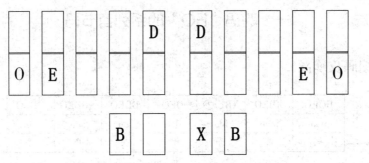

图 21.3　音节码"BDEO：XBDEO"的码位

音节码"BDEO：XBDEO"的码位，用于击打与"头、耨"同音的所有汉字。

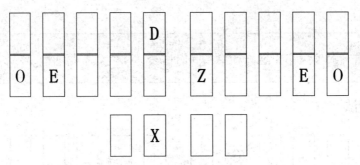

图 21.4　音节码"XDEO：ZEO"的码位

音节码"XDEO：ZEO"的码位，用于击打与"楼、轴"同音的所有汉字。

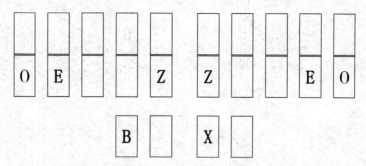

图 21.5 音节码"BZEO：XZEO"的码位

音节码"BZEO：XZEO"的码位，用于击打与"抽、收"同音的所有汉字。

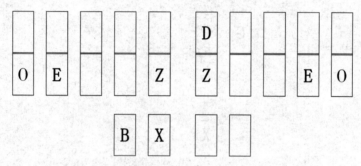

图 21.6 音节码"XBZEO：DZEO"的码位

音节码"XBZEO：DZEO"的码位，用于击打与"肉、走"同音的所有汉字。

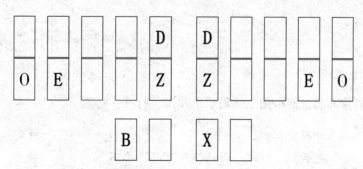

图 21.7 音节码"BDZEO：XDZEO"的码位

音节码"BDZEO：XDZEO"的码位，用于击打与"凑、艘"同音的所有汉字。

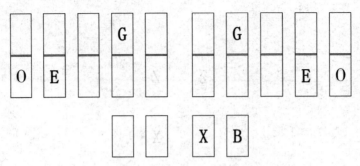

图 21.8 音节码 "GEO：XBGEO" 的码位

音节码 "GEO：XBGEO" 的码位，用于击打与 "够、口" 同音的所有汉字。

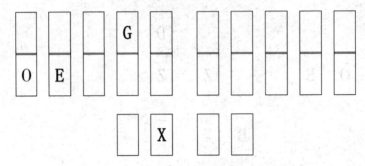

图 21.9 音节码 "XGEO：" 的码位

音节码 "XGEO：" 的码位，用于击打与 "后" 同音的所有汉字。

读打练习

● **21-1-1**

把下列词语读准确，然后用亚伟码双手并击，打准、打熟。

殴打	斗殴	剖视	一剖	谋杀
合谋	能否	否认	都不	搏斗
偷盗	摸透	陋习	走漏	周密
非洲	仇杀	报酬	收购	出售
肉体	柔和	走漏	弹奏	凑足
杂凑	搜捕	咳嗽	购置	不够
扣除	路口	等候	后身	

二　韵码"IN"的系列音节码

观看教学视频

（一）编码及读音

IN		BIN	BGIN	XBIN	XBDIN	XDIN	GIN	XGIN	XIN
yin		bin	pin	min	nin	lin	jin	qin	xin
因		宾	品	民	您	林	进	亲	新

> **提 示**
>
> ※ 需注意声码"GI、XGI、XI"的编码中本来就有"I"，与韵码"IN"组合后，2 个"I"合并，音节码中依然只有 1 个"I"。

（二）指法

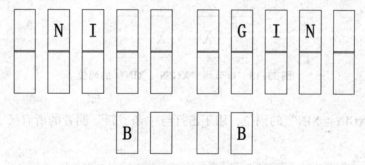

图 21.10　音节码"BIN：BGIN"的码位

音节码"BIN：BGIN"的码位，用于击打与"宾、品"同音的所有汉字。

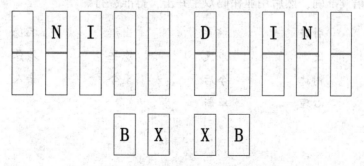

图 21.11　音节码"XBIN：XBDIN"的码位

音节码"XBIN：XBDIN"的码位，用于击打与"民、您"同音的所有汉字。

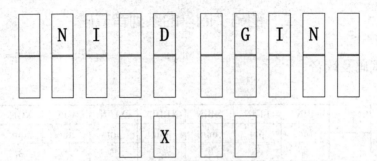

图21.12　音节码"XDIN：GIN"的码位

音节码"XDIN：GIN"的码位，用于击打与"林、进"同音的所有汉字。

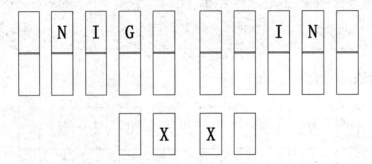

图21.13　音节码"XGIN：XIN"的码位

音节码"XGIN：XIN"的码位，用于击打与"亲、新"同音的所有汉字。

读打练习

● 21-2-1

把下列词语读准确，然后用亚伟码双手并击，打准、打熟。

播音	引进	摈弃	出殡	品德
废品	民办	市民	您早	找您
林区	树林	今后	至今	亲人
考勤	心理	革新		

第二十二讲
韵码"UE（wei）、IA（ya）"的系列音节码

一 韵码"UE"的系列音节码

（一）编码及读音

观看教学视频

UE wei 为	DUE	BDUE	ZUE	BZUE	XZUE	XBZUE
	dui	tui	zhui	chui	shui	rui
	对	推	追	吹	水	瑞

	DZUE	BDZUE	XDZUE	GUE	XBGUE	XGUE
	zui	cui	sui	gui	kui	hui
	最	翠	虽	归	亏	会

> **提 示**
>
> ※ 本组音节码需用中指和无名指并击，需注意中指击键要领以及无名指不要漏键。

（二）指法

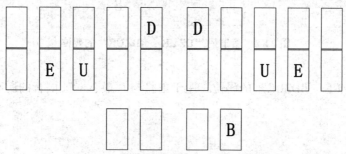

图 22.1 音节码"DUE：BDUE"的码位

音节码"DUE：BDUE"的码位，用于击打与"对、推"同音的所有汉字。

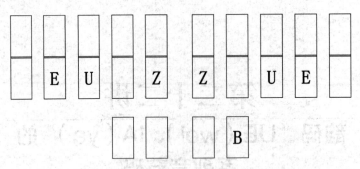

图 22.2　音节码"ZUE：BZUE"的码位

音节码"ZUE：BZUE"的码位，用于击打与"追、吹"同音的所有汉字。

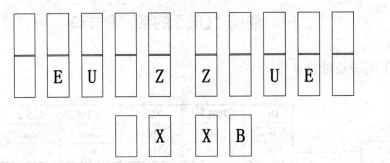

图 22.3　音节码"XZUE：XBZUE"的码位

音节码"XZUE：XBZUE"的码位，用于击打与"水、瑞"同音的所有汉字。

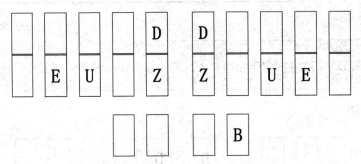

图 22.4　音节码"DZUE：BDZUE"的码位

音节码"DZUE：BDZUE"的码位，用于击打与"最、翠"同音的所有汉字。

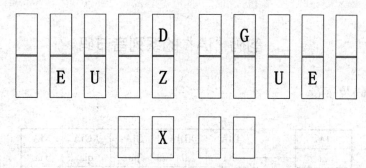

图 22.5　音节码"XDZUE：GUE"的码位

音节码"XDZUE：GUE"的码位，用于击打与"虽、归"同音的所有汉字。

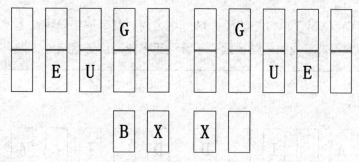

图 22.6　音节码"XBGUE：XGUE"的码位

音节码"XBGUE：XGUE"的码位，用于击打与"亏、会"同音的所有汉字。

读打练习

● **22-1-1**

把下列词语读准确，然后用亚伟码双手并击，打准、打熟。

伟大	示威	对比	车队	推进
辞退	追捕	猛追	吹奏	鼓吹
水利	征税	锐利	敏锐	最高
心醉	翠绿	干脆	随时	琐碎
贵宾	回归	亏本	得亏	回路
普惠				

二 韵码 "IA" 的系列音节码

（一）编码及读音

观看教学视频

IA		DIA	XDIA	GIA	XGIA	XIA
ya		dia	lia	jia	qia	xia
压		嗲	俩	家	恰	下

提 示

※ 声码 "GI、XGI、XI" 与韵码 "IA" 组合时，音节码中只保留 1 个 "I"。

※ 需注意本组音节码的击键要领，不要让无名指碰到键盘造成带键误击。

（二）指法

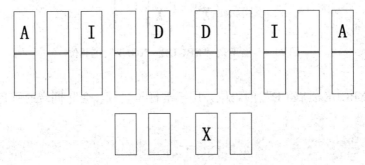

图 22.7 音节码 "DIA：XDIA" 的码位

音节码 "DIA：XDIA" 的码位，用于击打与 "嗲、俩" 同音的所有汉字。

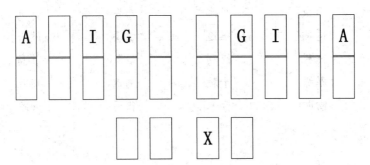

图 22.8 音节码 "GIA：XGIA" 的码位

音节码"GIA：XGIA"的码位，用于击打与"家、恰"同音的所有汉字。

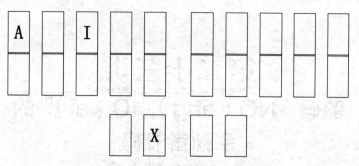

图 22.9　音节码"XIA："的码位

音节码"XIA："的码位，用于击打与"下"同音的所有汉字。

读打练习

•22-2-1

把下列词语读准确，然后用亚伟码双手并击，打准、打熟。

压抑	挤压	嗲声	嗲嗲	俩人
他俩	价格	售价	恰恰	和洽
下达	朝霞			

第二十三讲

韵码"NO（ang）、IO（ai）"的系列音节码

一　韵码"NO"的系列音节码

观看教学视频

（一）编码及读音

NO ang 昂	BNO	BGNO	XBNO	XBUNO	DNO	BDNO	XBDNO	XDNO	ZNO
	bang	pang	mang	fang	dang	tang	nang	lang	zhang
	棒	旁	忙	放	当	唐	囊	浪	张

	BZNO	XZNO	XBZNO	DZNO	BDZNO	XDZNO	GNO	XBGNO	XGNO
	chang	shang	rang	zang	cang	sang	gang	kang	hang
	厂	上	让	脏	仓	桑	钢	抗	航

> **提　示**
>
> ※ 需注意小指不要漏键。

（二）指法

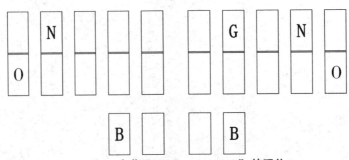

图 23.1　音节码"BNO：BGNO"的码位

音节码"BNO：BGNO"的码位，用于击打与"棒、旁"同音的所有汉字。

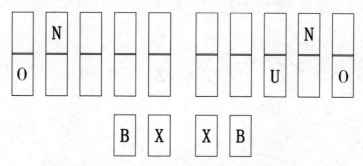

图 23. 2　音节码 "XBNO∶XBUNO" 的码位

音节码 "XBNO∶XBUNO" 的码位，用于击打与 "忙、放" 同音的所有汉字。

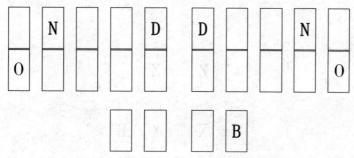

图 23. 3　音节码 "DNO∶BDNO" 的码位

音节码 "DNO∶BDNO" 的码位，用于击打与 "当、唐" 同音的所有汉字。

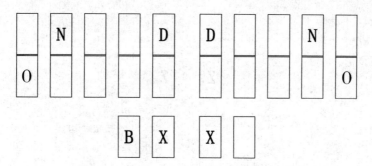

图 23. 4　音节码 "XBDNO∶XDNO" 的码位

音节码 "XBDNO∶XDNO" 的码位，用于击打与 "囊、浪" 同音的所有汉字。

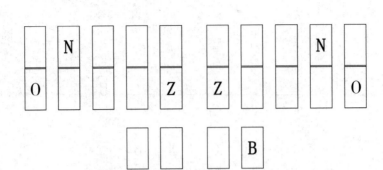

图23.5　音节码"ZNO：BZNO"的码位

音节码"ZNO：BZNO"的码位，用于击打与"张、厂"同音的所有汉字。

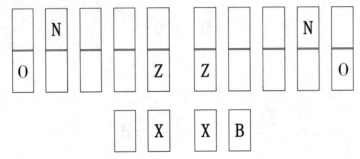

图23.6　音节码"XZNO：XBZNO"的码位

音节码"XZNO：XBZNO"的码位，用于击打与"上、让"同音的所有汉字。

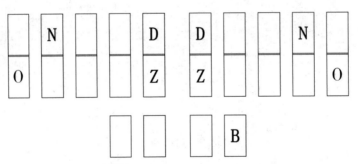

图23.7　音节码"DZNO：BDZNO"的码位

音节码"DZNO：BDZNO"的码位，用于击打与"脏、仓"同音的所有汉字。

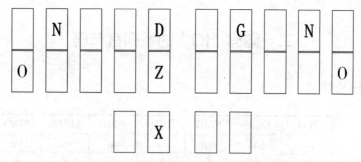

图 23.8　音节码"XDZNO：GNO"的码位

音节码"XDZNO：GNO"的码位，用于击打与"桑、钢"同音的所有汉字。

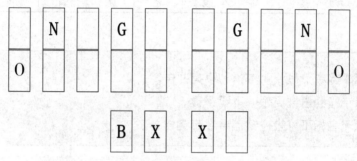

图 23.9　音节码"XBGNO：XGNO"的码位

音节码"XBGNO：XGNO"的码位，用于击打与"抗、航"同音的所有汉字。

读打练习

● 23-1-1

把下列词语读准确，然后用亚伟码双手并击，打准、打熟。

昂然	高昂	帮忙	诽谤	庞大
发胖	茫然	繁忙	仿佛	西方
当今	高档	糖果	食堂	狼狈
法郎	长势	铺张	漫长	特长
商谈	受伤	让步	吵嚷	贪赃
脏器	苍老	暗藏	丧失	懊丧
刚好	站岗	抗日	反抗	导航
杭州				

二 韵码"IO"的系列音节码

（一）编码及读音

观看教学视频

	BIO	BGIO	XBIO	DIO	BDIO	XBDIO	XDIO	ZIO
	bai	pai	mai	dai	tai	nai	lai	zhai
	百	派	买	带	太	乃	来	寨

IO
ai
爱

	BZIO	XZIO	DZIO	BDZIO	XDZIO	GIO	XBGIO	XGIO
	chai	shai	zai	cai	sai	gai	kai	hai
	柴	筛	在	才	塞	该	开	海

提 示

※ 需注意本组音节码要用中指和小指并击。

※ 需注意小指的击键要领，不要漏键。

※ 需注意无名指不可触碰键盘导致带键误击。

（二）指法

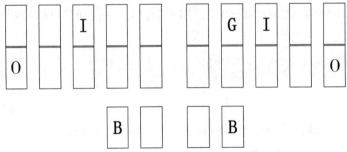

图 23.10 音节码"BIO：BGIO"的码位

音节码"BIO：BGIO"的码位，用于击打与"百、派"同音的所有汉字。

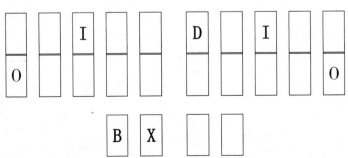

图 23.11 音节码"XBIO：DIO"的码位

音节码"XBIO：DIO"的码位，用于击打与"买、带"同音的所有汉字。

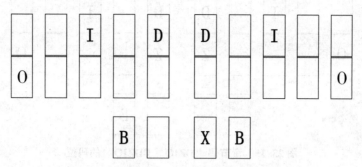

图 23.12 音节码"BDIO：XBDIO"的码位

音节码"BDIO：XBDIO"的码位，用于击打与"太、乃"同音的所有汉字。

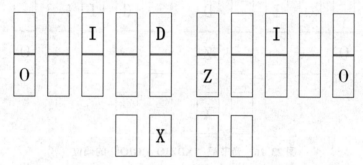

图 23.13 音节码"XDIO：ZIO"的码位

音节码"XDIO：ZIO"的码位，用于击打与"来、寨"同音的所有汉字。

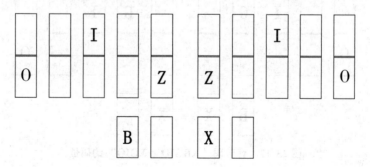

图 23.14 音节码"BZIO：XZIO"的码位

音节码"BZIO：XZIO"的码位，用于击打与"柴、筛"同音的所有汉字。

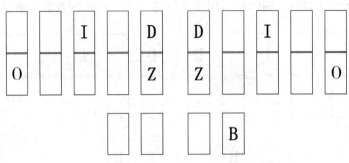

图 23.15　音节码"DZIO：BDZIO"的码位

音节码"DZIO：BDZIO"的码位，用于击打与"在、才"同音的所有汉字。

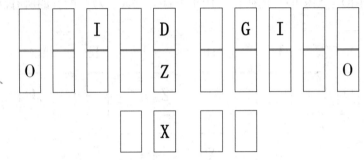

图 23.16　音节码"XDZIO：GIO"的码位

音节码"XDZIO：GIO"的码位，用于击打与"塞、该"同音的所有汉字。

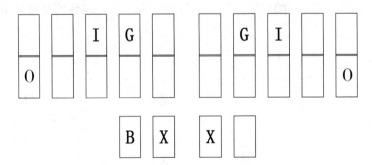

图 23.17　音节码"XBGIO：XGIO"的码位

音节码"XBGIO：XGIO"的码位，用于击打与"开、海"同音的所有汉字。

读打练习

• **23-2-1**

把下列词语读准确，然后用亚伟码双手并击，打准、打熟。

哀思	热爱	败类	击败	排斥
气派	脉搏	贩卖	代理	时代
态势	淘汰	乃是	忍耐	来自
本来	债户	指摘	拆除	出差
晒台	西晒	栽培	实在	制裁
采纳	塞车	大赛	改善	大概
开发	拉开	害处	杀害	

第二十四讲

韵码"IE（ye）、EA（yo）、XE（er）"的系列音节码

一 韵码"IE"系列音节码

观看教学视频

（一）编码及读音

IE		BIE	BGIE	XBIE	DIE	BDIE	XBDIE	XDIE	GIE	XGIE	XIE
ye		bie	pie	mie	die	tie	nie	lie	jie	qie	xie
也		别	撇	灭	爹	铁	捏	列	节	且	写

> **提 示**
>
> ※ 需注意声码"GI、XGI、XI"与韵码"IE"组合成的音节码中只有 1 个"I"。

（二）指法

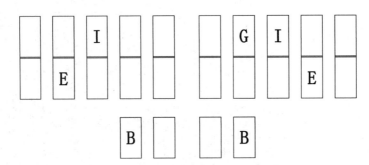

图 24.1 音节码"BIE：BGIE"的码位

音节码"BIE：BGIE"的码位，用于击打与"别、撇"同音的所有汉字。

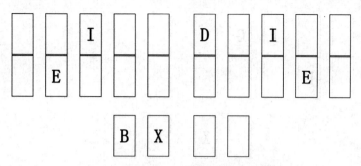

图 24.2　音节码"XBIE：DIE"的码位

音节码"XBIE：DIE"的码位，用于击打与"灭、爹"同音的所有汉字。

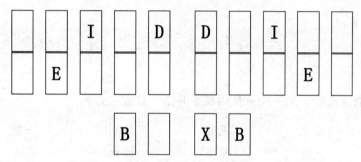

图 24.3　音节码"BDIE：XBDIE"的码位

音节码"BDIE：XBDIE"的码位，用于击打与"铁、捏"同音的所有汉字。

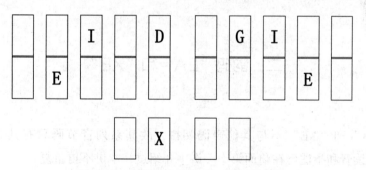

图 24.4　音节码"XDIE：GIE"的码位

音节码"XDIE：GIE"的码位，用于击打与"列、节"同音的所有汉字。

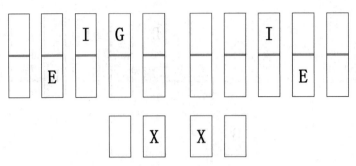

图 24.5　音节码"XGIE：XIE"的码位

音节码"XGIE：XIE"的码位，用于击打与"且、写"同音的所有汉字。

读打练习

● **24-1-1**

把下列词语读准确，然后用亚伟码双手并击，打准、打熟。

业绩	日夜	别致	级别	一瞥
撇下	灭迹	磨灭	碟机	暴跌
铁心	补贴	捏造	罪孽	列举
猛烈	接受	承接	切身	盗窃
协助	机械			

二　韵码"EA"和"XE"

观看教学视频

韵码"EA"和"XE"不与其他声码相拼，故其系列音节码只有其本身。其编码、读音和指法已在前面第十一讲中介绍过，本讲不再重复。

观看教学视频

提　示

※ 韵码"EA"指法难度大，练习时需注意适可而止，无须追求完美。

读打练习

●24-2-1

把下列词语读准确，然后用亚伟码双手并击，打准、打熟。

我哟	哼唷	行哟	哟别	哟灭
哟而	哟铁	哎哟	哟节	啊唷
哟撇				

读打练习

●24-2-2

把下列词语读准确，然后用亚伟码双手并击，打准、打熟。

而后	反而	儿子	忽而	儿女
然而	二野	而灭	儿女	而是
二二	二姐	而且	叶耳	而已
耳朵	二者	二谛	而今	二哥
饵丝	聂耳	节目	界别	撇下
节日	携带	协和		

第二十五讲
韵码"UN（wen）、UA（wa）"的系列音节码

一 韵码"UN"的系列音节码

观看教学视频

（一）编码及读音

DUN	BDUN	XBDUN	XDUN	ZUN	BZUN	XZUN
dun	tun	nun	lun	zhun	chun	shun
吨	屯	臀	论	准	春	顺

UN
wen
问

XBZUN	DZUN	BDZUN	XDZUN	GUN	XBGUN	XGUN
run	zun	cun	sun	gun	kun	hun
润	尊	村	孙	滚	困	混

> **提 示**
>
> ※ 本组音节码需注意中指的击键要领。

（二）指法

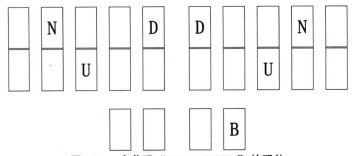

图 25.1 音节码"DUN：BDUN"的码位

音节码"DUN：BDUN"的码位，用于击打与"吨、屯"同音的所有汉字。

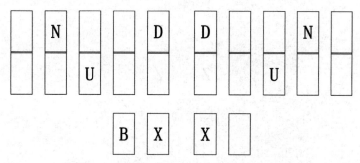

图 25.2　音节码"XBDUN：XDUN"的码位

音节码"XBDUN：XDUN"的码位，用于击打与"蘑、论"同音的所有汉字。

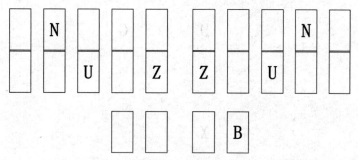

图 25.3　音节码"ZUN：BZUN"的码位

音节码"ZUN：BZUN"的码位，用于击打与"准、春"同音的所有汉字。

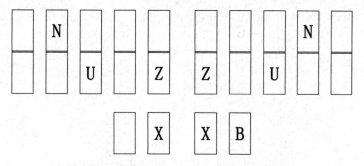

图 25.4　音节码"XZUN：XBZUN"的码位

音节码"XZUN：XBZUN"的码位，用于击打与"顺、润"同音的所有汉字。

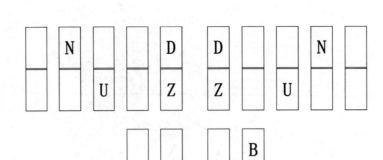

图 25.5　音节码"DZUN：BDZUN"的码位

音节码"DZUN：BDZUN"的码位，用于击打与"尊、村"同音的所有汉字。

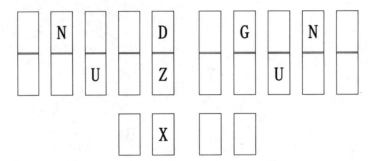

图 25.6　音节码"XDZUN：GUN"的码位

音节码"XDZUN：GUN"的码位，用于击打与"孙、滚"同音的所有汉字。

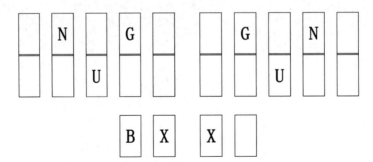

图 25.7　音节码"XBGUN：XGUN"的码位

音节码"XBGUN：XGUN"的码位，用于击打与"困、混"同音的所有汉字。

读 打 练 习

● **25-1-1**

把下列词语读准确，然后用亚伟码双手并击，打准、打熟。

温饱	新闻	敦促	整顿	囤积
独吞	论据	理论	准予	批准
春风	单纯	顺心	一瞬	润色
利润	遵照	自尊	村子	保存
损耗	亏损	滚翻	恶棍	困乏
围困	昏沉	预混		

二 韵码 "UA" 的系列音节码

（一）编码及读音

UA	ZUA （ZIU）	BZUA	XZUA （XZWU）	XBZUA	GUA （GWA）	XBGUA （XBGW）	XGUA （XGW）
wa	zhua	chua	shua	rua	gua	kua	hua
挖	抓	欻	刷	挼	挂	跨	华

提 示

※ 本组音节码编制了兼容码，请大家选用。

观看教学视频

（二）指法

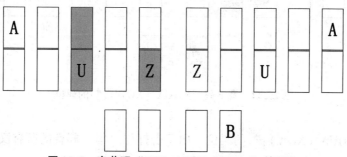

图 25.8 音节码 "ZUA（ZIU）：BZUA" 的码位

音节码 "ZUA（ZIU）：BZUA" 的码位，用于击打与 "抓、欻" 同音的所有汉字。

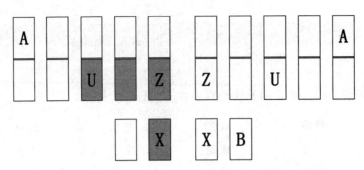

图 25.9　音节码"XZUA（XZWU）：XBZUA"的码位

　　音节码"XZUA（XZWU）：XBZUA"的码位，用于击打与"刷、揌"同音的所有汉字。

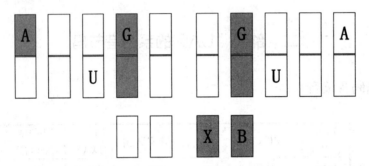

图 25.10　音节码"GUA（GWA）：XBGUA（XBGW）"的码位

　　音节码"GUA（GWA）：XBGUA（XBGW）"的码位，用于击打与"挂、跨"同音的所有汉字。

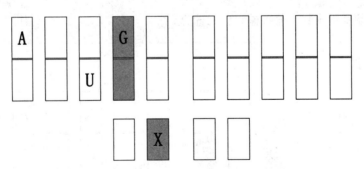

图 25.11　音节码"XGUA（XGW）："的码位

　　音节码"XGUA（XGW）："的码位，用于击打与"华"同音的所有汉字。

读打练习

● **25-2-1**

把下列词语读准确，然后用亚伟码双手并击，打准、打熟。

挖苦	低洼	抓好	瞎抓	刷新
印刷	瓜分	记挂	垮台	跨境
华丽	深化			

第二十六讲

韵码"UIO（wai）、INE（ying）"的系列音节码

一　韵码"UIO"的系列音节码

观看教学视频

（一）编码及读音

UIO	ZUIO	BZUIO	XZUIO	GUIO	XBGUIO （XBGI）	XGUIO （XWIUO）
wai	zhuai	chuai	shuai	guai	kuai	huai
外	拽	揣	甩	怪	快	坏

提　示

※ 本组音节码中包含"IU"，需注意击键要领。

※ 本组一些音节码有兼容码，请大家选择使用。

（二）指法

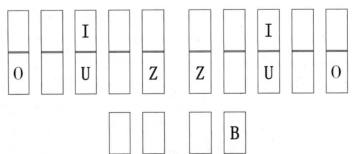

图 26.1　音节码"ZUIO：BZUIO"的码位

音节码"ZUIO：BZUIO"的码位，用于击打与"拽、揣"同音的所有汉字。

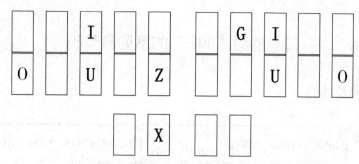

图26.2　音节码"XZUIO：GUIO"的码位

音节码"XZUIO：GUIO"的码位，用于击打与"甩、怪"同音的所有汉字。

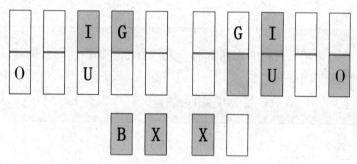

图26.3　音节码"XBGUIO（XBGI）：XGUIO（XWIUO）"的码位

音节码"XBGUIO（XBGI）：XGUIO（XWIUO）"的码位，用于击打与"快、坏"同音的所有汉字。

读打练习

• 26-1-1

把下列词语读准确，然后用亚伟码双手并击，打准、打熟。

歪风	海外	拽住	别拽	揣度
不揣	衰败	大帅	怪话	奇怪
快乐	财会	怀抱	破坏	

二 韵码"INE"的系列音节码

（一）编码及读音

观看教学视频

INE	BINE	BGINE	XBINE	DINE （DIN）	BDINE （BDIN）	XBDINE	XDINE	GINE	XGINE	XINE
ying	bing	ping	ming	ding	ting	ning	ling	jing	qing	xing
应	并	平	名	定	听	凝	另	经	清	性

> **提 示**
>
> ※ 本组音节码使用无名指并击两键时，需注意击键要领，防止漏键。
>
> ※ 本组一些音节码有兼容码。
>
> ※ 需注意与声码"GI、XGI、XI"组合的音节码中只有 1 个"I"。

（二）指法

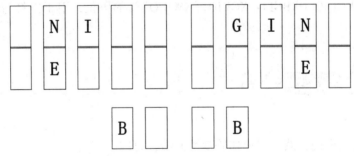

图 26.4 音节码"BINE：BGINE"的码位

音节码"BINE：BGINE"的码位，用于击打与"并、平"同音的所有汉字。

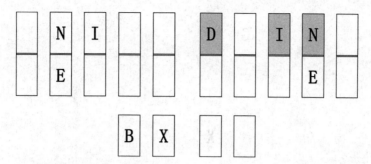

图 26. 5　音节码"XBINE：DINE（DIN）"的码位

音节码"XBINE：DINE（DIN）"的码位，用于击打与"名、定"同音的所有汉字。

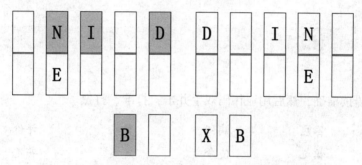

图 26. 6　音节码"BDINE（BDIN）：XBDINE"的码位

音节码"BDINE（BDIN）：XBDINE"的码位，用于击打与"听、凝"同音的所有汉字。

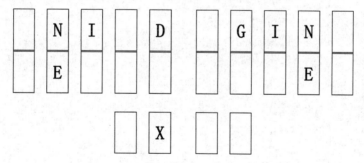

图 26. 7　音节码"XDINE：GINE"的码位

音节码"XDINE：GINE"的码位，用于击打与"另、经"同音的所有汉字。

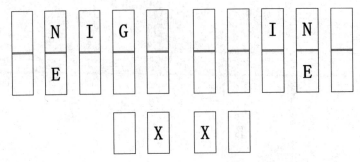

图26.8 音节码"XGINE：XINE"的码位

音节码"XGINE：XINE"的码位，用于击打与"清、性"同音的所有汉字。

读打练习

● **26-2-1**
把下列词语读准确，然后用亚伟码双手并击，打准、打熟。

应当	答应	病例	弊病	评价
好评	铭记	使命	定案	安定
停产	法庭	凝聚	安宁	领域
法令	经常	处境	轻视	申请

第二十七讲

韵码"IUE（yue）、IUN（yun）"的系列音节码

观看教学视频

一 韵码"IUE"的系列音节码

（一）编码及读音

IUE	XBDIUE （XBWIUE）	XDIUE （BWIUE）	GIUE （WIUE）	XGIUE （XWIUE）	XIUE
yue	nüe	lüe	jue	que	xue
月	虐	略	决	却	学

> **提　示**
>
> ※ 本组音节码含有"IU"组合键，掌握其击键要领即可顺利录入。
>
> ※ 本组音节码多数有兼容码，请大家选用。
>
> ※ 需注意与声码"GI、XGI、XI"组合的音节码中只有 1 个"I"。

（二）指法

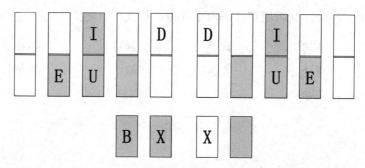

图 27.1　音节码"XBDIUE（XBWIUE）：XDIUE（BWIUE）"的码位

音节码"XBDIUE（XBWIUE）：XDIUE（BWIUE）"的码位，用于击打与"虐、略"同音的所有汉字。

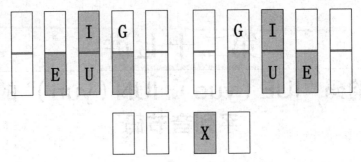

图27.2 音节码"GIUE（WIUE）：XGIUE（XWIUE）"的码位

音节码"GIUE（WIUE）：XGIUE（XWIUE）"的码位，用于击打与"决、却"同音的所有汉字。

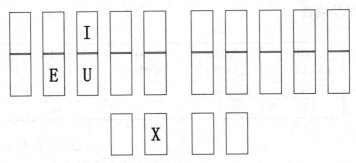

图27.3 音节码"XIUE："的码位

音节码"XIUE："的码位，用于击打与"学"同音的所有汉字。

读打练习

● **27-1-1**

把下列词语读准确，然后用亚伟码双手并击，打准、打熟。

阅读	查阅	虐待	暴虐	略去
策略	抉择	觉察	缺少	退却
学说	文学			

二 韵码"IUN"的系列音节码

观看教学视频

（一）编码及读音

IUN	GIUN（WIUN）	XGIUN（XWIUN）	XIUN
yun	jun	qun	xun
云	军	群	讯

提 示

※ 本组音节码含有"IU"组合键，掌握其击键要领即可顺利录入。

※ 本组音节码多数有兼容码，请大家选用。

※ 需注意与声码"GI、XGI、XI"组合的音节码中只有 1 个"I"。

（二）指法

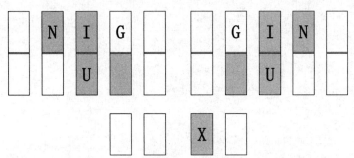

图 27.4 音节码"GIUN（WIUN）：XGIUN（XWIUN）"的码位

音节码"GIUN（WIUN）：XGIUN（XWIUN）"的码位，用于击打与"军、群"同音的所有汉字。

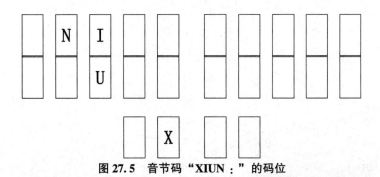

图 27.5 音节码"XIUN："的码位

音节码"XIUN："的码位，用于击打与"讯"同音的所有汉字。

读打练习

● **27-2-1**

把下列词语读准确，然后用亚伟码双手并击，打准、打熟。

允许　　　　　好运　　　　　军旗　　　　　敌军　　　　　群起

超群　　　　　询问　　　　　审讯

第二十八讲

韵码"IAO（yao）、IAN（yan）"的系列音节码

一 韵码"IAO"的系列音节码

观看教学视频

（一）编码及读音

IAO		BIAO	BGIAO	XBIAO	DIAO	BDIAO	XBDIAO	XDIAO	GIAO	XGIAO	XIAO
yao		biao	piao	miao	diao	tiao	niao	liao	jiao	qiao	xiao
要		表	票	苗	掉	条	鸟	料	较	桥	小

> **提 示**
>
> ※ 需注意小指的击键要领，不要漏键。
>
> ※ 需注意无名指不要击键，导致带键误击。
>
> ※ 需注意与声码"GI、XGI、XI"组合的音节码中只有 1 个"I"。

（二）指法

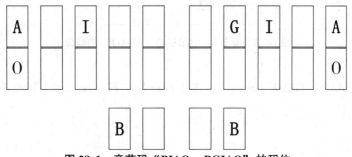

图 28.1 音节码"BIAO：BGIAO"的码位

音节码"BIAO：BGIAO"的码位，用于击打与"表、票"同音的所有汉字。

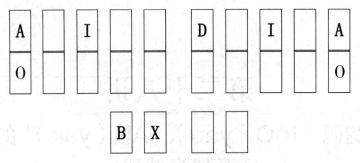

图 28.2　音节码 "XBIAO：DIAO" 的码位

音节码 "XBIAO：DIAO" 的码位，用于击打与 "苗、掉" 同音的所有汉字。

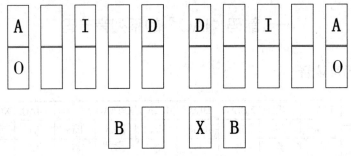

图 28.3　音节码 "BDIAO：XBDIAO" 的码位

音节码 "BDIAO：XBDIAO" 的码位，用于击打与 "条、鸟" 同音的所有汉字。

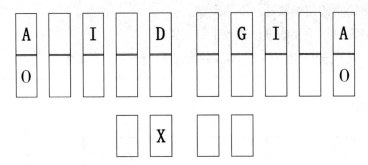

图 28.4　音节码 "XDIAO：GIAO" 的码位

音节码 "XDIAO：GIAO" 的码位，用于击打与 "料、较" 同音的所有汉字。

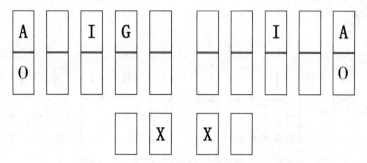

图 28.5　音节码"XGIAO：XIAO"的码位

音节码"XGIAO：XIAO"的码位，用于击打与"桥、小"同音的所有汉字。

读打练习

● **28-1-1**

把下列词语读准确，然后用亚伟码双手并击，打准、打熟。

邀请	必要	表明	夺标	飘舞
支票	藐视	扫描	调离	上吊
条例	失调	鸟类	益鸟	料理
资料	缴纳	上交	敲诈	技巧
消费	成效			

二　韵码"IAN"的系列音节码

（一）编码及读音

IAN	BIAN	BGIAN	XBIAN	DIAN	BDIAN	XBDIAN	XDIAN	GIAN	XGIAN	XIAN
yan	bian	pian	mian	dian	tian	nian	lian	jian	qian	xian
言	便	片	面	点	天	年	连	间	前	先

观看教学视频

提　示

※ 需注意小指的击键要领，不要漏键。

※ 需注意与声码"GI、XGI、XI"组合的音节码中只有 1 个"I"。

（二）指法

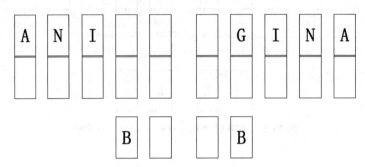

图 28.6　音节码"BIAN：BGIAN"的码位

音节码"BIAN：BGIAN"的码位，用于击打与"便、片"同音的所有汉字。

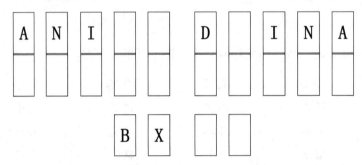

图 28.7　音节码"XBIAN：DIAN"的码位

音节码"XBIAN：DIAN"的码位，用于击打与"面、点"同音的所有汉字。

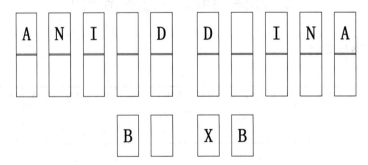

图 28.8　音节码"BDIAN：XBDIAN"的码位

音节码"BDIAN：XBDIAN"的码位，用于击打与"天、年"同音的所有汉字。

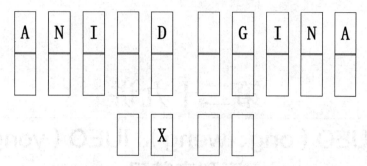

图 28.9　音节码"XDIAN：GIAN"的码位

音节码"XDIAN：GIAN"的码位，用于击打与"连、间"同音的所有汉字。

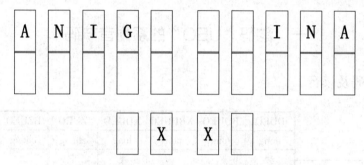

图 28.10　音节码"XGIAN：XIAN"的码位

音节码"XGIAN：XIAN"的码位，用于击打与"前、先"同音的所有汉字。

读打练习

● **28-2-1**

把下列词语读准确，然后用亚伟码双手并击，打准、打熟。

严惩	科研	编制	旁边	偏移
拐骗	勉励	避免	典范	重点
天气	增添	年轻	概念	连忙
简练	鉴赏	搭建	潜力	道歉
显现	保险			

第二十九讲

韵码"UEO（ong、weng）、IUEO（yong）"的系列音节码

一 韵码"UEO"的系列音节码

观看教学视频

（一）编码及读音

UEO ong weng 翁	DUEO	BDUEO	XBDUEO	XDUEO	ZUEO	BZUEO	XBZUEO
	dong	tong	nong	long	zhong	chong	rong
	动	同	农	龙	中	虫	溶

DZUEO	BDZUEO	XDZUEO	GUEO	XBGUEO	XGUEO
zong	cong	song	gong	kong	hong
总	从	送	共	孔	红

> **提 示**
>
> ※ 需注意小指的击键要领，避免漏键。

（二）指法

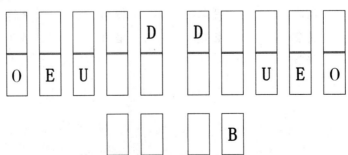

图 29.1 音节码"DUEO：BDUEO"的码位

音节码"DUEO：BDUEO"的码位，用于击打与"动、同"同音的所有汉字。

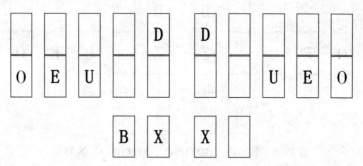

图 29.2　音节码"XBDUEO：XDUEO"的码位

音节码"XBDUEO：XDUEO"的码位，用于击打与"农、龙"同音的所有汉字。

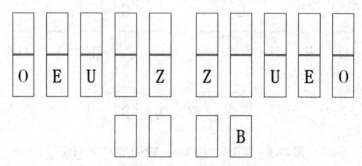

图 29.3　音节码"ZUEO：BZUEO"的码位

音节码"ZUEO：BZUEO"的码位，用于击打与"中、虫"同音的所有汉字。

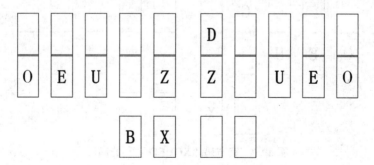

图 29.4　音节码"XBZUEO：DZUEO"的码位

音节码"XBZUEO：DZUEO"的码位，用于击打与"溶、总"同音的所有汉字。

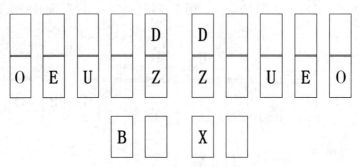

图 29.5 音节码"BDZUEO：XDZUEO"的码位

音节码"BDZUEO：XDZUEO"的码位，用于击打与"从、送"同音的所有汉字。

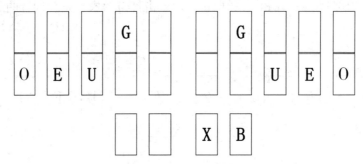

图 29.6 音节码"GUEO：XBGUEO"的码位

音节码"GUEO：XBGUEO"的码位，用于击打与"共、孔"同音的所有汉字。

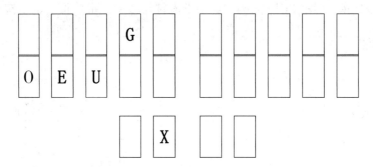

图 29.7 音节码"XGUEO："的码位

音节码"XGUEO："的码位，用于击打与"红"同音的所有汉字。

读打练习

● **29-1-1**

把下列词语读准确，然后用亚伟码双手并击，打准、打熟。

瓮声	富翁	冬季	能动	同时
赞同	农场	工农	隆冬	兴隆
重视	各种	冲击	补充	绒毛
繁荣	总之	汇总	匆忙	服从
松软	放松	公司	办公	空间
指控	轰动	防洪		

二　韵码 "IUEO" 的系列音节码

（一）编码及读音

观看教学视频

IUEO	GIUEO （WIUEO）	XGIUEO （XWIUEO）	XIUEO
yong	jiong	qiong	xiong
用	迥	穷	胸

提　示

※ 本组音节码仅包含声码 "GI、XGI、XI" 与韵码的组合，音节码中只有 1 个 "I"。

※ 本组音节码中含有 "IU" 组合，需注意击键要领。

※ 本组音节码有兼容码，请大家选用。

（二）指法

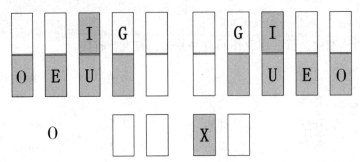

图29.8　音节码"GIUEO（WIUEO）：XGIUEO（XWIUEO）"的码位

音节码"GIUEO（WIUEO）：XGIUEO（XWIUEO）"的码位，用于击打与"迥、穷"同音的所有汉字。

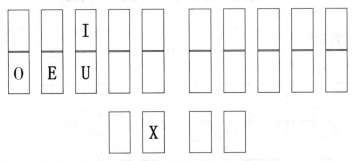

图29.9　音节码"XIUEO："的码位

音节码"XIUEO："的码位，用于击打与"胸"同音的所有汉字。

读打练习

● **29-2-1**

把下列词语读准确，然后用亚伟码双手并击，打准、打熟。

勇敢	使用	窘迫	受窘	穷苦
贫穷	凶犯	英雄		

第三十讲

韵码"IEO（you）、INO（yang）、UNO（wang）"的系列音节码

一 韵码"IEO"的系列音节码

观看教学视频

（一）编码及读音

IEO		XBIEO	DIEO	XBDIEO	XDIEO	GIEO	XGIEO	XIEO
you		miu	diu	niu	liu	jiu	qiu	xiu
有		谬	丢	牛	流	就	求	修

> **提 示**
>
> ※ 本组音节码凡包含声码"GI、XGI、XI"的，注意其音节码中只有 1 个"I"。
> ※ 本组音节码中使用到小指击键，需注意击键要领，避免漏键。

（二）指法

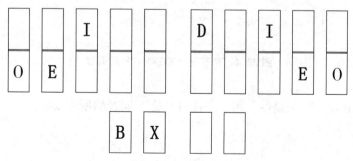

图 30.1 音节码"XBIEO：DIEO"的码位

音节码"XBIEO：DIEO"的码位，用于击打与"谬、丢"同音的所有汉字。

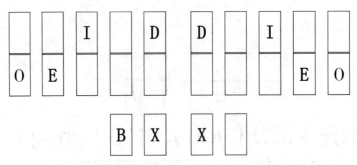

图30.2　音节码"XBDIEO：XDIEO"的码位

音节码"XBDIEO：XDIEO"的码位，用于击打与"牛、流"同音的所有汉字。

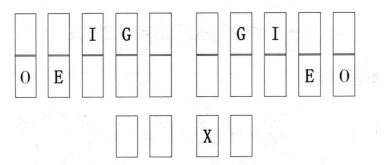

图30.3　音节码"GIEO：XGIEO"的码位

音节码"GIEO：XGIEO"的码位，用于击打与"就、求"同音的所有汉字。

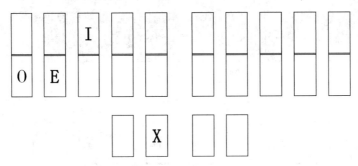

图30.4　音节码"XIEO："的码位

音节码"XIEO："的码位，用于击打与"修"同音的所有汉字。

读打练习

● 30-1-1

把下列词语读准确，然后用亚伟码双手并击，打准、打熟。

优势	理由	谬误	大谬	牛气
可丢	纽带	奶牛	流弊	中流
纠正	不久	囚犯	排球	修理
腐朽				

二 韵码 "INO" 的系列音节码

（一）编码及读音

观看教学视频

INO yang 样		XBDINO	XDINO	GINO	XGINO	XINO
		niang	liang	jiang	qiang	xiang
		娘	两	将	强	向

提 示

※ 本组音节码凡包含声码 "GI、XGI、XI" 的，注意其音节码中只有 1 个 "I"。
※ 本组音节码中使用到小指击键，需注意击键要领，避免漏键。

（二）指法

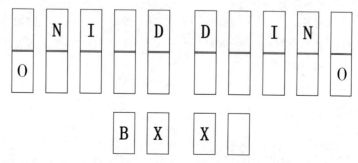

图 30.5 音节码 "XBDINO：XDINO" 的码位

音节码 "XBDINO：XDINO" 的码位，用于击打与 "娘、两" 同音的所有汉字。

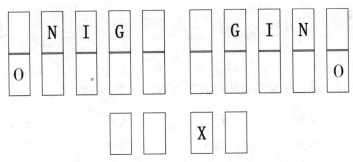

图 30.6　音节码"GINO：XGINO"的码位

音节码"GINO：XGINO"的码位，用于击打与"将、强"同音的所有汉字。

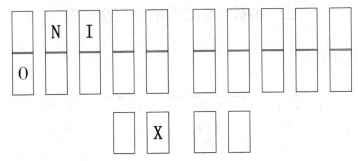

图 30.7　音节码"XINO："的码位

音节码"XINO："的码位，用于击打与"向"同音的所有汉字。

读打练习

● **30-2-1**

把下列词语读准确，然后用亚伟码双手并击，打准、打熟。

养育	中央	红娘	酿造	两边
产量	奖惩	即将	抢购	富强
项目	理想			

观看教学视频

三　韵码"UNO"的系列音节码

（一）编码及读音

UNO	ZUNO （WUNO）	BZUNO	XZUNO	GUNO	XBGUNO	XGUNO
wang	zhuang	chuang	shuang	guang	kuang	huang
王	装	床	双	光	矿	黄

提　示

※ 本组音节码均包含韵码"UNO"，关键在于"U"的击键要领，掌握好即可轻松完成本组音节码的录入。

（二）指法

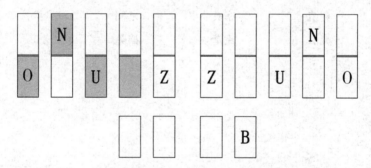

图 30.8　音节码"ZUNO（WUNO）：BZUNO"的码位

音节码"ZUNO（WUNO）：BZUNO"的码位，用于击打与"装、床"同音的所有汉字。

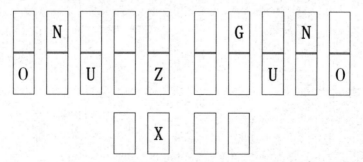

图 30.9　音节码"XZUNO：GUNO"的码位

音节码"XZUNO：GUNO"的码位，用于击打与"双、光"同音的所有汉字。

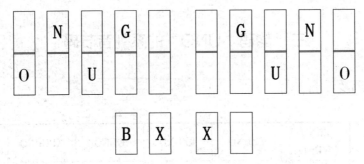

图 30.10 音节码 "XBGUNO : XGUNO" 的码位

音节码 "XBGUNO : XGUNO" 的码位，用于击打与 "矿、黄" 同音的所有汉字。

读打练习

● 30-3-1

把下列词语读准确，然后用亚伟码双手并击，打准、打熟。

忘记	渴望	装饰	戎装	创伤
开创	爽直	凉爽	光明	推广
狂妄	疯狂	荒唐	摇晃	

第三十一讲

韵码"UAN（wan）、IUAN（yuan）"的系列音节码

一　韵码"UAN"的系列音节码

（一）编码及读音

观看教学视频

UAN wan 万		DUAN	BDUAN	XBDUAN	XDUAN	ZUAN	BZUAN	XZUAN
		duan	tuan	nuan	luan	zhuan	chuan	shuan
		段	团	暖	乱	转	船	拴

XBZUAN	DZUAN （GWIU）	BDZUAN	XDZUAN （BGWIU）	GUAN （GWI）	XBGUAN	XGUAN
ruan	zuan	cuan	suan	guan	kuan	huan
软	钻	篡	酸	管	宽	换

> 提　示
>
> ※ 本组音节码均包含韵码"UAN"，关键在于"U"的击键要领，掌握好即可轻松完成本组音节码的录入。
>
> ※ 本组的一些音节码有兼容码，大家可以酌情选用。

（二）指法

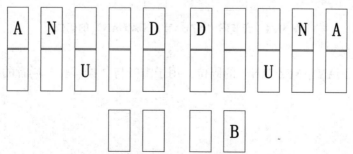

图 31.1　音节码"DUAN：BDUAN"的码位

音节码"DUAN：BDUAN"的码位，用于击打与"段、团"同音的所有汉字。

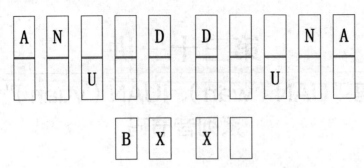

图 31.2　音节码"XBDUAN：XDUAN"的码位

音节码"XBDUAN：XDUAN"的码位，用于击打与"暖、乱"同音的所有汉字。

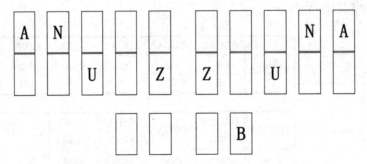

图 31.3　音节码"ZUAN：BZUAN"的码位

音节码"ZUAN：BZUAN"的码位，用于击打与"转、船"同音的所有汉字。

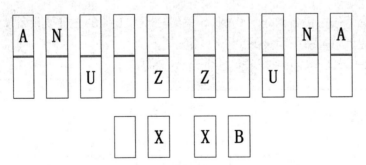

图 31.4　音节码"XZUAN：XBZUAN"的码位

音节码"XZUAN：XBZUAN"的码位，用于击打与"拴、软"同音的所有汉字。

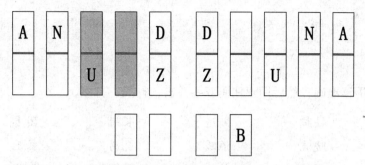

图 31.5 音节码"DZUAN（GWIU）：BDZUAN"的码位

音节码"DZUAN（GWIU）：BDZUAN"的码位，用于击打与"钻、纂"同音的所有汉字。

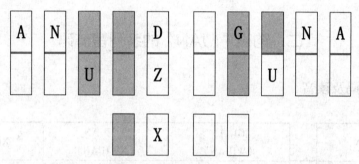

图 31.6 音节码"XDZUAN（BGWIU）：GUAN（GWI）"的码位

音节码"XDZUAN（BGWIU）：GUAN（GWI）"的码位，用于击打与"酸、管"同音的所有汉字。

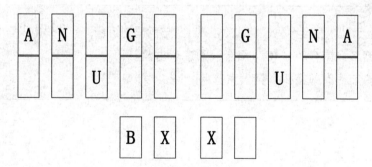

图 31.7 音节码"XBGUAN：XGUAN"的码位

音节码"XBGUAN：XGUAN"的码位，用于击打与"宽、换"同音的所有汉字。

读打练习

● **31-1-1**

把下列词语读准确，然后用亚伟码双手并击，打准、打熟。

万恶	铁腕	断送	长短	团委
集团	暖流	温暖	乱离	暴乱
专家	周转	传达	贯穿	刷洗
螺栓	软件	松软	钻探	编纂
篡改	逃窜	算计	盐酸	管控
机关	款待	贷款	欢腾	联欢

二 韵码"IUAN"的系列音节码

（一）编码及读音

观看教学视频

IUAN	GIUAN （WIUAN）	XGIUAN （XWIUAN）	XIUAN
yuan	juan	quan	xuan
圆	卷	全	选

提 示

※ 本组音节码仅包含声码"GI、XGI、XI"与韵码的组合，音节码中只有1个"I"。

※ 本组音节码中含有"IU"组合，需注意击键要领。

※ 本组音节码有兼容码，请大家选用。

（二）指法

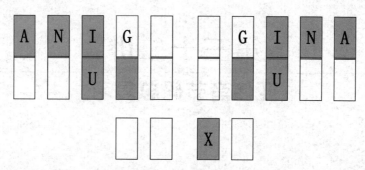

图31.8　音节码"GIUAN（WIUAN）：XGIUAN（XWIUAN）"的码位

音节码"GIUAN（WIUAN）：XGIUAN（XWIUAN）"的码位，用于击打与"卷、全"同音的所有汉字。

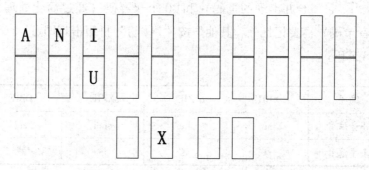

图31.9　音节码"XIUAN："的码位

音节码"XIUAN："的码位，用于击打与"选"同音的所有汉字。

读打练习

● **31-2-1**

把下列词语读准确，然后用亚伟码双手并击，打准、打熟。

| 原来 | 支援 | 捐献 | 厌倦 | 全力 |
| 保全 | 宣布 | 凯旋 | | |

第三十二讲

亚伟音节码总复习

一　特定音节码

亚伟中文速录机的全部音节码共 356 个（不计声码和韵码）。其中只有 4 个特定音节码（由于韵码 "e、ei" 合并出现的重码）和 30 个兼容码（经过简化处理允许其与全拼码同时存在的音节码）需要记忆外，其他均按 "声+韵" 拼缀击打即可。

4 个特定音节码：

编码	XBIU	ZIE	XZIE	DZIE
拼音注音	mei	zhei	shei	zei
汉字注音	每	这	谁	贼

二　兼容音节码

亚伟码的设计充分平衡了规律性与击打的方便。为了最大限度适应不同操作者的手指条件，经过不断总结积累，我们编订了一些兼容音节码，与标准音节码同时存在，由使用者自行选用。30 个兼容音节码如下：

亚伟中文速录机兼容音节码表

兼容码	音节码	读音
WIU	GIU	据
XWIU	XGIU	去
WIUN	GIUN	军
XWIUN	XGIUN	群
WIUE	GIUE	决
XWIUE	XGIUE	却
WIUAN	GIUAN	卷
XWIUAN	XGIUAN	全
XBWIU	XBDIU	女
BWIU	XDIU	率
XWIUO	XGUIO	坏
WIUEO	GIUEO	迴
GWA	GUA	挂
XBGW	XBGUA	跨
ZIU	ZUA	抓
XZWU	XZUA	刷
GWI	GUAN	管
GWIU	DZUAN	钻
BGWIU	XDZUAN	酸
WUNO	ZUNO	装
BWIUE	XDIUE	略
XBWIUE	XBDIUE	虐
XWIUEO	XGIUEO	穷
XBGI	XBGUIO	快
XDN	XDNE	冷
BDN	BDNE	腾
BDIN	BDINE	听
DIN	DINE	定
BIU	XBUA	法
XGW	XGUA	华

三　全部音节码词语缩编练习

在声码和韵码学习结束后，各自安排了总复习。现在全部音节码也学习完毕，我们缩编了如下360个词语，包含全部356个音节码，供大家复习使用。

把握	爬坡	麻痹	法律	大发	踏青	那时	拉动	嘎巴	卡车	哈气	炸弹
查出	沙漠	杂志	擦拭	撒手	搏击	婆媳	磨难	佛门	多次	托儿	诺言
罗列	果酸	阔绰	活泼	卓越	戳住	说完	弱项	左派	搓揉	所以	这么
德宏	那个	了吗	各级	可是	和好	遮住	车站	社交	热情	则是	测算
设置	北宋	配备	美丽	肥料	得去	内部	类别	给过	黑白	这个	谁去
贼头	败类	派别	埋葬	代理	泰山	奶牛	赖皮	该当	开拓	还要	摘记
柴米	筛子	再来	材料	赛场	报告	跑道	冒领	到处	淘汰	闹事	老师
高潮	考试	好处	照办	抄录	少女	绕过	遭殃	操场	扫尾	剖腹	谋略
否决	陡然	头脑	楼台	够用	口腔	喉咙	皱眉	酬劳	受奖	柔道	走了
凑巧	搜寻	办公	盼望	蛮横	翻番	胆略	探究	南宁	拦网	干部	看法
涵洞	瞻仰	颤抖	擅长	然而	暂停	惨案	散热	榜样	庞大	忙碌	方向
档案	搪瓷	皮囊	廊坊	纲领	抗战	航行	涨落	长短	伤亡	让步	赃物
沧州	丧权	本来	盆花	门房	分别	嫩芽	根源	肯于	很好	真假	沉着
申请	韧劲	怎能	参差	森海	崩盘	蓬勃	盟邦	峰峦	等级	腾飞	能量
冷气	耕种	坑洼	恒定	争夺	城市	省市	仍将	赠送	层叠	僧侣	懂事
痛楚	农业	龙泉	公元	空地	轰炸	仲裁	崇拜	容纳	宗教	从前	送达
避难	批号	秘密	敌人	替代	泥浆	历程	憋气	撇嘴	灭绝	爹娘	铁矿
镊子	劣品	揭露	窃听	协作	谬误	丢弃	牛群	流行	究竟	球赛	修养
嗲声	俩人	家庭	恰好	下楼	标准	飘动	藐视	习难	条款	鸟类	了却
交流	桥梁	消除	边防	骗子	勉强	典型	天颜	年成	练习	艰苦	欠款
先生	姑娘	良性	将军	强盗	想起	滨江	拼音	民警	你们	林业	金银
亲人	心思	兵营	乒乓	明白	顶多	听取	宁可	灵巧	精度	清脆	兴盛
窘迫	琼浆	凶杀	不可	普及	母亲	富裕	毒素	徒劳	怒吼	陆地	鼓励
苦恼	呼吸	注意	除了	熟人	褥子	祖先	粗心	塑性	兑换	推举	贵重
亏本	会议	追随	吹嘘	税收	锐气	嘴边	催促	碎屑	瓜果	夸奖	滑轮
抓贼	刷洗	拐弯	快乐	怀念	拽住	揣度	摔打	断裂	团购	暖气	卵子
关键	宽厚	吹胡	专项	川流	拴住	软和	纂写	逃窜	酸甜	光荣	矿产
荒草	庄稼	窗户	爽快	顿挫	吞吐	论罪	滚动	困扰	混沌	准许	春光
顺风	闰土	尊敬	村庄	损坏	女儿	律己	居然	区分	序列	虐待	掠过
觉醒	缺乏	学院	捐助	全球	宣告	俊俏	群星	巡守	审判	死缓	无期

四　亚伟速录机音节码总表

	A	cha	BZA	de	D
a	A	chai	BZIO	dei	DE
ai	IO	chan	BZAN	den	DN
an	AN	chang	BZNO	deng	DNE
ang	NO	chao	BZAO	di	DI
ao	AO	che	BZE	dia	DIA
	B	chen	BZN	dian	DIAN
ba	BA	cheng	BZNE	diao	DIAO
bai	BIO	chi	BZ	die	DIE
ban	BAN	chong	BZUEO	ding	DINE
bang	BNO	chou	BZEO		（DIN）
bao	BAO	chu	BZU	diu	DIEO
bei	BE	chuai	BZUIO	dong	DUEO
ben	BN	chuan	BZUAN	dou	DEO
beng	BNE	chuang	BZUNO	du	DU
bi	BI	chui	BZUE	duan	DUAN
bian	BIAN	chun	BZUN	dui	DUE
biao	BIAO	chuo	BZO	dun	DUN
bie	BIE	ci	BDZ	duo	DO
bin	BIN	cong	BDZUEO		**E**
bing	BINE	cou	BDZEO	e	E
bo	BO	cu	BDZU	ei	E
bu	B	cuan	BDZUAN	en	N
	C	cui	BDZUE	eng	NE
ca	BDZA	cun	BDZUN	er	XE
cai	BDZIO	cuo	BDZO		**F**
can	BDZAN		**D**	fa	XBUA
cang	BDZNO	da	DA		（BUI）
cao	BDZAO	dai	DIO	fan	XBUAN
ce	BDZE	dan	DAN	fang	XBUNO
cen	BDZN	dang	DNO	fei	XBUE
ceng	BDZNE	dao	DAO	fen	XBUN

feng	XBUNE	heng	XGNE	kai	XBGIO
fo	XBUO	hong	XGUEO	kan	XBGAN
fou	XBUEO	hou	XGEO	kang	XBGNO
fu	XBU	hu	XGU	kao	XBGAO
G		hua	XGUA	ke	XBG
ga	GA		（XGW）	kei	XBGE
gai	GIO	huai	XGUIO	ken	XBGN
gan	GAN		（XWIUO）	keng	XBGNE
gang	GNO	huan	XGUAN	kong	XBGUEO
gao	GAO	huang	XGUNO	kou	XBGEO
ge	G	hui	XGUE	ku	XBGU
gei	GE	hun	XGUN	kua	XBGUA
gen	GN	huo	XGO		（XBGW）
geng	GNE	**J**		kuai	XBGUIO
gong	GUEO	ji	GI		（XBGI）
gou	GEO	jia	GIA	kuan	XBGUAN
gu	GU	jian	GIAN	kuang	XBGUNO
gua	GUA	jiang	GINO	kui	XBGUE
	（GWA）	jiao	GIAO	kun	XBGUN
guai	GUIO	jie	GIE	kuo	XBGO
guan	GUAN	jin	GIN	**L**	
	（GWI）	jing	GINE	la	XDA
guang	GUNO	jiong	GIUEO	lai	XDIO
gui	GUE		（WIUEO）	lan	XDAN
gun	GUN	jiu	GIEO	lang	XDNO
guo	GO	ju	GIU	lao	XDAO
H			（WIU）	le	XD
ha	XGA	juan	GIUAN	lei	XDE
hai	XGIO		（WIUNA）	leng	XDNE
han	XGAN	jue	GIUE		（XDN）
hang	XGNO		（WIUE）	li	XDI
hao	XGAO	jun	GIUN	lia	XDIA
he	XG		（WIUN）	lian	XDIAN
hei	XGE	**K**		liang	XDINO
hen	XGN	ka	XBGA	liao	XDIAO

lie	XDIE	**N**		pan	BGAN
lin	XDIN	na	XBDA	pang	BGNO
ling	XDINE	nai	XBDIO	pao	BGAO
liu	XDIEO	nan	XBDAN	pei	BGE
long	XDUEO	nang	XBDNO	pen	BGN
lou	XDEO	nao	XBDAO	peng	BGNE
lu	XDU	ne	XBD	pi	BGI
lü	XDIU	nei	XBDE	pian	BGIAN
	（BWIU）	nen	XBDN	piao	BGIAO
	（XZIU）	neng	XBDNE	pie	BGIE
luan	XDUAN	ni	XBDI	pin	BGIN
lüe	XDIUE	nian	XBDAN	ping	BGINE
	（BWIUE）	niang	XBDINO	po	BGO
lun	XDUN	niao	XBDIAO	pou	BGEO
luo	XDO	nie	XBDIE	pu	BG
	M	nin	XBDIN		**Q**
ma	XBA	ning	XBDINE	qi	XGI
mai	XBIO	niu	XBDIEO	qia	XGIA
man	XBAN	nong	XBDUEO	qian	XGIAN
mang	XBNO	nou	XBDEO	qiang	XGINO
mao	XBAO	nu	XBDU	qiao	XGIAO
me	XBE	nü	XBDIU	qie	XGIE
mei	XBIU		（XBWIU）	qin	XGIN
men	XBN		（XBZIU）	qing	XGINE
meng	XBNE	nuan	XBDUAN	qiong	XGIUEO
mi	XBI	nüe	XBDIUE		（XWIUEO）
mian	XBIAN		（XBWIUE）	qiu	XGIEO
miao	XBIAO	nun	XBDUN	qu	XGIU
mie	XBIE	nuo	XBDO		（XWIU）
min	XBIN		**O**	quan	XGIUAN
ming	XBINE	o	O		（XWIUNA）
miu	XBIEO	ou	EO	que	XGIUE
mo	XBO		**P**		（XWIUE）
mou	XBEO	pa	BGA	qun	XGIUN
mu	XB	pai	BGIO		（XWIUN）

	R			shou	XZEO		tou	BDEO
ran	XBZAN			shu	XZU		tu	BDU
rang	XBZNO			shua	XZUA		tuan	BDUAN
rao	XBZAO				（XZWU）		tui	BDUE
re	XBZE			shuai	XZUIO		tun	BDUN
ren	XBZN			shuan	XZUAN		tuo	BDO
reng	XBZNE			shuang	XZUNO			W
ri	XBZ			shui	XZUE		wa	UA
rong	XBZUEO			shun	XZUN		wai	UIO
rou	XBZEO			shuo	XZO		wan	UAN
ru	XBZU			si	XDZ		wang	UNO
rua	XBZUA			song	XDZUEO		wei	UE
ruan	XBZUAN			sou	XDZEO		wen	UN
rui	XBZUE			su	XDZU		weng	UEO
run	XBZUN			suan	XDZUAN		wo	O
ruo	XBZO				（BGWIU）		wu	U
	S			sui	XDZUE			X
sa	XDZA			sun	XDZUN		xi	XI
sai	XDZIO			suo	XDZO		xia	XIA
san	XDZAN				T		xian	XIAN
sang	XDZNO			ta	BDA		xiang	XINO
sao	XDZAO			tai	BDIO		xiao	XIAO
se	XDZE			tan	BDAN		xie	XIE
sen	XDZN			tang	BDNO		xin	XIN
seng	XDZNE			tao	BDAO		xing	XINE
sha	XZA			te	BD		xiong	XIUEO
shai	XZIO			teng	BDNE		xiu	XIEO
shan	XZAN				（BDN）		xu	XIU
shang	XZNO			ti	BDI		xuan	XIUAN
shao	XZAO			tian	BDIAN		xue	XIUE
she	XZE			tiao	BDIAO		xun	XIUN
shei	XZIE			tie	BDIE			Y
shen	XZN			ting	BDINE		ya	IA
sheng	XZNE				（BDIN）		yan	IAN
shi	XZ			tong	BDUEO		yang	INO

yao	IAO	ze	DZE		（ZIU）
ye	IE	zei	DZIE	zhuai	ZUIO
yi	I	zen	DZN	zhuan	ZUAN
yin	IN	zeng	DZNE	zhuang	ZUNO
ying	INE	zha	ZA		（WUNO）
yo	EA	zhai	ZIO	zhui	ZUE
yong	IUEO	zhan	ZAN	zhun	ZUN
you	IEO	zhang	ZNO	zhuo	ZO
yu	IU	zhao	ZAO	zi	DZ
yuan	IUAN	zhe	ZE	zong	DZUEO
yue	IUE	zhen	ZN	zou	DZEO
yun	IUN	zheng	ZNE	zu	DZU
Z		zhi	Z	zuan	DZUAN
za	DZA	zhong	ZUEO		（GWIU）
zai	DZIO	zhou	ZEO	zui	DZUE
zan	DZAN	zhu	ZU	zun	DZUN
zang	DZNO	zhua	ZUA	zuo	DZO
zao	DZAO				

计算机**中文速记**职业技能 培训用书

亚伟中文速录机
培训教程

7.0 版
【下册】

主 编／廖 清

副主编／唐 骥 王 芳 徐云庆 唐 腾

社会科学文献出版社
SOCIAL SCIENCES ACADEMIC PRESS (CHINA)

目　录

·下　册·

训练指南

巩固训练

提高训练

训练指南

亚伟中文速录机培训教程（7.0版）

　　本部分共四讲。集中讲解亚伟中文速录机的多种录入及编辑功能、亚伟速录专用文字处理系统软件的基本操作及专用功能、亚伟中文速录实用技巧和亚伟速录训练的方法。

第一讲

亚伟中文速录机的多种功能

在本书的上册，我们介绍了所有的亚伟"音节码"，即录入汉字所使用的亚伟码。这也是亚伟中文速录机入门的核心功能。除此之外，作为标准键盘输入的替代，亚伟中文速录机还必须具备录入非汉字字符如标点符号、数字、英文字母等的功能，以及完成一些文字处理需要的编辑任务。这些功能都是在亚伟键盘的基础上以不同的编码实现的。本讲将统一介绍这些内容，以便完成下册的巩固提高训练。

一　标点符号

（一）常用标点符号的编码

亚伟中文速录机为常用的 13 个标点符号分别编订了相应的"亚伟码"。其中：

（1）所有标点符号都默认是中文符号；

（2）除冒号（：）外，其他符号的编码都是以双手对称的方式成对设计的；

（3）所有标点符号都只能用左手或右手单手录入，不可以与其他编码双手并击；

（4）完整的破折号（——）与省略号（……）需连续录入 2 次。

标点符号	名称	编码	分工
，	逗号	:DGI	右手
。	句号	DGI:	左手
、	顿号	:ZG	右手
？	问号	ZG:	左手
！	叹号	:DGIN	右手
；	分号	DGIN:	左手
——	破折号	:DGIU	右手
……	省略号	DGIU:	左手

续表

标点符号	名称	编码	分工
：	冒号	XBDG：	左手
"	前引号	DW：	左手
"	后引号	：DW	右手
《	前书名号	DZIU：	左手
》	后书名号	：DZIU	右手

（二）常用标点符号的指法

图 1.1~1.7 为标号键位示意图，按照"成对设计"的原则，分别组合。但左、右手代表不同的标点符号，需严格区分，不可混淆。

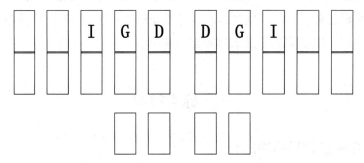

图 1.1　逗号（，）、句号（。）键位示意图

逗号（，）用右手食指、中指、无名指靠指并击。

句号（。）用左手食指、中指、无名指靠指并击。

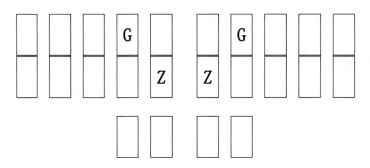

图 1.2　顿号（、）、问号（？）键位示意图

顿号（、）用右手食指、中指靠指斜击。

问号（？）用左手食指、中指靠指斜击。

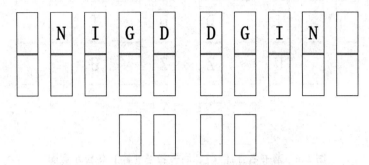

图 1.3　叹号（!）、分号（;）键位示意图

叹号（!）用右手食指、中指、无名指、小指靠指平击。

分号（;）用左手食指、中指、无名指、小指靠指平击。

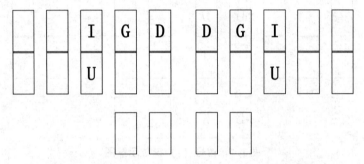

图 1.4　破折号（——）、省略号（……）键位示意图

破折号（——）用右手食指、中指、无名指靠指并击两次。

省略号（……）用左手食指、中指、无名指靠指并击两次。

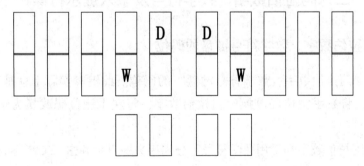

图 1.5　前引号（"）、后引号（"）键位示意图

前引号（"）用左手食指、中指靠指斜击。

后引号（"）用右手食指、中指靠指斜击。

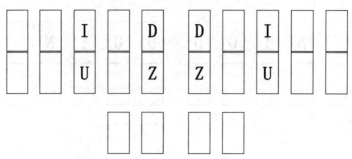

图1.6 前书名号（《）、后书名号（》）键位示意图

前书名号（《）用左手食指、中指并击。

后书名号（》）用右手食指、中指并击。

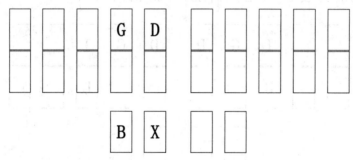

图1.7 冒号（:）键位示意图

冒号（:）用左手拇指、食指、中指靠指并击。

二 阿拉伯数字、数学符号及录入提示行操作

（一）阿拉伯数字、数学符号键盘的码位

图1.8是"阿拉伯数字、数学符号键盘"的码位。此键盘实际上就是亚伟中文速录机的专用键盘，将右手键位码改换为阿拉伯数字，将左手键位码改换为常用数学符号。其中：

（1）录入阿拉伯数字和常用数学符号需分别用另一只手并击"XN"标志功能码；

（2）右边的"X"码设计为空格，左边的"X"码保留；

（3）右边的"B"码设计为小数点"."；

（4）左边的"乘号"、"除号"和"圆括号"均为中文符号；

（5）右边的"X"（空格）为2个英文半角空格字符；

（6）右边的"X"单独使用（无须左手并击"XN"标志功能码）也是空格（2个英文半角空格字符）。

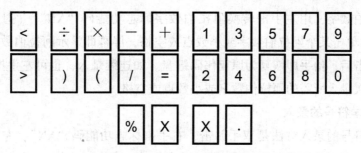

图1.8　阿拉伯数字、数学符号键盘

（二）阿拉伯数字、数学符号的录入

1. 阿拉伯数字的录入

阿拉伯数字的录入方法是双手并击，左手击标志功能码"XN"，右手击任意一个数字即可，如图1.9所示。所有阿拉伯数字或小数点或空格的编码组合如下表：

双手并击		屏幕显示
左手	右手	
XN	D	1
XN	Z	2
XN	G	3
XN	W	4
XN	I	5
XN	U	6
XN	N	7
XN	E	8
XN	A	9
XN	O	0
XN	B	.
XN	X	（2个英文半角空格）

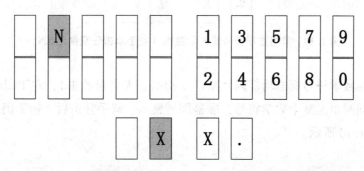

图1.9　阿拉伯数字的录入示意图（XN：右手单击任意键）

录入阿拉伯数字，用左手击转换阿拉伯数字标志功能码"XN"（拇指、无名指并击），右手同时单击某个阿拉伯数字或小数点或空格，屏幕即显示阿拉伯数字或小数点或空格。双手并击后，抬手即恢复为原亚伟码键盘。如连续录入，也可左手按住"XN"不松开，右手依次录入所需的阿拉伯数字或小数点或空格。

2. 常用数学符号的录入

常用数学符号的录入方法是双手并击，右手击标志功能码"XN"，左手击任意一个数学符号即可。所有常用数学符号的编码组合如下表：

双手并击		屏幕显示	说明
右手	左手		
XN	D	+	
XN	Z	=	
XN	G	−	
XN	W	/	
XN	I	×	中文全角
XN	U	(	中文全角
XN	N	÷	中文全角
XN	E	)	中文全角
XN	A	<	
XN	O	>	
XN	B	%	

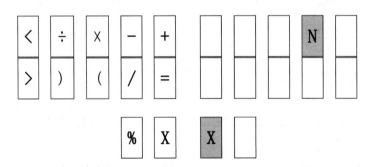

图 1.10 常用数学符号录入示意图（左手单击任意键：XN）

右手击转换数学符号标志功能码"XN"（拇指、无名指并击），左手即转换为数学符号键盘；左手同时单击某个数学符号，屏幕即能显示。双手并击后，抬手仍恢复为原亚伟码键盘，如图 1.10 所示。

（三）录入提示行操作

1. 提示行字词的选择

左手按"XNE"键，右手同时并击重码提示行中字、词前的阿拉伯数字"1~0"。

2. 提示行内容的翻页

左手按"XNE"键，右手同时并击"B"显示后一页重码内容；

左手按"XNE"键，右手同时并击"X"显示前一页重码内容。

3. 快速选择第二页（后一页）的字词

左手按"XNE"键，右手同时并击"B"以及第二页（后一页）重码提示行中字、词前的阿拉伯数字"1~0"（需提前了解相应词语在重码提示行该页中的位置），如图1.11所示。

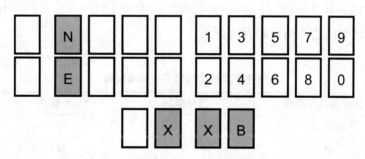

图1.11　提示行操作功能键位示意图

三　拉丁字母与英文输入

亚伟中文速录机的速录对象主要是中文，但是西方大部分国家和地区使用拉丁字母。英语及中国的《汉语拼音方案》也采用拉丁字母，中国部分少数民族（如壮族）创制或改革文字也采用拉丁字母。

在当代汉语语言中不可避免地会出现汉字夹杂拉丁字母的情况。因此，亚伟中文速录机有必要也具有速录拉丁字母的功能。当然，这里录入的拉丁字母是指在汉字中夹用的，不是指用拉丁字母写成的整段、整篇的文章。如果是后者，自然还是使用外文电脑打字机或速录机较为方便。

（一）拉丁字盘的转换与使用

亚伟中文速录机针对拉丁字母的录入，专门设计了"拉丁字盘"。其特点如下：

（1）左手键位组合"XU"为"大写拉丁字母转换标志功能码"；

（2）左手键位组合"XUE"为"小写拉丁字母转换标志功能码"；

（3）左手按住大、小写拉丁字母转换标志功能码时，右手键盘即刻转换为"拉丁字盘"；

（4）右手在拉丁字盘上用现有的键位码、声码、韵码来录入拉丁字母（详见编码表）；

（5）双手并击 1 次，录入 1 个拉丁字母，抬手即恢复中文速录状态；

（6）需连续录入大写或小写拉丁字母时，左手可以按住功能码不松开。

（二）拉丁字母的编码

亚伟中文速录机可以录入英文使用的 26 个拉丁字母（详见编码表）。为了方便记忆，大小写拉丁字母编码相同，以转换标志功能码区分。拉丁字母的编码规则如下：

（1）除"X"外，其余 11 个用作键位码的拉丁字母可直接录入；

（2）"C"和"S"分别用声码"BZ（chi）"和"XZ（shi）"录入；

（3）"V"用发音相近的音节码"UE（wei）"录入；

（4）"Y"用形状相近的汉字"丫"的音节码"IA（ya）"录入；

（5）其余 11 个拉丁字母（"P""M""F"、"T""L"、"R"、"K""H"、"J""Q""X"）均使用所对应的亚伟声码直接录入。

亚伟中文速录机拉丁字母编码表

大小写拉丁字母	亚伟编码	备注
A,a	A	键位码
B,b	B	键位码
C,c	BZ	声码
D,d	D	键位码
E,e	E	键位码
F,f	XBU	声码
G,g	G	键位码
H,h	XG	声码
I,i	I	键位码
J,j	GI	声码
K,k	XBG	声码
L,l	XD	声码
M,m	XB	声码
N,n	N	键位码
O,o	O	键位码
P,p	BG	声码
Q,q	XGI	声码
R,r	XBZ	声码
S,s	XZ	声码

续表

大小写拉丁字母	亚伟编码	备注
T，t	BD	声码
U，u	U	键位码
V，v	UE	韵码
W，w	W	键位码
X，x	XI	声码
Y，y	IA	音节码
Z，z	Z	键位码

注：1. 需用左手按住 XU/XUE 时，用右手录入大/小写拉丁字母；2. 上述编码规则的第 3、第 6 条所述拉丁字母，在表中以灰色背景突出显示，需特殊记忆。

（三）英文联想输入

为了解决逐个字母录入英文单词效率低的问题，亚伟速录机设计了基于"英文词库"的"联想录入"。

一旦开始录入拉丁字母，软件就开始搜索英文词库中的词条，将以这些字母带头的单词一一列出，放在提示行候选。此功能虽大大方便了英文单词的拼写，但是，使用者至少要知道第一个或前几个字母的拼写。如果大方向不正确，相应的英文单词就不会被找到。如果遇到词库中没有的单词，可添加到英文词库中，方法如下：

（1）录入英文单词；

（2）拉黑选中；

（3）双手并击"XWUE：XBW"将单词添加到英文词库中。

四　符号录入

（一）录入标准键盘上的符号

为了在录入时尽量减少在亚伟中文速录机与标准键盘之间的切换，亚伟速录机也设计了标准键盘上符号的录入编码，均以左手"XU"、右手音节码的方式双手直接并击。详见下表（其中个别符号在数学符号键盘上也有，各种方法均可录入）。

标准键盘符号	亚伟中文速录机编码	右手编码汉字注音
~	XU：XGIU	曲
@	XU：AO	奥（象形谐音）
#	XU：GINE	井
$	XU：XBIU	美（元）
^（全角符号）	XU：GIAO	（尖）角
&	XU：AN	安（谐音）
*	XU：XINE	星
-（减号、中横线）	XU：XGNE	横
_（下横线）	XU：XGN	很（谐音）
[	XU：XBUNO	方
]	XU：XBUN	分（谐音）
{	XU：DA	大
}	XU：DIA	嗲（谐音）
\	XU：XBUNA	反（斜杠）
/	XU：ZNE	正（斜杠）
|	XU：XZU	竖（线）

（二）录入常用特殊符号

有一些常用的特殊符号标准键盘上没有，亚伟速录机根据符号的读音设计了编码，均采用左手"XU"或"XAO"、右手音节码直接双手并击。详见下表（表中所有符号均为中文全角）：

常用特殊符号	亚伟中文速录机编码	右手编码说明
β	XU：BDA	（贝）塔
α	XU：BIU	（阿尔）法
Ω	XU：GA	（欧米）伽
Σ	XU：XBA	（西格）玛
π	XU：BGIO	派
μ	XU：XIEO	秀（"缪"的编码省略"B"）
£	XU：INE	英（镑）
¥	XU：XBN	人（民币）
▲	XAO：GIAO	（三）角
■	XAO：XBUNO	方（块）
¢	XAO：XBUN	分

五　编辑键盘、功能键和快捷键

（一）亚伟速录机编辑键盘

1. 速录机编辑键盘的键位分布

为了大家方便地使用速录机键盘在速录系统中进行简捷、基本的编辑操作，速录机的软件系统特意设计了编辑键盘，键位分布图如图 1.12 所示。

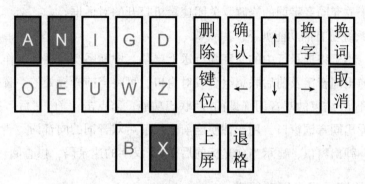

图 1.12　速录机编辑键盘键位分布图

2. 编辑键盘的转换

编辑键盘用左手的功能键"XNA"实现转换，当左手按"XNA"键时，速录机的右手部分就转换为编辑键盘。当左手松开"XNA"键时，速录机又自动恢复音节码状态。

在连续使用编辑功能时，左手的转换功能键既可以按住不动，也可以与右手同步按键，视自己的使用习惯而定。这点与阿拉伯数字、数学符号及拉丁字母的使用基本相同。

3. 编辑键盘的功能与使用

编辑键盘的键位功能：

X：强制上屏。

B：退格（相当于标准键盘的 Backspace 键）。

D：删除（相当于标准键盘的 Del 键）。

Z：查"亚伟码"（当前光标处及前后各 10 个汉字的速录码）。

G：确认（相当于标准键盘的 Enter 键）。

W：左移光标。

I：上移光标。

U：下移光标。

N：打开同音字窗口修改当前光标位置上的同音字。

E：右移光标。

A：打开同音双音词窗口修改当前光标位置上的同音双音词。

O：取消操作（相当于标准键盘的 Esc 键）。

4. 编辑功能的使用

（1）光标的上下左右移动、退格、删除、取消、确认等功能与标准键盘功能一致，使用方法也相同。在按住不动超过一定时间后，可实现该功能的连续操作。

退格：用于删除光标前面的字符。

删除：用于删除光标后面的字符。

确认：用于选择同音字词后确认替换和"回车"功能。

取消：用于放弃同音字词的修改，关闭速录机打开的对话框。

（2）速录系统特有的功能如下。

强制上屏：用于将提示行中的文字强行送上屏幕，中断系统的捆绑工作。

同音字：弹出同音字及前后联想组合校对窗口，可将当前光标处的字替换为其同音字或以其同音字开始/结束的双音词（即前/后联想功能，需点击"前""后"按钮切换）。

同音词：弹出同音词窗口，用于替换当前光标前后双音词的同音词。

查速录码：弹出窗口，显示当前光标前后 10 个汉字的速录码，供查阅。

（二）亚伟速录机专用功能键

1. 删除

删除功能可以说是编辑操作中使用频率最高的。为了方便使用，亚伟速录机专门设计了专用删除功能键"W：W"。即左右手同时并击 2 个"W"。其特点如下：

（1）当提示行或编辑区中相应位置正好是 1 个词时，一次即删除该词的全部汉字（1~7 个），否则只删除 1 个字或符号。

（2）左手单独击"W"时，可以删除倒数第二个字，右手单独击"W"可以删除最后一个字（效率低，仅必需时才使用）。

2. 翻页

翻页功能相当于光标的大跨度上下移动。亚伟速录机设计了 2 组功能键，左手的"XU"或"XWU"，分别配合右手的"INA"（上移）和"UEO"（下移），具体功能如下：

（1）将光标移动到文首、文尾，左手并击"XWU"。

左手	右手	功能
	INA	到文首
XWU ：		
	UEO	到文尾

（2）将光标移动到上页、下页，左手并击"XU"。

左手	右手	功能
XU　：	INA	到上页
	UEO	到下页

3."内容块"定义

当需要对很大一块内容进行操作时，可使用"块定义"功能，将光标分别定位，定义"块首"和"块尾"。当相应的内容反白显示后，即定义成功，该内容块为可整体操作状态。一旦内容恢复正常，必须重新定义。亚伟速录机块定义组合键：

左手按住"XEO"，右手连续击"XBG（K）""XZEO（首）/UE（尾）"，分别定义块首/尾。

4. 同音字前/后联想

将光标处的汉字替换为以其同音字为前/后一个字的双音词。使用时需切换或调用相应窗口，选择双音词并确认。

（1）窗口切换：在同音字替换窗口点击"前"/"后"按钮分别切换为"前"/"后"联想窗口。

（2）使用速录机组合键"XWU：A/O"直接调用"前"/"后"联想窗口。

如已熟练掌握亚伟速录机，则直接录入所需词语修改效率更高，通常无须使用此功能。

（三）亚伟速录机功能键汇总

编辑键盘仅能满足于常用编辑功能。在编辑键盘以外，亚伟速录机为很多功能键设计了组合编码。如下表（含编辑键盘中的功能键及前述专用功能键）：

编码	功能
XAN：I	光标向上移动
XAN：U	光标向下移动
XAN：W	光标向左移动
XAN：E	光标向右移动
XWU：I	光标向上刷黑
XWU：U	光标向下刷黑
XWU：W	光标向左刷黑
XWU：E	光标向右刷黑
XAN：N	替换同音字

续表

编码	功能
XAN：A	替换同音词
XAN：Z	键位查询
XWU：A	替换同音字"前联想"双音词
XWU：O	替换同音字"后联想"双音词
XWU：XBW	造词
XWU：D	自定义
XAN：B	向前删除
XAN：D	向后删除
XU：XZEO	行首
XU：XBO	行末
XU：INA	上翻页
XU：UEO	下翻页
XWU：INA	篇首
XWU：UEO	篇尾
XWU：N	新建
XWU：XI	剪切
XWU：BZ	复制
XWU：UE	粘贴
XWU：XGI	外部粘贴
XWU：Z	撤销
XWU：Y	反撤销
XWU：XBU	查找/替换
XU：BZA	添加/插入
XWU：BZA	联词消字定字查询
XU：BDI	切换单元格、选项或窗口
XAO：XZ	发送（微信）
XAN：O	窗口关闭

（四）软件常用操作的快捷键

亚伟速录机软件与其他软件一样，有很多操作快捷键（有些是通用的），都是对应于标准键盘的键位或组合键。为了方便使用，亚伟速录机也设计了相应的组合编码，如下表（有一些是仅仅在亚伟软件之外起作用的，在亚伟速录机的"外挂"状态下生效）：

功能＼键盘对比	标准键盘	速录机
插入/添加	Ctrl+R	XU：BZA
向前删除	Backspace	XAN：B
向后删除	Delete	XAN：D
行首	Home	XU：XZEO
行尾	End	XU：XBO
篇首	Ctrl+Home	XWU：INA
篇尾	Ctrl+End	XWU：UEO
上翻页	PgUp	XU：INA
下翻页	PgDn	XU：UEO
新建	Ctrl+N	XWU：N
打开	Ctrl+O	XWU：O
保存	Ctrl+S	XWU：XZ
剪切	Ctrl+X	XWU：XI
复制	Ctrl+C	XWU：BZ
粘贴	Ctrl+V	XWU：UE
外部粘贴	Ctrl+Q	XWU：XGI
查找/替换	Ctrl+F	XWU：XBU
撤销	Ctrl+Z	XWU：Z
反撤销	Ctrl+Y	XWU：IA
分段	Enter	XAN：G
取消	ESC	XAN：O
全选(外挂)	Ctrl+A	XWU：A
字体加黑(外挂)	Ctrl+B	XWU：B
文字右对齐(外挂)	Ctrl+R	XWU：XBZ
文字左对齐(外挂)	Ctrl+L	XWU：XD

第二讲

亚伟速录专用文字处理系统

一 软件界面及基本功能

（一）亚伟中文速录系统软件窗口概览

1. 标题栏

在窗口的最上方，显示当前打开的文件的位置和名称。

2. 主菜单

在标题栏的下面一行，显示所有功能菜单项，包括"文件""编辑""词库整理""模板处理""选项""查看""帮助"等（可能会随版本的升级有所调整），如图2.1所示。

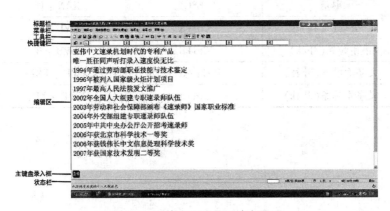

图 2.1 亚伟中文速录系统主界面

3. 工具栏

在主菜单的下面一行，排列着许多图形按钮，可以迅速地执行相应的操作。

4. 快捷键栏

在工具栏的下面一行，支持 10 个无须自定义的快捷键，方便用户输入人名、会议场景等用语。使用时，左手固定为功能键"XW"；右手按"D""Z""G""W""I""U""N""E""A""O"的顺序录入第 1~10 个快捷键（阿拉伯数字键位 1~0）。在没有定义快捷键具体内容时，快捷键在文件中以①~⑩显示。

快捷键的定义：

（1）复制与粘贴：将所需定义的文字复制、粘贴到快捷键栏中相应的位置。

（2）速录机定义：录入所需定义的文字并拉黑选中后，击"XW：数字键"。

定义后，再使用该快捷键则自动录入相应内容。

快捷键栏"刷新"按钮：将文件中所有快捷键全部替换为快捷键栏中所定义的内容，无定义的快捷键用①~⑩显示，该操作可以反复进行。

快捷键栏"清除"按钮：将快捷键栏中的所有快捷键定义清空。

5. 符号栏

符号栏在快捷键栏的下一行，默认不显示。显示方法为，点击菜单栏中的"查看"，点击"符号栏"。这是为了方便录入一些特殊符号设置的，其中安排了一些常用的特殊符号，需要时可以用鼠标单击插入当前文件中。

6. 编辑区

上述功能栏下方，在程序中间的区域，是本窗口中最大的区域，显示当前文件中的内容。

7. 滚动条

在编辑区的右边，由上、下移动按钮和滚动滑块组成。用鼠标单击上、下移动按钮可以使文件向上、下移动一行；拖动滑块上下移动，可以快速移动文件；单击滑块的滑行区域可以实现上、下翻页的操作。当编辑区内容不满一屏时，滚动条隐藏不显示。

8. 主键盘录入框

当只有 1 台亚伟中文速录机工作时使用主键盘录入框提示行，当 2 台亚伟中文速录机共同工作时主机使用该提示行。

9. 辅键盘录入框

当 2 台亚伟中文速录机共同工作时，辅速录机使用该提示行，默认不显示。需要时从"查看"菜单勾选。

10. 状态栏

在窗口的最下方，显示滚动信息（可关闭）、录入的即时速度和总字数、提示当前的光标位置是哪行哪列、当前的时间以及当前速录机录入的状态（添加/插入）等，同时还提示鼠标指向的操作项和工具栏的简要说明。

11. "查看"菜单

这是决定显示/隐藏窗口内容的菜单，用鼠标单击该菜单的各个项可以改变该项的显示状态。如果前面有"✔"标记，则在窗口中显示，否则不显示。

12. 默认显示内容

（1）不可以取消的显示内容

有些内容是固定地显示在窗口中的，用户不能取消。这些内容包括标题栏、菜单栏、编辑窗口、滚动条。

（2）默认显示的窗口内容

有些内容虽然用户可以取消，但安装以后是默认显示的。这些内容包括工具栏、快捷键栏、主键盘录入框、状态栏。

（二）亚伟中文速录软件的基本操作

1. 文件的创立与打开

（1）新建

打开亚伟中文速录软件，系统自动新建1个空白文件，也可以使用"文件"菜单的"新建"功能或工具栏按钮新建1个空白文件。

工具栏按钮：📄

亚伟速录机：XWU：N

键盘快捷键：Ctrl+N

（2）打开

使用"文件"菜单的"打开"功能或工具栏按钮可以打开1个已有的文件进行编辑或继续录入。

工具栏按钮：📂

亚伟速录机：XWU：O

键盘快捷键：Ctrl+O

2. 文件的保存

（1）保存

立即保存当前文件使用"文件"菜单的"保存"功能或工具栏按钮、标准键盘快捷键、亚伟中文速录机组合键都可以。在速录工作过程中应随时用速录机主动保存文件。

工具栏按钮：💾

亚伟速录机：XWU：XZ

键盘快捷键：Ctrl+S

（2）另存为

将当前文件保留，另外再保存1个新文件并命名，应使用"文件"菜单的"另存为"功能或工具栏按钮。

工具栏按钮：

（3）自动保存

一般在速录的时候，应养成随时主动用速录机保存文件的习惯。如果忘记保存文件，亚伟中文速录软件可以自动进行保存。一般保存为当前文件同名的"BAK"文件，可以对自动保存的时间间隔、文件类型等在"设置亚伟中文速录机选项"中进行调整。

3. 录入与编辑/主打与副打

亚伟中文速录软件应用于速录工作，为了保证录入信息的连续性，不会因为一些其他的操作影响录入文字光标的位置，它专门提供了一种录入状态即"添加"，这是软件的默认状态，如没有特殊需要，一般不要切换。

（1）添加录入（主打）状态

该状态永远把速录机录入的信息添加在文件的末尾。

该状态屏幕内容不自动滚动，需要时可随时用"XWU：UEO"将光标移到文末，屏幕上仅仅保留最后三行的文字内容。

双机操作的时候，该状态分配给主打速录机。主打速录机可以直接切换状态，交换主副。

（2）插入编辑（副打）状态

该状态用于对已录入完成的内容进行编辑修改。

该状态永远把速录机录入的信息插入在当前光标位置。如需要临时继续接续录入，可随时切换为添加录入状态，屏幕保持不动，而文字接续在末尾。随后再切换回插入编辑状态即可马上开始继续编辑，节约寻找上次编辑位置的时间。

该状态一屏内容充满后，继续录入会自动滚屏，所录入的文字永远保持在屏幕的最下方。

双机操作的时候，该状态分配给副打速录机。副打速录机可以任意移动光标、滚动屏幕，编辑修改已录入好的内容，不会影响主打速录机继续记录。副打速录机不可以切换状态，交换主副。

工具栏按钮：INS

亚伟速录机：XU：BZA

键盘快捷键：Ctrl+R

4. 造词与自定义

（1）造词

亚伟中文速录软件系统词库中没有的词语，可以通过"词库整理"菜单的"造词词库"功能添加到个人动态词库中，再录入时可以直接捆绑。

工具栏按钮：造

亚伟速录机：XWU：XBW

键盘快捷键：Ctrl+D

（2）自定义

对于一些特殊内容，尤其是较长且固定经常出现的内容，为了简化录入，可以使用"词库整理"菜单的"自定义词库"功能制作临时略码，用亚伟中文速录机一击即可轻松录入。

工具栏按钮：自

亚伟速录机：XWU：D

键盘快捷键：Ctrl+E

5. 使用外部文字

（1）从文件中读入块

如果要把另外一个文本文件的全部内容插入当前文件中，可以使用"编辑"菜单的"从文件中读入块"功能。

（2）从外部应用程序粘贴

在其他程序中复制的文本内容要插入当前文件中，必须使用"编辑"菜单的"从外部应用程序粘贴"功能（亚伟中文速录软件内部使用单独的剪贴板，不是用 Windows 系统提供的剪贴板）。

工具栏按钮：

亚伟速录机：XWU：XGI

键盘快捷键：Ctrl+Q

6. 使用模板

（1）模板的创建

使用"模板处理"菜单的"创建"功能建立 1 个新空白模板，或使用"打开"功能打开 1 个现存模板进行修改，将需要默认出现在文章中的文字内容录入在模板内，再使用"模板处理"菜单的"保存"功能进行保存（注意：在结束模板处理后退出亚伟中文速录软件或编辑其他非模板文件时，系统提示"保存文件"对话框，请不要保存，否则模板将无法使用）。

（2）模板的使用

使用"模板处理"菜单的"调入"功能，将已有的模板内容全部插入当前文件中，就可以继续进行录入和编辑了。因为很多固定的文字都已经自动出现，大大方便了固定格式文件的录入与编辑。

7. 文字的输出

（1）向文件写入当前选中的块

将当前文件中的部分文字单独保存为另外一个文件，可先选中要保存的文字，再使用"编辑"菜单的"向文件写入当前选中的块"功能。

（2）在 Word、WPS 等软件中调用文件

亚伟中文速录软件提供保存的纯文本文件兼容性很好，可在 Word、WPS 等文字排版软件中方便地直接打开、粘贴或全文插入。

8. 设置亚伟速录机选项

亚伟中文速录软件中的一些功能和项目可以根据需要进行设置，请使用"选项"菜单的"设置亚伟速录机选项"功能，如图 2.2 所示。

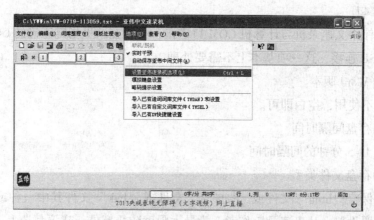

图 2.2　"设置亚伟速录机选项"功能位置

（1）词库路径

亚伟中文速录软件词库在磁盘上的位置，如图 2.3 所示。

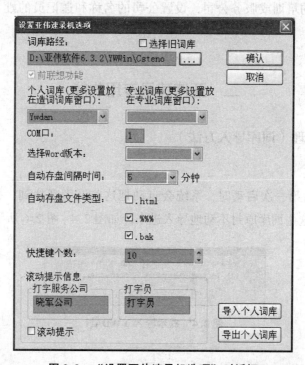

图 2.3　"设置亚伟速录机选项"对话框

（2）选择旧词库

对于习惯最原始老词库的资深用户，可在新旧词库中进行选择。

（3）个人词库

通过"造词词库编辑器"导入，具体导入方法下面有介绍。

（4）专业词库

通过"造词词库编辑器"导入，具体导入方法下面有介绍。

（5）COM 口

如果用亚伟中文速录机与计算机 COM 口连接，必须在这里指定正确的 COM 口号。现在普遍使用 USB 连接，这一项基本上不需要处理。

（6）选择 Word 版本

该项一般不使用，空白即可。

（7）自动存盘间隔时间

可以选择 1~5 分钟的间隔时间。

（8）自动存盘文件类型

可以选择保存"html"文件或"%%%"文件或"bak"文件其中一种或多种。此项需配合个人需要设置。从事速录工作者，为最大限度防止意外，建议都选上。

（9）快捷键个数

可以设置"快捷键栏"中显示的快捷键个数（1~10）。

（10）滚动提示信息

可以根据所在的培训或服务公司，设置公司的名称和速记员的姓名，也可以关闭此功能。

二　亚伟速录专用功能

（一）词库整理（词库导入方法）

（1）自动导入

6.0 系统安装后第一次启动时，系统会自动把这些词库都找到，提示您是否需要导入，确认后，会把这些词库原封不动地导入进来。如图 2.4~图 2.6 所示。

图 2.4　提示导入 YWDAN

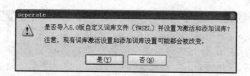

图 2.5　提示导入 YWSEL

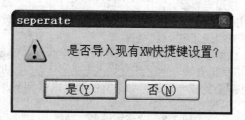

图 2.6　提示导入 XW 快捷键

（2）手动导入，步骤如下：

①找到"选项"菜单项；

②找到"导入已有造词词库文件（YWDAN）和设置""导入已有自定义词库文件（YWSEL）""导入已有 XW 快捷键设置"的功能项；

③依次执行即可，如图 2.7 所示。

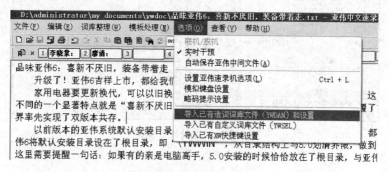

图 2.7　导入已有造词词库文件（YWDAN）和设置

（3）如果将单独保存的 YWDAN 和 YWSEL 导入亚伟系统，步骤如下：

①找到"词库整理"菜单项；

②选择"造词词库"功能，如图 2.8 所示；

③找到对话框中的"批处理"菜单项，如图 2.9 所示；

④找到"导入 YWDAN"功能；

⑤选择 YWDAN 的保存位置；

⑥找到您保存的 YWDAN 并打开即可；

⑦导入 YWSEL，选择"导入已有自定义词库文件（YWSEL）"，方法同导入 YWDAN。

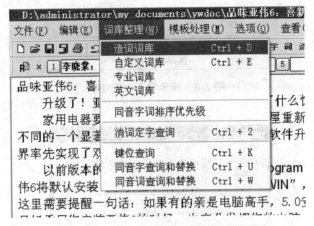

图 2.8　"造词词库"功能

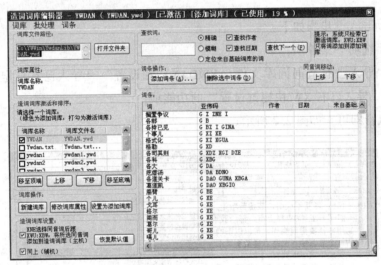

图 2.9　"批处理"菜单

（二）外挂输入系统

使用亚伟中文速录机需要专用软件系统。在专用软件之外，如 Office 文字处理系统、网络交流、数据录入等需要录入汉字的场合，可使用亚伟中文速录机专用软件的"外挂输入"功能。亚伟速录"外挂输入"，使亚伟中文速录机的应用突破了"专用文字处理系统"的限制，为广大亚伟中文速录机的使用者提供了更加灵活的应用方式，将亚伟中文速录机的应用范围扩展到了更多场合。

1."外挂输入"功能的启动

（1）"外挂输入"是亚伟中文速录软件的功能，无须单独安装。

（2）外挂方式的启动只需要把速录系统窗口最小化，主程序依然在后台运行。最小化后在右下角系统栏内会显示速录机的图标。

（3）外挂输入仅仅是将亚伟速录机录入的内容上屏到速录软件以外的文字录入环境中，其本质依然是速录软件在运行，包括录入的指法、词库以及基础操作都没有变化。

（4）在外挂输入启动后，默认不显示输入提示条，同样可以用亚伟中文速录机输入。

（5）在外挂输入系统中，对标准键盘键位的模拟功能将起到相对重要的作用，通过这些功能，基本上可以实现大部分需要通过操作标准键盘才能完成的操作，如菜单命令、光标移动、基本编辑等。详细操作可查阅上一讲"五　编辑键盘、功能键和快捷键"的内容。

2. 菜单功能

鼠标右键单击系统栏内速记机图标，即可调出外挂输入的菜单（如图 2.10 所示）。其中部分功能可以用快捷键操作。

（1）双手并击"DGIN：DGIN"可以显示/关闭输入提示行，输入方法与专用文字处理系统中完全相同。

（2）双手并击"XW：XW"可以打开/关闭键码输入状态，键码输入状态是直接将键位码送上屏幕，可用于键盘练习。

（3）"亚伟字库"菜单下可以进行造词、自定义和设置亚伟词库操作，也可用速录机直接进行造词、自定义等基本操作。

（4）点击"打开编辑器"即返回到速录系统。

（5）"校正乱码"可用于部分环境中上屏文字是乱码的情况。

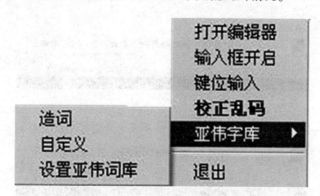

图 2.10　系统外挂的亚伟字库菜单

（三）输入转换

1. 提示行汉字转换拼音

亚伟中文速录机提供了汉语拼音输入的快捷功能，可将提示行中的内容转换为拼音上屏。步骤如下：

（1）左手或右手或双手录入 1 个或 2 个音节码；

（2）左手或右手击"WUE"或"WUEO"组合编码，即将上述音节转换为拼音，暂不上屏；

（3）继续录入任意文字或符号或强制上屏时，上述汉语拼音上屏（小写字母）。

举例如下：

汉字示例	先输入音节码	后加击"拼音功能码"	屏幕显示
亚伟	IA：UE	WUE（WUEO）	yawei
速录机	XDZU：XDU	WUE（WUEO）	sulu
	GI：	WUE（WUEO）	ji

2. 特定码、略码替换

在录入过程中，亚伟速录系统提示行会在录入单音词特定码、双音略码、四音略码的时候，把词库中以该音节码为首的所有相关字词都列出来供选择。如不进行选择，则默认是第一个上屏，如图2.11所示。

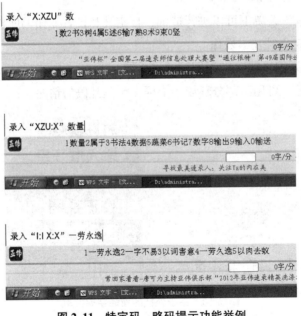

图 2.11　特定码、略码提示功能举例

3. 中文词语转换英文单词

亚伟速录机的英文词库是中英对照的，可以通过英文词库里的中文，找到相应的英文单词。步骤如下：

（1）录入中文词语；

（2）将屏幕上的中文选中拉黑；

（3）双手并击"XUEO：XBW"，开始在英文词库中搜索，一旦发现选中的汉字和某个英文单词的解释相匹配，就直接进行替换，中文瞬间变成英文。

注意：对于知道意思但不知道拼写的单词，或已经录入了中文但非要变成英文的单词，这个功能真的很方便。但是，这个功能与词库英文单词的数量及中英文的对照解释有很大关系。如果我们提供的词语恰恰在解释里不存在，即便是词库中有这个单词，也翻译不过来，要么就是词库中没有这个英文单词。

提示：英文词库是"用户词库"，可以由使用者来编辑。也就是说，我们可以扩充词条，增加解释，将常用的英文单词及其常用的中文解释纳入词库，就可以充分利用联想和翻译的功能方便地录入常用的英文单词了。

（四）亚伟速录系统文本的备份与恢复

1. 相关知识

演讲者的讲话声音是稍纵即逝的，这时速录技术的运用就显得尤其必要。如何能最大限度地保证速录稿的完整和准确，是速录系统在最初设计时就需要充分考虑的问题。在速录的过程中，遇到一些意外或问题在所难免，因此，速录系统在初始设计时就设置了多级备份的功能。

（1）文本文件

文本文件是速录系统在保存时最常用的一种文件格式。如果速录师在速录过程中能够随时存盘，这个文件就不至于丢失并会相当完整地保存下来。

亚伟中文速录软件每次启动或建立1个新文件时，会自动产生1个文件名，格式为YW-MMDD-HHMMSS. txt。

其中，"MMDD"为当前日期，由月份（两位数）和日期（两位数）构成；"HHMMSS"为当前时间，由时（两位数）、分（两位数）和秒（两位数）构成。理论上，该文件名每年只有一次被覆盖的机会，所以直接保存就可以而且查找也比较方便，只要记住记录的日期和时间就可以方便地寻找当时的文件。

（2）中间文件

中间文件是保证速录系统正常工作的必需文件，包括同音字词的信息。该文件的文件名与相应的文本文件相同，后缀是"%%%"。

在设置自动保存时，也可以选择自动保存这个文件。但这个文件比较大，可能会影响速度。

（3）BAK文件

BAK文件是系统自动保存的备份文件。该文件的文件名与相应的文本文件相同，后缀是"BAK"。

亚伟中文速录软件每隔一段时间没有存盘时就自动保存一次该文件，可以设置自动保存时间，最短1分钟。

（4）SPF 文件

SPF 文件保存的是速录机每次击键的键位码组合信息，其后缀为"SPF"。亚伟速录软件每次启动或新建文件都产生 1 个 SPF 文件，该文件名为"YWAUTOXXXX"。其中，"XXXX"为四位数字，从"0001"开始顺序排列，绝不重复。而且该文件随时保存，非常可靠。

（5）HTML 文件

HTML 是网页格式文件，以方便在网络上进行同步共享。

2. 亚伟速录系统文件的恢复

当意外断电或死机时，可以通过多种方法进行恢复。

（1）打开 BAK 文件

如果使用亚伟中文速录系统而且又使用自动文件名，一定要首先进入文件保存目录将该 BAK 文件改名，然后再启动亚伟中文速录系统打开文件。

在亚伟中文速录系统中选择打开文件，在文件对话框中选择"All Files（*.*）"（即"所有文件"），这时，就可以找到与速录稿同名的 BAK 文件。

当然，如果仅仅是需要这个文本，而不需要在速录系统中进行进一步的操作，建议直接用其他文字处理软件打开该 BAK 文件即可得到自动保存的文本。

（2）打开 SPF 文件

如果出现很特殊的情况，连 BAK 文件都没有找到或意外丢失，则可以找到当时的 SPF 文件。首先，需要在文件目录中根据记录的时间找到当时产生的 SPF 文件，在亚伟中文速录系统中打开文件；其次，在文件对话框中选择"亚伟音节码文件"，找到这个文件，将其打开，此时速录系统会根据文件中记录的亚伟码进行重新翻译，完成之后，再重新整理即可。

（3）打开中间文件

使用亚伟中文速录系统打开这个文件时的注意事项与"打开 BAK 文件"相同，文件保存的内容与 BAK 文件也相同，但是包含了同音字词信息，可以方便进一步校对整理。

中间文件的打开方式：在亚伟中文速录系统中打开文件，在文件对话框中选择"亚伟中间文件"，找到与速录稿同名的中间文件即可。

（五）用"模拟键盘"调用电脑系统拼音输入功能

亚伟速录软件可以将速录机模拟为电脑键盘，直接调用电脑系统所安装的拼音汉字输入法，用速录机快速输入汉语拼音全拼，相当于使用系统输入法在打字。"模拟键盘"功能最大程度上保持了亚伟操作习惯和连续性，在亚伟窗口（主机）和亚伟外挂中都可以使用。使用方法如下：

1. 启动"模拟键盘"

左手按"ZWUE"，系统状态栏中速录机出现红色背景，即切换为"模拟键盘"输入，可以直接用速录机在搜狗或者其他输入法提示行中录入。

2. 切换系统输入法

左手继续按"ZWUE"，则在系统输入状态中循环切换。

3. 结束"模拟键盘"

右手按"ZWUE"，系统状态栏中速录机红色背景消失，则结束"模拟键盘"录入状态。

"模拟键盘"功能与电脑系统的配合不太严密，会受到诸多因素的影响，很可能不能正常录入。在使用前需要反复测试，没有问题了再实际应用。

（六）亚伟拼音形码

亚伟拼音形码（以下简称"形码"），就是用已掌握的亚伟拼音码双手并击某个汉字的两个形码元（按笔画书写的顺序所分解成的击打单位），来达到准确输入汉字的目的。形码主要用于输入不认识的汉字，但也可以输入认识的汉字。

1. 形码输入功能

（1）双手并击"XN：XN"，即可进入形码输入方式（屏幕下方输入方式提示行内显示"形码"二字，默认为"插入"状态）。

（2）录入一次后，自动退出形码输入方式，或在形码输入状态，双手再次并击"XN：XN"，则退出形码输入方式。

2. 汉字形码元的读法

形码元共 106 个，而真正需要记忆的仅 50 多个（形码元前加＊号的，详见本书《形码元一览表》），其余的均同一般的读法。

3. 分解、选取汉字形码元的三条原则

（1）不论是认识还是不认识的汉字，均须按笔顺根据"取大不取小"的原则（个别例外）来进行形码元的分解、选取和并击。如"谢"字，应选"讠"和"射"（IAN：XZE）并击，而不能选"讠"和"寸"（IAN：BDZUN）并击；又如"趔"字，应选"走"和"次"（DZEO：BDZ）并击，而不能选"走"和"欠"（DZEO：XGIAN）并击。

（2）有的字可选取"前字音+后笔画名"或"前笔画名+后字音"或"前笔画名+后笔画名"并击。如"孓"字，用"XD：XBDA"并击；"囱"字，用"BGIE：XGNE"并击；"工"字，用"XGNE：XGNE"并击。

（3）认识的难以分解的独体字，按笔顺左手击该字的音节码，右手同时并击其开头的笔画名即可。如"之"字，可用"Z：DIAN"并击。

4. 部分汉字的形码编码一览

汉字	形码编码	汉字	形码编码	汉字	形码编码
自	DZ:BGIE	习	XI:ZE	卫	UE:ZE
土	BDU:XGNE	头	BDEO:DIAN	互	XGU:XGNE
里	XDI:Z	之	Z:DIAN	亓	XGNE:XGUE
迣	XDINO:XGU	乜	ZE:I	半	BDZAD:XBUNE
孑	XD:XBDA	兀	XGNE:XE	冗	BDU:GI
珏	UNO:IU	将	XZEO:XBU	耩	XDIO:XBZAN
讷	INA:IU	虹	BZUEO:I	颌	XDINE:UA
阢	XE:U	泪	XZUE:XBZ	妁	XBDIU:UE
砾	XZ:XD	仂	XBZN:XDI	佘	XBZU:XZUE
岁	XIUE:XI	爻	BZA:BZA	夯	DA:XDI
尕	XBDIO:XIAO	畀	BDINA:XGUE	蔻	XZNA:GUE
忑	XIA:XIN	耆	XBUNE:XZ	围	UE:XINE
囷	UE:XBDIU	囿	UE:IEO	圃	UE:U
阆	XBN:XGO	阄	XBN:GUE	阅	XBN:XE
夙	XBUNE:DIO	网	XBN:BZA	周	XBN:UNO
匦	XBUNO:GIN	瓯	XBUNO:GUE	凼	XZUE:BZU
齺	XZNA:XZ	仄	BZNO:XBZN	厝	BZNO:XI
厥	BZNO:GI	庹	GUNO:Z	庠	GUNO:INO
庞	GUNO:U	庹	GUNO:BZ	疣	BINE:XGI
痄	BINE:ZA	疬	BINE:XZNA	病	BINE:XINA
庚	XGU:XGIUNA	庳	XGU:DEO	房	XGU:XDI
虔	XGU:UN	甸	BAO:BDINA	訇	BAO:IAN
氕	XGI:BGIE	氟	XGI:XBU	忒	I:XIN
趄	DZEO:XGIE	趑	ZDEO:BDZ	咫	BZ:Z
飑	XBUNE:GIU	毯	XBAO:INA	尴	IEO:GIAN
魃	GUE:UE	毵	GUA:XZ	迢	ZAO:DZEO
迥	XBN:DZEO	迮	ZA:DZEO	迤	XBZN:DZEO
适	XZE:DZEO	建	IU:DZEO	楮	XB:ZE
蜥	BZUEO:XI	镤	GIN:DZU	攥	XZEO:DBUAN
锛	GIN:BN	鼐	XBDIO:DIN	囊	XBZ:XINO
蠢	DU:XIAN	褰	BAO:I	邋	XIUE:DZEO
魇	BCNO:GUE	檩	GUNO:BINE	尜	GIAN:XIAO
崽	XZAN:XDZ	幂	BDU:XB	陬	XE:XGIU
迊	XDINO:XGU	遂	DZX:DZEO	饕	XGAO:XZ

第三讲
亚伟中文速录技巧

上册我们学习了全部亚伟音节码，熟练掌握后就完全可以录入了。由于亚伟中文速录机的原理是汉语拼音，是以音节的方式记录，由软件负责转换为汉字。但是这个转换过程会不可避免地遇到同音字词。除了可以在提示行选择正确的汉字，亚伟中文速录机还设计了一些方法，帮助我们更加准确、方便、快速地录入。这些方法就是本讲要介绍的"速录技巧"。

（一）特定码

特定码就是汉字或词语的特殊固定编码，包括"汉字特定码""汉字词语特定码""高频特定单音词"等。特定码与字词之间都是一一对应的。我们应该尽量使用特定码，这样可以有效地离散同音字词，提高录入的准确率，保证录入的速度和效率。如果有精力，同学们应把常用特定码都熟练掌握。

1. 汉字特定码

所谓"汉字特定码"，是指为某些高频汉字所特别编定的码，即在音节码内同时加击1个特定标志功能码"W"，标志此音节码所代表的是特定的汉字。

（1）"是"

在亚伟速录中，超高频汉字"是"的特定码为"XZI"。左手或右手单击或与其他汉字并击均可。

（2）中文大、小写数字及数字词语

中文数字使用频繁，应直接上屏。亚伟速录为中文数字都安排了特定码。为了便于击打，对部分数字的音节码适当省略。详见下表（为了方便对照，将"百分之"和"千分之"的特定码列在表中，将中文小写数字特定码相对应的略码也提前列出）。

中文小写数字		相关双音略码词语		中文大写数字	双手并击编码	
汉字	编码	:X	:W	汉字	左手	右手
一	WI	一切	一般	壹	W	WI
二	XWE	二者		贰	W	XWE
三	WN	三好	三月	叁	W	WN
四	ZW	四川	四月	肆	W	ZW
五	WU		五月	伍	W	WU
六	WEO		六月	陆	W	WEO
七	XGIW		七月	柒	W	XGIW
八	BW		八月	捌	W	BW
九	GW		九月	玖	W	GW
十	XZW	十分	十月	拾	W	XZW
零	WO			零	W	WO
百分之	WIO			佰	W	WIO
千分之	WINA			仟	W	WINA

2. 汉字词语特定码

（1）"百分之""千分之"

见上表。

（2）后置成分双音词及相关词语特定码

在现代汉语中，有一些双音词，如"主义""制度""企业"等，由于它们不仅是高频词，而且经常用作词或词组的后置成分，因而本教程为这类词（仅 11 个，已进入词库，可参看《附录》）编订了特定略码，其构成规则如下：

词首声码	+	W	+	词尾韵码	=	后置成分双音词
Z	+	W	+	I	=	ZWI（主义）
						（左手或右手单击）

上述这类词，如果前面带有附加成分，则尚可进一步略打（可参看《附录》），其构成规则一般如下：

附加成分前音节码	+	后置成分略码	=	词或词组
XZE	+	ZWI	=	XZE:ZWI
（社）	+	（主义）	=	（社会主义）

3. 高频特定单音词

亚伟中文速录机专门为使用频率高的汉字编订了特定规则，均为左手击功能码，右手击音节码。这些高频字又进一步分为"一级"、"二级"和"三级"，所以，每个音节码最多安排 3 个高频特定单音词。可以参看本书的《附录》。

（1）一级高频特定单音词的打法：$\boxed{\text{X：单字音节码}}$

举例：的（X：D）自（X：DZ）特（X：BD）使（X：XZ）

（2）二级高频特定单音词的打法：$\boxed{\text{W：单字音节码}}$

举例：得（W：D）字（W：DZ）时（W：XZ）次（W：BDZ）

（3）三级高频特定单音词的打法：$\boxed{\text{XW：单字音节码}}$

全书共 10 个：

乘（XW：BZNE）　　处（XW：BZU）　　又（XW：IEO）　　於（XW：IU）

即（XW：GI）　　　神（XW：XZN）　　省（XW：XZNE）唯（XW：UE）

县（XW：XINA）　　争（XW：ZNE）

（二）略码

所谓"略码"，是指词语码不是全拼式的，而是以击打略码标志功能码"：X"或"：W"或"X：X"或"：XO"来略去其中的音节码的编码的。略码词语的含义均为固定的，即不通用同音词语。

1. 双音略码词语

其具体略打方法如下：

$$\boxed{\text{首音节码：X 或 W}}$$

左手击打词语的前一个音节码，右手同时并击省略标志功能码"X"或"W"，表示省略该双音词语的后一个汉字。亚伟速录已编订一批，进入词库，可参看本教程的《附录》。

2. 三音略码词语

其具体略打方法如下：

$$\boxed{\begin{array}{c}\text{首音节码}\\ \text{X：X}\end{array}}$$

先用左手或右手单击三音词语开头的音节码，后两个音节码用左、右两手同时并击省略标志功能码"X：X"来略打。亚伟速录已编订一批，进入词库，可参看本教程的《附录》。

3. 四音略码词语

常用四音词语的略打方法如下：

$$\boxed{\begin{array}{c}\text{首音节码：末音节码}\\ \text{X：X}\end{array}}$$

左、右手先并击首、末2个音节码，然后左、右手再并击省略标志功能码"X：X"，表示略去该四音词语第二、第三个音节码。本教程《附录》中列出的是部分最高频的四音略码词语，其余凡结合紧密、较常用的四音词语，均可按此方法来略打。

4. 多音词语略码

常用多音词语略码的略打方法如下：

首音节码	：	第二音节码
末音节码	：	XO

这里所说的"多音词语"，是指5个音节和5个音节以上的词语。其具体的略打方法：左、右手先并击多音词语第一、第二个音节码，然后左、右手并击末音节码和省略标志功能码"XO"。多音词语略码已编订一批进入词库，参见《附录》。

多音词语略码中的开头两个音节必须打音节码，而不能打略码，如"发展生产力"中的"发展"，不能打成"XBUA（BIU）：X"，因为略码直接上屏，无法捆绑。

（三）联词消字

1. 双音消字：联词消字定字

在使用亚伟速录机过程中，为了准确地速录某个汉字，可以先录入包含该汉字的双音词，再删除其中一个汉字，保留所需要的汉字。这种打法叫"联词消字定字法"，即通过双音词语确定其中任何一个汉字。原则上，双音词的前后两个字都可以是录入的对象，而且一个字的录入方法可能不是唯一的。该方法通常简称"联词消字"或"消词定字"。

如需录入单音词"知"，可先击"知道"（联词），然后右手单击"W"消去"道"字（消字），而留下"知"字（定字）。这是删"后"留"前"。

再如录入"录"，可以录入"记录"，左手删除"记"，而留下"录"。这是删"前"留"后"。也可以用"录入"消"入"留"录"（删"后"留"前"）。

可见"联词消字"法的使用是非常灵活的。

——**"联词消字定字法"是亚伟中文速录机准确录入技巧中最常用也是最重要的一种。**

为了方便选择和使用"联词消字定字法"，确定使用哪一个词来"消"出想录入的字，亚伟软件中提供了"消词定字查询"工具，在"词库整理"菜单中选择"消词定字查询"，在弹出窗口内输入想要查询的字，亚伟消词定字工具中就会显示出这个字可进行连词消字的词语，如图3.1所示。

2. 三音消字：联词消字定词

如果需要录入词库中没有的双音词，或为了避免选择同音词，可以录入包含该双音词的三音词（或四音词、多音词的前三个字），再删除其中一个汉字，留下所需的双音词，这就是"三音消字法"。

比如"简易"这个词，如果用上面的"联词消字定字法"需要录入2次、删2次，

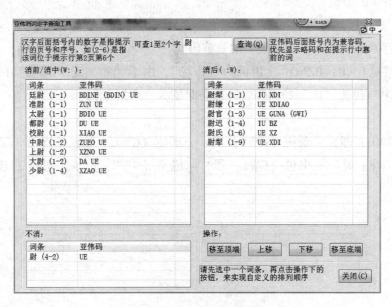

图 3.1　亚伟消词定字查询工具

即简（单）易（于），比较麻烦，而使用"三音消字法"技巧就方便多了。只要打三音词"简易床"，然后删掉多余的"床"字，"简易"两个字就出来了。这个技巧只需删 1 次，比联词消字可省事不少。

三音消字的典型应用举例如下：

（1）"贬义"在提示行第 6 位。录入"贬义词"，右手删"词"（末字）。

（2）"不眠"在词库中没有。录入"不眠之"（"不眠之夜"的前三个字），右手删"之"。

（3）"违纪"在提示行第 6 位。录入"违反纪"（"违反纪律"的前三个字），左手删"反"（右二字）。

下面列举了部分常用的三音词。括号前面的词是要保留的，括号里的字是组三音词后要删除的字。

芭蕉（扇）　　实业（家）　　无线（电）　　纪检（委）　　武陵（源）　　风湿（病）

信阳（市）　　宜兴（市）　　象山（县）　　铜山（县）　　广元（市）　　百花（齐）

本书《附录》列出了一些常用的三音消字词语，供大家查询使用。

（四）以字定词

这是用双音词中的某个字再组词来特定双音词的方法，用于准确击打非高频词。

如"市集"这个词，在重码提示行的第二页，选择起来不方便，就可以用"市"组词"市场"来确定"市集"。双音词中用作组词的字的音节码用 GWU 或 GWE 代替，如果使用双音词中的第一个字组词，用"GWU"代替；如果使用双音词中第二个字组词，用"GWE"代替。

"市集"的录入方法如下：

（1）击打"XZ：GI"（"市集"的音节码）。

（2）击打"GWU：BZNO"（组词为"市场"，由于"市"是"市集"的第一个字，所以用"GWU"代替"市"的编码，屏幕上即显示"市集"）。

举例：

立项（GWU：即）　梨树（GWU：涡）　廉洁（GWU：耻）　卖劲（GWU：出）

照搬（GWE：移）　书包（GWE：子）　绝笔（GWE：记）　剪彩（GWE：印）

第四讲
亚伟速度训练

一　词语的强化

（一）词语训练的范围

亚伟速录机双手并击一次记录的任意两个音节，就是亚伟基本词语，是亚伟速录的功能部件，是从基本元素（音节码）到速录文稿的必要过渡，是中文速录的基本功。以音节码组合计算，亚伟速录基本词语总共有 16000 个左右，而实际进入训练范围的要少很多。

（二）为什么要强化亚伟速录基本词语

掌握了基本元素（音节码），仅仅是掌握了亚伟速录的基础，大家还不熟练，必须经过进一步的训练。在实际操作中，双手并击的绝大多数是不同的音节构成的词语，通过词语训练才能进一步提高双手并击操作的速度和准确率。另外，在掌握音节码指法后，必须进行巩固和提高，词语训练是最好的手段。

训练的目的是熟练和提高，形成动作记忆。要求反复、集中，这就是"强化"的含义。记忆心理学的规律显示，遗忘集中发生在学习后的前期，强化就是针对这一点做文章，进行集中的高频率的重复，能够有效地克服遗忘，顺利提高熟练度。

（三）亚伟速录基本词语强化的要求

1. 总的原则

（1）键位练习

这是一种特殊而有效的练习方式，以亚伟练习系统 2.0 中的"键位练习"命名。该软件的一个最大特点就是所有词语都是受控随机出现的，而且循序渐进地安排了"自由练习"、"准确率练习"和"速度练习"三种不同的训练方式，同时，以键位正确与否进行判断、反馈和提示，实时给出速度与准确率的数值。

（2）规范训练

规范的含义，首先是循序渐进，通过自由练习解决问题，再通过准确率练习不断积累提高熟练度；其次是集中，每次每个练习集中训练 4 组×5 遍，达到最好的效果；最后是保证基本指法规范，这一点不能放松。

（3）准确第一

这是训练理念的问题。我们的训练标准和要求中，坚持准确第一。

如果准确率不达标，就一定要解决问题后再继续。因为我们做的是强化训练，一切正确的习惯和感觉还在逐渐建立与形成中，不坚持准确率，就是在重复错误，最终形成错误的指法习惯和感觉，哪怕是局部的、不完整的，也会直接影响后面的训练。

因此，对于准确率的要求，我们提出接近 100%，一方面强调了准确率的绝对重要性，另一方面又留有余地，不给学员过分的压力。

2. 具体要求

（1）乱（次序乱）

词语的次序对训练效果影响很大，往往固定顺序的练习很容易提高速度，这是"熟练度假象"，因为有顺序的因素在"暗中帮忙"，人们真正的反应速度没有得到彻底的强化提高。解决的方法就是"乱"，一定要把顺序打乱，这也是我们为什么要使用"键位练习"的原因。

（2）多（词语多）

词语数量少也会出现"熟练度假象"，增加到一定数量以后，自然就没有问题了。另外，词语数量少也会造成基本元素训练量的不足，达不到强化效果。

（3）轻（按键轻）

由于强调准确率，又是"强化"训练，这么"强"的练习，很容易使学员按键的力量也强了起来，因此大家要特别注意轻松按键，同时保证准确，找到轻轻松松速录的感觉，并不断强化形成习惯。否则，这个阶段力量上去了，以后很不容易纠正，影响速度。

（4）准（指法准）

亚伟速录基本词语训练要求的"准"，根本上是指指法的准，即不漏、不多、不错。这是速录高准确率的基础，是这一阶段训练的重点。从评判的标准来看，无论是练习系统也好、现行培训体系中教师把握的尺度也好，都是按"声对"进行评判的，从本质上说，就是从一开始就要把手误降低到接近于零。

（5）足（次数足）

强化就是积累，积累就靠数量，没有数量达不到量变，量变不到就没有质变。这一点有时候容易被大家忽略，尤其是在做记录时，仅仅检查几次，没有真正把关。一定要记录训练的总次数和有效次数（即准确率达标的次数），看看学员们是否都完成了规定次数的有效训练，这是诊断学员学习过程中出现问题的一个重要参数。

（四）亚伟速录基本词语强化的安排建议

1. 轮次概念

亚伟速录基本词语强化是一个整体，又是一个循序渐进的过程，需要把目标分解，拆分成若干小台阶。每一轮上一个小台阶，经过若干轮，实现整体的目标。

2. 训练内容及安排

本教材共安排了 17 讲词语强化训练。

1 个训练为 1 个单元，每次强化 1 个单元 10~20 遍，每一讲的训练单元分别完成，3 讲为 1 组，每组为 1 轮，一共 4~6 轮，让大家提高到 120 字/分钟的速度为止。

提示：在教材中，每个训练以同样的内容打乱顺序安排了 3 组，可以直接使用。但 1 组重复 2 次后，必须换下一组，并需要进一步自主重新编排不同的顺序加强训练。虽然不如键位练习方便，但也可以起到强化训练的效果。

二　熟文章的训练

（一）熟文章的概念

所谓熟文章是指对文章内容比较熟悉，输入技法比较熟练，输入速度达到 300 字/分钟（准确率达 98%）以上的文章。熟文章是为提高击键频率而进行专门训练的，在速录学习的各阶段是一项必不可少的训练内容。

（二）熟文章的选择

1. 选择类型

熟文章选择类型宜选择政治、经济、教育等。

2. 录入技巧个数

熟文章长度不同，录入技巧个数不同。200~300 字，4~5 个录入技巧（含联词、单音、分击、选字等）；300~500 字，小于 8 个录入技巧；500~600 字，小于 12 个录入技巧。

3. 略码率

熟文章中的略码率大于 30%。

4. 练习篇数

熟文章的练习篇数：初级阶段至少 1 篇、中级阶段至少 2 篇、高级阶段至少 4 篇。

（三）熟文章的训练方法

1. 熟悉技巧

把文章中的特定码、略码以及其他技巧都挑选出来，做标记或做记录。在此基础上，要认真熟悉，做到心中有数。

2. 反复自由看打

按照"一次上屏准确"的原则，反复自由看打。训练的重点是保证准确率，不要追求速度。注意文章中技巧的使用，注意以句为单位连贯地记录。

刚刚开始时，大家可以采用一段一段训练的方法。对于个别有问题的地方甚至可以集中训练某一句，待熟练后再整体训练。

每一次训练都要进行核对检查，找到错误的原因，加以纠正。

3. 限时看打

根据预期达到的速度目标，计算出一个时间。训练开始时同步计时，努力在规定的时间内录完。可以由老师或其他人帮助报时间，给训练者一种紧张的压力，迫使头脑迅速反应，手指迅速运动，努力提高速度。

4. 高速听打

按照预期达到的速度制作录音，由老师或其他人高声快速朗读。训练者按照朗读的速度与节奏记录，一定要先听后录，不要抢先记录。训练时，训练者大脑高度紧张，随时准备记录基本上都背诵下来的文字，又不能超前。有时也会出现局部速度慢，而朗读的速度相对快的情况，这就需要训练者加紧追赶。如果不能保证高速下的准确率，就不能顺利完成训练。

5. 高准确率看打

把某一篇熟文章进行看打训练，要求高准确率，速度可以放慢。准确率通常要求达到99%~100%，基本上是一次上屏，尽量不要中途修改。这个训练很难，学员最好能够完成。这对于保证准确率，降低指法差错是非常重要的。

三　生文章的训练

（一）训练材料的选择

1. 生文章的定义

生文章是相对熟文章而言的，篇幅相对较长，用来巩固与逐渐提高速录的水平。

2. 生文章的类型

生文章应该选择难度高于熟文章的材料，初期以新闻类、综合类的报道、评论文章为主。随着速度的提高，大家可以逐渐增加文章的类型和难度。

（二）训练材料的分类

1. 综合练习材料

这类材料难度中等，一般用于看打，旨在训练学生能够综合运用所学的各种录入技巧来提高录入的准确率，不进行考评。

2. 听打录入材料

这类材料难度一般，专门用于提高学生听打的录入速度及其准确率，有具体要求，须进行考评。

3. 看打录入材料

这类材料难度一般，专门用于提高学生看打的录入速度及其准确率，有具体要求，须进行考评。

（三）生文章的训练方法

1. 实时干预看打

边记录，边修整错误，随时试验使用各种技巧，并进行记录以备再用。

2. 不看屏幕看打

仅仅看文稿，不看屏幕。努力提高一次上屏准确率，或根据手指的感觉发现错误并及时纠正。

3. 长时间连续看打

训练时间至少半个小时，通常可以达到 1 个小时以上。这是一种"马拉松式"的训练，考验训练者的耐力。

4. 慢速听打

速度以训练者能够跟上为标准，由老师或其他人朗读或制作录音。训练者边听、边记录，努力保证完整、正确。考验训练者速录的综合水平，尤其是各种技巧的使用和把握一次上屏高准确率的能力。

5. 快速听打

以训练者的实际速度为依据，高于这个速度 10 字/分钟左右，由老师或其他人朗读或制作录音。训练者应努力跟进，尽量减少丢、漏，并要保证起码的准确率，可以不考虑一次上屏准确率的问题。这个训练主要考验训练者的反应能力和保持按键连贯性的能力，以及保证低手误甚至零手误。

6. 长时间连续听打

与长时间连续看打相似，时间在半个小时以上，通常为 1~2 个小时，听录音或老师朗读。训练者必须坚持大脑的紧张状态，保持兴奋度，维持迅速、敏捷的反应和连贯、准确的按键。

7. 听打测试

按照一定速度制作录音或朗读，听打一次，校对或不校对，计算成绩。注意检查错误的原因并进行纠正。

四　专项练习

（一）专项练习的内容及意义

专项练习包括阿拉伯数字练习、中文小写数字练习、英文字母练习等，由于这些内容不属于音节码的范畴，所以无法包括在基本功的训练中，但是这些内容尤其是阿拉伯数字和中文小写数字在文章中会经常用到。它们的速度往往成为瓶颈，影响记录的效果。因此，需要对它们进行专项强化训练。

专项练习一次不用练很多或很长的时间，但要保持一定的训练频度，保证熟练度稳定提高。下面分别介绍一些专项练习的方法。

（二）阿拉伯数字的专项练习

1. 两位数练习

即从 00 按顺序练习到 99，共 100 组，每组数字之间用顿号（或其他标点符号）隔开。

2. 三位数练习

即从 000 按顺序练习到 999，共 1000 组，每组数字之间用顿号（或其他标点符号）隔开。

3. 其他练习

如电话号码、手机号码、身份证号码等，都可以进行辅助性练习。

4. 数字符号练习

圆括号、尖括号、加号、减号、分号等数学符号也会经常出现，需要在阿拉伯数字的训练过程中混合训练，如将数字以数学符号连接，或将像标号那样，如"1."或"（1）"等。也可以找一些算式来练习。

（三）中文小写数字专项练习

中文小写数字使用频率高，必须熟练掌握，不出错。下面的练习方便易行，且效果很好，大家可以经常练习，直至熟练。方法如下：

从一按顺序练习到一百一十，每组数字中间用逗号隔开。即："一，二，三，……十，十一，十二，……二十，二十一，二十二，……三十……九十九，一百，一百〇一，……一百一十"。

在练习时，刚开始速度很慢，不要紧，大家一定要有耐心，保证准确率，想好了再按键。大家可以对每一次练习计时，能够明显看出速度的变化。

（四）英文字母的专项练习

将一段英文内容用速录机正确地击打（区别大小写）。

将文章中的汉字用汉语拼音一个一个地正确击打（第一个字母用大写，其余用小写）。

将一系列常用的英文单词用速录机正确击打。

巩固训练

亚伟中文速录机培训教程（7.0版）

本部分分篇逐个强化所有韵码的系列音节码扩展词语，并安排了17 篇短文的训练。目的是巩固"培训教程"的基础指法，顺利过渡到速度提高训练。本部分的内容也可以根据实际情况，配合"培训教程"的进度选用。本部分词语练习及训练范文均配有相应的音频文件。

"I、U"系列音节码词语强化训练

一 词语强化训练

韵码"I"强化训练

聆听训练音频

鼻涕	不必	地步	低迷	击毙	及其	离子	利益	谜底	拟题
皮肤	菩提	实际	体格	细密	乙醚	鼻涕	不必	地步	低迷
击毙	及其	离子	利益	谜底	拟题	皮肤	菩提	实际	体格
细密	乙醚	鼻涕	不必	地步	低迷	击毙	及其	离子	利益
谜底	拟题	皮肤	菩提	实际	体格	细密	乙醚		

比拟	布匹	地理	个体	机密	集体	力气	弥补	密实	拟议
皮皮	其次	提示	体力	细腻	治理	比拟	布匹	地理	个体
机密	集体	力气	弥补	密实	拟议	皮皮	其次	提示	体力
细腻	治理	比拟	布匹	地理	个体	机密	集体	力气	弥补
密实	拟议	皮皮	其次	提示	体力	细腻	治理		

笔记	迟疑	地皮	河泥	基地	可惜	立刻	迷你	倪迪	披靡
脾气	气体	提议	吸气	一时	子弟	笔记	迟疑	地皮	河泥
基地	可惜	立刻	迷你	倪迪	披靡	脾气	气体	提议	吸气
一时	子弟	笔记	迟疑	地皮	河泥	基地	可惜	立刻	迷你
倪迪	披靡	脾气	气体	提议	吸气	一时	子弟		

聆听训练音频

韵码"U"强化训练

闭幕	部署	督促	负极	鼓励	呼吸	科普	离子	录入	木器
怒族	如初	石柱	诉苦	图库	支付	注塑	不服	出题	独特
复苏	何不	忽视	可恶	礼物	路基	目睹	普及	如此	数目
体力	无比	逐步	组织	不足	粗读	读图	孤独	何苦	激怒
酷暑	陆地	麋鹿	怒斥	企图	入库	俗气	突击	侮辱	住户

不服	出题	独特	复苏	何不	忽视	可恶	礼物	路基	目睹
普及	如此	数目	体力	无比	逐步	组织	不足	粗读	读图
孤独	何苦	激怒	酷暑	陆地	麋鹿	怒斥	企图	入库	俗气
突击	侮辱	住户	闭幕	部署	督促	负极	鼓励	呼吸	科普
离子	录入	木器	怒族	如初	石柱	诉苦	图库	支付	注塑

不足	粗读	读图	孤独	何苦	激怒	酷暑	陆地	麋鹿	怒斥
企图	入库	俗气	突击	侮辱	住户	闭幕	部署	督促	负极
鼓励	呼吸	科普	离子	录入	木器	怒族	如初	石柱	诉苦
图库	支付	注塑	不服	出题	独特	复苏	何不	忽视	可恶
礼物	路基	目睹	普及	如此	数目	体力	无比	逐步	组织

二 短文训练

聆听训练音频

　　下面这段话共 120 个字。首先要求读准确，然后通过用亚伟码反复规范地听打、看打，要求能在 6 分钟内打完（20 字/分钟），准确率达 98％以上。

　　今年是我们党成立一百周年。100 年前，中国共产党一经诞生，就把为中国人民谋幸福、为中华民族谋复兴确立为自己的初心和使命，为实现人民当家作主进行了不懈探索和奋斗。在新民主主义革命时期，我们党在根据地创建人民政权，为建立新型政治制度积累了实践经验。

录入技巧

1. 须联词消字定字的："谋（划）、初（级）、心（理）"。

2. 单音词须特定的："党（W：DNO）、为（X：UE）、和（X：XG）"。

3. 须双手并击的："年前、一经"。

4. 须分开单击的："就把"。

"IU、N"系列音节码词语强化训练

一 词语强化训练

韵码"IU"强化训练

聆听训练音频

处于	富裕	局促	巨资	聚居	律法	绿皮	女仆	女子	特区
虚实	序曲	于是	予以	玉米	预计	处于	富裕	局促	巨资
聚居	律法	绿皮	女仆	女子	特区	虚实	序曲	于是	予以
玉米	预计	处于	富裕	局促	巨资	聚居	律法	绿皮	女仆
女子	特区	虚实	序曲	于是	予以	玉米	预计		

大于	纪律	局势	具体	鲈鱼	律吕	滤池	女士	趋势	须具
徐徐	叙述	余地	语录	预备	预示	大于	纪律	局势	具体
鲈鱼	律吕	滤池	女士	趋势	须具	徐徐	叙述	余地	语录
预备	预示	大于	纪律	局势	具体	鲈鱼	律吕	滤池	女士
趋势	须具	徐徐	叙述	余地	语录	预备	预示		

妇女	局部	巨幅	据此	旅居	律师	女儿	女司	去路	须臾
许可	依据	与其	语序	预付	秩序	妇女	局部	巨幅	据此
旅居	律师	女儿	女司	去路	须臾	许可	依据	与其	语序
预付	秩序	妇女	局部	巨幅	据此	旅居	律师	女儿	女司
去路	须臾	许可	依据	与其	语序	预付	秩序		

韵码"N"强化训练

聆听训练音频

本地	本子	涔涔	沉思	恩赐	分歧	骨盆	课本	嫩枝	盆地
任务	身体	细嫩	怎的	主任	本土	参差	尘土	除根	分离
根除	狠狠	闷气	喷涂	认真	森森	十分	愚笨	真是	本人
苯酚	臣子	赤忱	分布	分子	痕迹	垦区	喷气	气氛	森林
深沉	一恩	真的							

本人	苯酚	臣子	赤忱	分布	分子	痕迹	垦区	喷气	气氛
森林	深沉	一恩	真的	本地	本子	涔涔	沉思	恩赐	分歧
骨盆	课本	嫩枝	盆地	任务	身体	细嫩	怎的	主任	本土
参差	尘土	除根	分离	根除	狠狠	闷气	喷涂	认真	森森
十分	愚笨	真是							

本土	参差	尘土	除根	分离	根除	狠狠	闷气	喷涂	认真
森森	十分	愚笨	真是	本人	苯酚	臣子	赤忱	分布	分子
痕迹	垦区	喷气	气氛	森林	深沉	一恩	真的	本地	本子
涔涔	沉思	恩赐	分歧	骨盆	课本	嫩枝	盆地	任务	身体
细嫩	怎的	主任							

二 短文训练

下面这段话共 113 个字。首先要求读准确，然后通过用亚伟码反复规范地听打、看打，要求能在 4 分 31 秒内打完（25 字/分钟），准确率达 98% 以上。

聆听训练音频

　　党的十八大以来，党中央统筹中华民族伟大复兴战略全局和世界百年未有之大变局，从坚持和完善党的领导、巩固中国特色社会主义制度的战略高度出发，继续推进人民代表大会制度理论和实践创新，提出一系列新理念新思想新要求，主要有以下几个方面。

录入技巧

1. 单音词须特定的："党（W：DNO）、和（X：XG）"。

2. 打全音码可以捆绑的："新理念"。

3. 须双手并击的："党的"。

4. 后置成分："制度"。

5. 可以造词的："未有之大变局"。

"E、NE"系列音节码词语强化训练

一　词语强化训练

韵码"E"强化训练

悲愤	侧目	炽热	德育	飞贼	分配	记者	累计	内部	取舍
人呢	谁知	是非	妩媚	责任	折合	值得	本色	撤离	出车
敌特	非得	给以	具备	美德	陪审	惹事	色泽	甚至	是谁
余额	贼眉	这次	自馁	不给	斥责	得去	遏制	费时	黑幕
乐于	讷讷	漆黑	热泪	舍弃	史册	特此	娱乐	怎的	这个

本色	撤离	出车	敌特	非得	给以	具备	美德	陪审	惹事
色泽	甚至	是谁	余额	贼眉	这次	自馁	不给	斥责	得去
遏制	费时	黑幕	乐于	讷讷	漆黑	热泪	舍弃	史册	特此
娱乐	怎的	这个	悲愤	侧目	炽热	德育	飞贼	分配	记者
累计	内部	取舍	人呢	谁知	是非	妩媚	责任	折合	值得

不给	斥责	得去	遏制	费时	黑幕	乐于	讷讷	漆黑	热泪
舍弃	史册	特此	娱乐	怎的	这个	悲愤	侧目	炽热	德育
飞贼	分配	记者	累计	内部	取舍	人呢	谁知	是非	妩媚
责任	折合	值得	本色	撤离	出车	敌特	非得	给以	具备
美德	陪审	惹事	色泽	甚至	是谁	余额	贼眉	这次	自馁

聆听训练音频

韵码"NE"强化训练

泵此	曾祖	等级	风气	讽刺	呼声	继承	吭声	每逢	蒙蔽
能人	扔弃	升腾	图腾	席棚	整风	职能	不吭	成本	风泵
风声	更生	机耕	可扔	苦僧	美梦	蒙古	烹饪	僧侣	市政
五横	增殖	政策	制冷	层层	登陆	风能	封闭	横溢	基层
坑蒙	冷酷	萌生	猛增	彭城	升级	速成	熄灯	征程	政能

不吭	成本	风泵	风声	更生	机耕	可扔	苦僧	美梦	蒙古
烹饪	僧侣	市政	五横	增殖	政策	制冷	层层	登陆	风能
封闭	横溢	基层	坑蒙	冷酷	萌生	猛增	彭城	升级	速成
熄灯	征程	政能	泵此	曾祖	等级	风气	讽刺	呼声	继承
吭声	每逢	蒙蔽	能人	扔弃	升腾	图腾	席棚	整风	职能

层层	登陆	风能	封闭	横溢	基层	坑蒙	冷酷	萌生	猛增
彭城	升级	速成	熄灯	征程	政能	泵此	曾祖	等级	风气
讽刺	呼声	继承	吭声	每逢	蒙蔽	能人	扔弃	升腾	图腾
席棚	整风	职能	不吭	成本	风泵	风声	更生	机耕	可扔
苦僧	美梦	蒙古	烹饪	僧侣	市政	五横	增殖	政策	制冷

二 短文训练

聆听训练音频

下面这段话共 151 个字。首先要求读准确，然后通过用亚伟码反复规范地听打、看打，要求能在 5 分钟内打完（30 字/分钟），准确率达 98%以上。

坚持依法治国首先要坚持依宪治国，坚持依法执政首先要坚持依宪执政。坚持依宪治国、依宪执政，就必须坚持宪法确定的中国共产党领导地位不动摇，坚持宪法确定的人民民主专政的国体和人民代表大会制度的政体不动摇。全面贯彻实施宪法是建设社会主义法治国家的首要任务和基础性工作，也是坚持和完善人民代表大会制度的必然要求。

录入技巧

1. 须联词消字定字的："依（法）、宪（法）"。

2. 单音词须特定的："的（X：D）、和（X：G）"。

3. 打全音码可以捆绑的："依宪治国"。

4. 须双手并击的："也是（XZI）"。

5. 后置成分："制度"。

6. 须在重码提示行中进行选择的："实施（2）"。

"A、O"系列音节码词语强化训练

一 词语强化训练

韵码"A"强化训练

聆听训练音频

阿爸	把握	不怕	查杀	大地	大厦	法人	嘎嘎	哈哈	卡车
拉萨	密码	怕人	杀敌	数码	踏实	挣扎	跋涉	捕拿	嚓嚓
大坝	大妈	发达	嘎吧	哈佛	咖啡	拉车	马车	那里	洒泪
审查	他们	侦查	阿姨	步伐	搭拉	大卡	大于	分发	古巴
哈气	克拉	麻痹	那个	怕事	刹那	四大	扎根		

阿姨	步伐	搭拉	大卡	大于	分发	古巴	哈气	克拉	麻痹
那个	怕事	刹那	四大	扎根	阿爸	把握	不怕	查杀	大地
大厦	法人	嘎嘎	哈哈	卡车	拉萨	密码	怕人	杀敌	数码
踏实	挣扎	跋涉	捕拿	嚓嚓	大坝	大妈	发达	嘎吧	哈佛
咖啡	拉车	马车	那里	洒泪	审查	他们	侦查		

跋涉	捕拿	嚓嚓	大坝	大妈	发达	嘎吧	哈佛	咖啡	拉车
马车	那里	洒泪	审查	他们	侦查	阿姨	步伐	搭拉	大卡
大于	分发	古巴	哈气	克拉	麻痹	那个	怕事	刹那	四大
扎根	阿爸	把握	不怕	查杀	大地	大厦	法人	嘎嘎	哈哈
卡车	拉萨	密码	怕人	杀敌	数码	踏实	挣扎		

韵码"O"强化训练

聆听训练音频

薄弱	博得	差错	错误	丰硕	各国	活泼	寂寞	阔气	抹煞
挪作	迫使	说法	托福	许诺	住所	薄弱	博得	差错	错误
丰硕	各国	活泼	寂寞	阔气	抹煞	挪作	迫使	说法	托福
许诺	住所	薄弱	博得	差错	错误	丰硕	各国	活泼	寂寞
阔气	抹煞	挪作	迫使	说法	托福	许诺	住所		

笨拙	捕获	戳破	多时	佛门	国法	或者	举措	逻辑	默默
批驳	若是	思索	卧佛	增多	琢磨	笨拙	捕获	戳破	多时
佛门	国法	或者	举措	逻辑	默默	批驳	若是	思索	卧佛
增多	琢磨	笨拙	捕获	戳破	多时	佛门	国法	或者	举措
逻辑	默默	批驳	若是	思索	卧佛	增多	琢磨		

剥夺	不妥	绰绰	多余	佛诺	合作	击破	扩大	没落	挪移
泼墨	石佛	所以	需扩	治国	作风	剥夺	不妥	绰绰	多余
佛诺	合作	击破	扩大	没落	挪移	泼墨	石佛	所以	需扩
治国	作风	剥夺	不妥	绰绰	多余	佛诺	合作	击破	扩大
没落	挪移	泼墨	石佛	所以	需扩	治国	作风		

二 短文训练

下面这段话共 133 个字。首先要求读准确，然后通过用亚伟码反复规范地听打、看打，要求能在 3 分 48 秒内打完（35 字/分钟），准确率达 98% 以上。

聆听训练音频

中国共产党是当今中国最高政治领导力量，全面加强党对经济工作的领导，是上层建筑对经济基础发生积极作用、正确处理上层建筑与经济基础辩证关系的具体体现。坚持党对经济工作的集中统一领导，保证我国经济始终沿着正确方向发展，对党的领导与经济发展的关系作出了马克思主义的质的规定。

录入技巧

1. 须联词消字定字的："质（朴）"。

2. 单音词须特定的："党（W：DNO）、与（W：IU）"。

3. 须分开单击的："党对"。

4. 须双手并击的："沿着"。

5. 须在重码提示行中进行选择的："始终（1）"。

"AO、AN"系列音节码词语强化训练

一　词语强化训练

韵码"AO"强化训练

聆听训练音频

傲气	报告	奔跑	查抄	承包	到期	高考	考试	牢骚	冒昧
绕道	稍稍	逃避	细胞	遭遇	找出	自傲	奥秘	报考	操劳
超支	赤道	富饶	号召	劳务	老保	闹事	热潮	少许	逃离
依靠	招呼	至少	自豪	包庇	被告	曹操	成套	大脑	高层
考古	牢靠	礼貌	炮制	日报	塑造	讨好	依照	招认	主导

奥秘	报考	操劳	超支	赤道	富饶	号召	劳务	老保	闹事
热潮	少许	逃离	依靠	招呼	至少	自豪	包庇	被告	曹操
成套	大脑	高层	考古	牢靠	礼貌	炮制	日报	塑造	讨好
依照	招认	主导	傲气	报告	奔跑	查抄	承包	到期	高考
考试	牢骚	冒昧	绕道	稍稍	逃避	细胞	遭遇	找出	自傲

包庇	被告	曹操	成套	大脑	高层	考古	牢靠	礼貌	炮制
日报	塑造	讨好	依照	招认	主导	傲气	报告	奔跑	查抄
承包	到期	高考	考试	牢骚	冒昧	绕道	稍稍	逃避	细胞
遭遇	找出	自傲	奥秘	报考	操劳	超支	赤道	富饶	号召
劳务	老保	闹事	热潮	少许	逃离	依靠	招呼	至少	自豪

韵码"AN"强化训练

聆听训练音频

安南	班级	必然	惨淡	超凡	但凡	分散	感染	韩寒	看好
漫步	燃起	善于	贪污	妥善	增产	战犯	暗示	办案	参与
查办	称赞	发汗	奋战	干涉	河南	烂漫	南站	散布	贪婪
探班	赞叹	展出	自满	班禅	办到	参展	产值	担任	凡是
负担	含义	聚餐	蛮横	判处	闪盘	贪图	探测	赞许	展览

暗示	办案	参与	查办	称赞	发汗	奋战	干涉	河南	烂漫
南站	散布	贪婪	探班	赞叹	展出	自满	班禅	办到	参展
产值	担任	凡是	负担	含义	聚餐	蛮横	判处	闪盘	贪图
探测	赞许	展览	安南	班级	必然	惨淡	超凡	但凡	分散
感染	韩寒	看好	漫步	燃起	善于	贪污	妥善	增产	战犯

班禅	办到	参展	产值	担任	凡是	负担	含义	聚餐	蛮横
判处	闪盘	贪图	探测	赞许	展览	安南	班级	必然	惨淡
超凡	但凡	分散	感染	韩寒	看好	漫步	燃起	善于	贪污
妥善	增产	战犯	暗示	办案	参与	查办	称赞	发汗	奋战
干涉	河南	烂漫	南站	散布	贪婪	探班	赞叹	展出	自满

二 短文训练

下面这段话共 195 个字。首先要求读准确，然后通过用亚伟码反复规范地听打、看打，要求能在 4 分 52 秒内打完（40 字/分钟），准确率达 98% 以上。

加快形成严密的法治监督体系，体现了推进全面依法治国的内在要求。我们党明确提出加快形成严密的法治监督体系，把法治监督体系作为中国特色社会主义法治体系的重要组成部分。习近平总书记十分重视强化法治的监督功能，强调："没有监督的权力必然导致腐败，这是一条铁律。"① 加强监督是杜绝执法不严、司法不公现象的必要举措。我们要坚持以习近平法治思想为指导，系统研究谋划和解决法治领域人民群众反映强烈的突出问题。

录入技巧

1. 须联词消字定字的："律（师）"。

2. 单音词须特定的："的（X：D）、党（W：DNO）、以（X：I）"。

3. 打全音码可以捆绑的："执法不严、司法不公"。

4. 须在重码提示行中进行选择的："法治（2）、权力（2）"。

---

① 《习近平谈治国理政》，外文出版社，2014，第 418 页。

"EO、IN" 系列音节码词语强化训练

一 词语强化训练

韵码 "EO" 强化训练

聆听训练音频

报酬	仇杀	等候	非洲	合谋	陋习	谋杀	殴打	肉体	偷盗
周密	搏斗	出售	兜捕	购置	后身	路口	能否	殴斗	收购
一剖	走漏	不都	凑足	斗殴	咳嗽	扣除	摸透	能手	剖视
搜捕	杂凑								

搏斗	出售	兜捕	购置	后身	路口	能否	殴斗	收购	一剖
走漏	不都	凑足	斗殴	咳嗽	扣除	摸透	能手	剖视	搜捕
杂凑	报酬	仇杀	等候	非洲	合谋	陋习	谋杀	殴打	肉体
偷盗	周密								

不都	凑足	斗殴	咳嗽	扣除	摸透	能手	剖视	搜捕	杂凑
报酬	仇杀	等候	非洲	合谋	陋习	谋杀	殴打	肉体	偷盗
周密	搏斗	出售	兜捕	购置	后身	路口	能否	殴斗	收购
一剖	走漏								

韵码 "IN" 强化训练

柏林	产品	废品	更新	吉林	紧凑	居民	林区	母亲	拼搏
品类	勤劳	市民	心理	因素	隐匿	至今	摈弃	出殡	附近
国民	坚信	劲头	考勤	民办	内心	频频	侵入	擒拿	树林
辛勤	殷勤	招聘	租赁	播音	打印	革新	基因	今后	浸渍
邻居	敏感	您早	品德	亲人	深信	心火	因果	引进	找您

摈弃	出殡	附近	国民	坚信	劲头	考勤	民办	内心	频频
侵入	擒拿	树林	辛勤	殷勤	招聘	租赁	播音	打印	革新
基因	今后	浸渍	邻居	敏感	您早	品德	亲人	深信	心火
因果	引进	找您	柏林	产品	废品	更新	吉林	紧凑	居民
林区	母亲	拼搏	品类	勤劳	市民	心理	因素	隐匿	至今

播音	打印	革新	基因	今后	浸渍	邻居	敏感	您早	品德
亲人	深信	心火	因果	引进	找您	柏林	产品	废品	更新
吉林	紧凑	居民	林区	母亲	拼搏	品类	勤劳	市民	心理
因素	隐匿	至今	摈弃	出殡	附近	国民	坚信	劲头	考勤
民办	内心	频频	侵入	擒拿	树林	辛勤	殷勤	招聘	租赁

二　短文训练

下面这段话共 206 个字。首先要求读准确，然后通过用亚伟码反复规范地听打、看打，要求能在 4 分 41 秒内打完（45 字/分钟），准确率达 98% 以上。

旗帜鲜明讲政治、保证党的团结和集中统一是党的生命，也是中国共产党能成为百年大党、创造世纪伟业的关键所在。党的百年伟大实践雄辩证明，把全国各族人民团结起来，形成万众一心、无坚不摧的磅礴力量，就能够战胜一切强大敌人、一切艰难险阻。办好中国的事情，关键在党。中华民族近代以来 180 多年的历史、中国共产党成立以来 100 年的历史、中华人民共和国成立以来 70 多年的历史都充分证明，没有中国共产党，就没有新中国，就没有中华民族伟大复兴。

录入技巧

1. 单音词须特定的："讲（W：GINO）、党（W：DNO）、的（X：D）"。
2. 须双手并击的："也是、办好"。
3. 须分开单击的："大党"。
4. 打全音码可以捆绑的："万众一心"。
5. 须在重码提示行中进行选择的："世纪（2）、伟业（2）"。

"UE、IA"系列音节码词语强化训练

一 词语强化训练

韵码"UE"强化训练

聆听训练音频

惭愧	吹奏	催促	对比	干脆	贵宾	回族	亏得	猛追	破碎
示威	税单	琐碎	围绕	心醉	指挥	罪魁	车队	垂垂	翠绿
法规	鼓吹	回归	汇率	匮乏	敏锐	锐利	水分	死罪	陶醉
伟大	征税	追捕	醉鬼	吃亏	辞退	大腿	峰会	规矩	回路
荟萃	累赘	末尾	锐气	水利	随时	推进	尾随	正规	最高

车队	垂垂	翠绿	法规	鼓吹	回归	汇率	匮乏	敏锐	锐利
水分	死罪	陶醉	伟大	征税	追捕	醉鬼	吃亏	辞退	大腿
峰会	规矩	回路	荟萃	累赘	末尾	锐气	水利	随时	推进
尾随	正规	最高	惭愧	吹奏	催促	对比	干脆	贵宾	回族
亏得	猛追	破碎	示威	税单	琐碎	围绕	心醉	指挥	罪魁

吃亏	辞退	大腿	峰会	规矩	回路	荟萃	累赘	末尾	锐气
水利	随时	推进	尾随	正规	最高	惭愧	吹奏	催促	对比
干脆	贵宾	回族	亏得	猛追	破碎	示威	税单	琐碎	围绕
心醉	指挥	罪魁	车队	垂垂	翠绿	法规	鼓吹	回归	汇率
匮乏	敏锐	锐利	水分	死罪	陶醉	伟大	征税	追捕	醉鬼

韵码"IA"强化训练

朝霞	嗲嗲	附加	估价	挤压	加压	驾驶	南下	恰恰	生涯
我俩	下达	夏娃	压抑	牙膏	咿呀	朝霞	嗲嗲	附加	估价
挤压	加压	驾驶	南下	恰恰	生涯	我俩	下达	夏娃	压抑
牙膏	咿呀	朝霞	嗲嗲	附加	估价	挤压	加压	驾驶	南下
恰恰	生涯	我俩	下达	夏娃	压抑	牙膏	咿呀		

吵架	嗲声	哥俩	和洽	加入	家伙	俩俩	洽谈	儒家	售价
西亚	下发	压价	鸦片	牙口	真假	吵架	嗲声	哥俩	和洽
加入	家伙	俩俩	洽谈	儒家	售价	西亚	下发	压价	鸦片
牙口	真假	吵架	嗲声	哥俩	和洽	加入	家伙	俩俩	洽谈
儒家	售价	西亚	下发	压价	鸦片	牙口	真假		

打下	独家	更加	回家	加速	价格	俩人	恰好	厦门	他俩
侠客	下雨	压迫	牙齿	亚洲	镇压	打下	独家	更加	回家
加速	价格	俩人	恰好	厦门	他俩	侠客	下雨	压迫	牙齿
亚洲	镇压	打下	独家	更加	回家	加速	价格	俩人	恰好
厦门	他俩	侠客	下雨	压迫	牙齿	亚洲	镇压		

二 短文训练

下面这段话共 196 个字。首先要求读准确，然后通过用亚伟码反复规范地听打、看打，要求能在 3 分 55 秒内打完（50 字/分钟），准确率达 98% 以上。

我们党历来重视文艺工作，始终把文化视为民族生存和发展的重要力量，坚持运用先进文化引领方向、鼓舞士气、凝聚力量。一百年来，党领导文艺战线不断探索、实践，走出了一条以马克思主义为指导、符合中国国情和文化传统、高扬人民性的文艺发展道路，为我国文艺繁荣发展指明了前进方向。进入新时代，文艺工作的地位和作用更加凸显。党的十八大以来，习近平总书记高屋建瓴、审时度势、把握规律，以高度的历史自觉和坚定的文化自信……

录入技巧

1. 须联词消字定字的："扬（水）、习（题）、坚定（信）"。
2. 单音词须特定的："党（W：DNO）、和（X：XG）、以（X：I）"。
3. 打全音码可以捆绑的："鼓舞士气"。
4. 须在重码提示行中进行选择的："视为（4）"。

"NO、IO"系列音节码词语强化训练

一 词语强化训练

韵码"NO"强化训练

暗藏	帮忙	倡导	当场	导航	繁忙	仿佛	刚好	杭州	漫长
庞大	丧失	商谈	受伤	倘若	新郎	长势	昂然	宝藏	吵嚷
当当	发胖	反抗	肥胖	高昂	抗战	茫然	铺张	伤痕	食堂
贪赃	特长	站岗	智囊	懊丧	苍老	厨房	当今	法郎	方糖
诽谤	高档	狼狈	囊括	让步	商场	首长	糖果	西方	长廊

昂然	宝藏	吵嚷	当当	发胖	反抗	肥胖	高昂	抗战	茫然
铺张	伤痕	食堂	贪赃	特长	站岗	智囊	懊丧	苍老	厨房
当今	法郎	方糖	诽谤	高档	狼狈	囊括	让步	商场	首长
糖果	西方	长廊	暗藏	帮忙	倡导	当场	导航	繁忙	仿佛
刚好	杭州	漫长	庞大	丧失	商谈	受伤	倘若	新郎	长势

懊丧	苍老	厨房	当今	法郎	方糖	诽谤	高档	狼狈	囊括
让步	商场	首长	糖果	西方	长廊	暗藏	帮忙	倡导	当场
导航	繁忙	仿佛	刚好	杭州	漫长	庞大	丧失	商谈	受伤
倘若	新郎	长势	昂然	宝藏	吵嚷	当当	发胖	反抗	肥胖
高昂	抗战	茫然	铺张	伤痕	食堂	贪赃	特长	站岗	智囊

聆听训练音频

韵码"IO"强化训练

哎呀	败类	采纳	承载	大赛	改善	海台	记载	拉开	乃是
气派	忍耐	晒台	实在	淘汰	狭窄	指摘	哀悼	本来	彩带
出差	代理	盖茨	害处	开发	来自	拍照	取代	塞车	山寨
态势	西晒	栽培	制裁	哀思	猜测	拆除	大概	贩卖	海菜
击败	开斋	脉搏	排斥	热爱	杀害	时代	泰山	狭隘	债户

哀悼	本来	彩带	出差	代理	盖茨	害处	开发	来自	拍照
取代	塞车	山寨	态势	西晒	栽培	制裁	哀思	猜测	拆除
大概	贩卖	海菜	击败	开斋	脉搏	排斥	热爱	杀害	时代
泰山	狭隘	债户	哎呀	败类	采纳	承载	大赛	改善	海台
记载	拉开	乃是	气派	忍耐	晒台	实在	淘汰	狭窄	指摘

哀思	猜测	拆除	大概	贩卖	海菜	击败	开斋	脉搏	排斥
热爱	杀害	时代	泰山	狭隘	债户	哎呀	败类	采纳	承载
大赛	改善	海台	记载	拉开	乃是	气派	忍耐	晒台	实在
淘汰	狭窄	指摘	哀悼	本来	彩带	出差	代理	盖茨	害处
开发	来自	拍照	取代	塞车	山寨	态势	西晒	栽培	制裁

二 短文训练

聆听训练音频

下面这段话共 241 个字。首先要求读准确，然后通过用亚伟码反复规范地听打、看打，要求能在 4 分 26 秒内打完（55 字/分钟），准确率达 98%以上。

共同富裕是社会主义的本质要求，是人民群众的共同期盼。我们推动经济社会发展，归根结底是要实现全体人民共同富裕。党的十八大以来，习近平总书记高度重视扎实推动共同富裕，站在新时代坚持和发展中国特色社会主义的战略和全局高度，就扎实推动共同富裕发表一系列重要讲话，作出一系列重要部署。2022 年政府工作报告在今年经济社会发展政策取向中指出，扎实推进共同富裕，不断实现人民对美好生活的向往。促进共同富裕是新时代的必然要求，是广大人民群众的热切期盼，是巩固社会主义制度和彰显社会主义制度优势的现实需要。

录入技巧

1. 单音词须特定的："的（X：D）、和（X：XG）"。

2. 须在重码提示行中进行选择的："期盼（3）、彰显（2）、优势（2）"。

"IE、EA、XE"系列音节码词语强化训练

一 词语强化训练

韵码"IE"强化训练

聆听训练音频

暴跌	别致	承接	爹爹	机械	接受	结束	介入	烈士	灭迹
切除	切勿	首届	些须	谢谢	业绩	优劣	别介	补贴	大街
碟机	级别	节日	捷克	列车	猎人	磨灭	切入	惬意	铁心
协助	耶鲁	液体	罪孽	别人	不解	盗窃	恶劣	接触	结合
解析	列举	猛烈	捏造	切身	日夜	系列	写字	也许	一瞥

别介	补贴	大街	碟机	级别	节日	捷克	列车	猎人	磨灭
切入	惬意	铁心	协助	耶鲁	液体	罪孽	别人	不解	盗窃
恶劣	接触	结合	解析	列举	猛烈	捏造	切身	日夜	系列
写字	也许	一瞥	暴跌	别致	承接	爹爹	机械	接受	结束
介入	烈士	灭迹	切除	切勿	首届	些须	谢谢	业绩	优劣

别人	不解	盗窃	恶劣	接触	结合	解析	列举	猛烈	捏造
切身	日夜	系列	写字	也许	一瞥	暴跌	别致	承接	爹爹
机械	接受	结束	介入	烈士	灭迹	切除	切勿	首届	些须
谢谢	业绩	优劣	别介	补贴	大街	碟机	级别	节日	捷克
列车	猎人	磨灭	切入	惬意	铁心	协助	耶鲁	液体	罪孽

聆听训练音频

韵码"EA、XE"强化训练

啊唷	女儿	而今	而是	饵丝	二哥	二者	忽而	界别	然而
携带	哟别	哟灭	哟哟	儿女	而后	而且	耳朵	二二	二野
哼唷	节日	撇下	协和	叶耳	哟节	哟铁	哎哟	儿子	而灭
而已	二谛	二姐	反而	节目	聂耳	我哟	行哟	哟而	哟撇

哎哟	儿子	而灭	而已	二谛	二姐	反而	节目	聂耳	我哟
行哟	哟而	哟撇	啊唷	女儿	而今	而是	饵丝	二哥	二者
忽而	界别	然而	携带	哟别	哟灭	哟哟	儿女	而后	而且
耳朵	二二	二野	哼唷	节日	撇下	协和	叶耳	哟节	哟铁

儿女	而后	而且	耳朵	二二	二野	哼唷	节日	撇下	协和
叶耳	哟节	哟铁	哎哟	儿子	而灭	而已	二谛	二姐	反而
节目	聂耳	我哟	行哟	哟而	哟撇	啊唷	女儿	而今	而是
饵丝	二哥	二者	忽而	界别	然而	携带	哟别	哟灭	哟哟

二　短文训练

聆听训练音频

　　下面这段话共 201 个字。首先要求读准确，然后通过用亚伟码反复规范地听打、看打，要求能在 3 分 32 秒内打完（60 字/分钟），准确率达 98%以上。

　　党的十八大以来，以习近平同志为核心的党中央坚持把教育摆在优先发展的战略地位，对教育工作作出一系列重大决策部署，提出了一系列新理念新思想新观点，为高等教育发展提供了根本遵循和行动指南。2014 年，国务院印发《关于加快发展现代职业教育的决定》，首次提出"探索发展本科层次职业教育"；2021 年《关于推动现代职业教育高质量发展的意见》进一步明确提出"2025 年，职业本科教育招生规模不低于高等职业教育招生规模的 10%"的目标任务。

录入技巧

1. 单音词须特定的："的（X：D）、以（X：I）、和（X：XG）"。

2. 打全音码可以捆绑的："新理念、不低于"。

3. 须在重码提示行中进行选择的："印发（2）"。

"UN、UA"系列音节码词语强化训练

一 词语强化训练

韵码"UN"强化训练

聆听训练音频

保存	村子	独吞	囤积	滚翻	困乏	理论	论据	润肤	顺畅
孙子	吞食	臀部	温馨	一瞬	准予	尊严	春风	存在	吨位
恶棍	昏沉	困惑	利润	论述	润滑	顺心	损耗	吞吐	围困
文集	整顿	自尊	遵照	粗墩	单纯	敦促	滚蛋	亏损	困难
伦理	批准	润色	孙女	体温	屯子	温饱	新闻	准备	尊卑

春风	存在	吨位	恶棍	昏沉	困惑	利润	论述	润滑	顺心
损耗	吞吐	围困	文集	整顿	自尊	遵照	粗墩	单纯	敦促
滚蛋	亏损	困难	伦理	批准	润色	孙女	体温	屯子	温饱
新闻	准备	尊卑	保存	村子	独吞	囤积	滚翻	困乏	理论
论据	润肤	顺畅	孙子	吞食	臀部	温馨	一瞬	准予	尊严

粗墩	单纯	敦促	滚蛋	亏损	困难	伦理	批准	润色	孙女
体温	屯子	温饱	新闻	准备	尊卑	保存	村子	独吞	囤积
滚翻	困乏	理论	论据	润肤	顺畅	孙子	吞食	臀部	温馨
一瞬	准予	尊严	春风	存在	吨位	恶棍	昏沉	困惑	利润
论述	润滑	顺心	损耗	吞吐	围困	文集	整顿	自尊	遵照

韵码"UA"强化训练

聆听训练音频

八卦	低洼	寡妇	花朵	滑稽	话题	矜夸	跨境	傻瓜	刷刷
刷新	耍滑	挖抓	玩耍	悬挂	爪子	抓住	传递	瓜分	狠抓
华南	划分	记挂	垮台	女娲	手抓	刷洗	刷抓	挖苦	袜子
虚夸	爪哇	抓紧	笔画	浮夸	挂花	华丽	滑坡	计划	夸张
跨省	深化	刷挖	刷牙	说话	娃娃	瞎抓	印刷	抓好	

笔画	浮夸	挂花	华丽	滑坡	计划	夸张	跨省	深化	刷挖
刷牙	说话	娃娃	瞎抓	印刷	抓好	八卦	低洼	寡妇	花朵
滑稽	话题	矜夸	跨境	傻瓜	刷刷	刷新	耍滑	挖抓	玩耍
悬挂	爪子	抓住	传递	瓜分	狠抓	华南	划分	记挂	垮台
女娲	手抓	刷洗	刷抓	挖苦	袜子	虚夸	爪哇	抓紧	

传递	瓜分	狠抓	华南	划分	记挂	垮台	女娲	手抓	刷洗
刷抓	挖苦	袜子	虚夸	爪哇	抓紧	笔画	浮夸	挂花	华丽
滑坡	计划	夸张	跨省	深化	刷挖	刷牙	说话	娃娃	瞎抓
印刷	抓好	八卦	低洼	寡妇	花朵	滑稽	话题	矜夸	跨境
傻瓜	刷刷	刷新	耍滑	挖抓	玩耍	悬挂	爪子	抓住	

二 短文训练

下面这段话共 150 个字。首先要求读准确，然后通过用亚伟码反复规范地听打、看打，要求能在 2 分 18 秒内打完（65 字/分钟），准确率达 98%以上。

　　当前，全球新冠肺炎疫情仍在蔓延，世界经济复苏脆弱，气候变化挑战突出，我国经济社会发展各项任务极为繁重艰巨。党中央认为，从容应对百年变局和世纪疫情，推动经济社会平稳健康发展，必须着眼国家重大战略需要，稳住农业基本盘、做好"三农"工作，接续全面推进乡村振兴，确保农业稳产增产、农民稳步增收、农村稳定安宁。

录入技巧

1. 须联词消字定字的："冠"。

2. 单音词须特定的："和（X：XG）"。

3. 后置成分："世界、社会"。

4. 可以造词的："新冠肺炎"。

5. 须在重码提示行中进行选择的："疫情（2）、变局（2）、世纪（2）"。

"UIO、INE"系列音节码词语强化训练

一　词语强化训练

韵码"UIO"强化训练

聆听训练音频

八怪	财会	揣怪	乖乖	怪事	怀疑	会计	快点	快快	拉拽
率先	衰败	损坏	外怪	拽揣	八怪	财会	揣怪	乖乖	怪事
怀疑	会计	快点	快快	拉拽	率先	衰败	损坏	外怪	拽揣
八怪	财会	揣怪	乖乖	怪事	怀疑	会计	快点	快快	拉拽
率先	衰败	损坏	外怪	拽揣					

别拽	揣兜	揣摩	怪揣	海外	坏处	快揣	快活	快乐	率揣
破坏	摔坏	歪风	外国	拽坏	别拽	揣兜	揣摩	怪揣	海外
坏处	快揣	快活	快乐	率揣	破坏	摔坏	歪风	外国	拽坏
别拽	揣兜	揣摩	怪揣	海外	坏处	快揣	快活	快乐	率揣
破坏	摔坏	歪风	外国	拽坏					

不揣	揣度	挂帅	怪话	怀抱	坏人	快递	快捷	快速	率军
奇怪	摔跤	外办	外来	拽住	不揣	揣度	挂帅	怪话	怀抱
坏人	快递	快捷	快速	率军	奇怪	摔跤	外办	外来	拽住
不揣	揣度	挂帅	怪话	怀抱	坏人	快递	快捷	快速	率军
奇怪	摔跤	外办	外来	拽住					

聆听训练音频

韵码"INE"强化训练

安定	兵器	苍蝇	定时	反应	合并	领域	铭记	凝聚	平面
评价	清贫	适应	型号	姓名	英寸	安定	兵器	苍蝇	定时
反应	合并	领域	铭记	凝聚	平面	评价	清贫	适应	型号
姓名	英寸	安定	兵器	苍蝇	定时	反应	合并	领域	铭记
凝聚	平面	评价	清贫	适应	型号	姓名	英寸		

安宁	并且	处境	法令	反映	经常	令人	命令	平反	平民
评为	申请	停产	性别	应当	硬币	安宁	并且	处境	法令
反映	经常	令人	命令	平反	平民	评为	申请	停产	性别
应当	硬币	安宁	并且	处境	法令	反映	经常	令人	命令
平反	平民	评为	申请	停产	性别	应当	硬币		

弊病	病例	定案	法庭	好评	经过	名字	宁静	平静	平时
轻视	使命	形势	性情	应聘	振兴	弊病	病例	定案	法庭
好评	经过	名字	宁静	平静	平时	轻视	使命	形势	性情
应聘	振兴	弊病	病例	定案	法庭	好评	经过	名字	宁静
平静	平时	轻视	使命	形势	性情	应聘	振兴		

二　短文训练

下面这段话共 154 个字。首先要求读准确，然后通过用亚伟码反复规范地听打、看打，要求能在 3 分 21 秒内打完（70 字/分钟），准确率达 98%以上。

　　2022 年经济工作要稳字当头、稳中求进。对比 12 月 6 日召开的中央政治局会议，中央经济工作会议延续了稳字当头、稳中求进，做好"六稳""六保"等说法，同时，也细化了不少要求，包括：坚持以经济建设为中心是党的基本路线的要求，推动经济实现质的稳步提升和量的合理增长；调整政策和推动改革要把握好时度效，坚持先立后破、稳扎稳打。

录入技巧

1. 须联词消字定字的："稳（定）、保（护）、质（朴）、效（果）、立（德）"。

2. 单音词须特定的："字（W：DZ）、以（X：I）、量（W：XDINO）、时（W：XZ）"。

"IUE、IUN"系列音节码词语强化训练

一　词语强化训练

韵码"IUE、IUN"强化训练

聆听训练音频

暴虐	超群	杜绝	化学	精确	抉择	觉悟	冷却	略微	虐待
缺少	群起	退却	学科	询问	越南	暴虐	超群	杜绝	化学
精确	抉择	觉悟	冷却	略微	虐待	缺少	群起	退却	学科
询问	越南	暴虐	超群	杜绝	化学	精确	抉择	觉悟	冷却
略微	虐待	缺少	群起	退却	学科	询问	越南		

策略	的确	发觉	角逐	拒绝	觉察	绝非	掠夺	麻雀	虐俘
缺陷	入学	文学	学说	约束	允许	策略	的确	发觉	角逐
拒绝	觉察	绝非	掠夺	麻雀	虐俘	缺陷	入学	文学	学说
约束	允许	策略	的确	发觉	角逐	拒绝	觉察	绝非	掠夺
麻雀	虐俘	缺陷	入学	文学	学说	约束	允许		

查阅	敌军	感觉	解决	决心	觉得	军人	略去	疟疾	虐杀
确实	审讯	削弱	学子	阅读	知觉	查阅	敌军	感觉	解决
决心	觉得	军人	略去	疟疾	虐杀	确实	审讯	削弱	学子
阅读	知觉	查阅	敌军	感觉	解决	决心	觉得	军人	略去
疟疾	虐杀	确实	审讯	削弱	学子	阅读	知觉		

二 短文训练

下面这段话共231个字。首先要求读准确，然后通过用亚伟码反复规范地听打、看打，要求能在3分04秒内打完（75字/分钟），准确率达98%以上。

聆听训练音频

一年来，在以习近平同志为核心的党中央坚强领导下，全国人大常委会紧跟党中央重大决策部署，紧贴人民群众对美好生活的期盼，紧扣推进国家治理体系和治理能力现代化的需求，依法履职，担当尽责，主要做了以下工作：一是进一步完善宪法相关法，维护宪法的最高法律地位、权威和效力。修订香港基本法附件一和附件二，形成一套符合香港法律地位和实际情况的民主选举制度。纠正违宪违法行为，维护国家法治统一。二是围绕党和国家工作大局，加快立法修法步伐，为全面建设社会主义现代化国家提供法律保障。

录入技巧

1. 须联词消字定字的："紧（密）、贴（补）、履（行）、职（业）"。

2. 单音词须特定的："以（X：I）、和（X：XG）、做（W：DZO）"。

3. 须分开单击的："做了"。

4. 后置成分："制度"。

5. 须在重码提示行中进行选择的："期盼（3）、紧扣（3）、附件（2）、违宪（3）、法治（2）、修法（2）"。

"IAO、IAN"系列音节码词语强化训练

一 词语强化训练

韵码"IAO"强化训练

聆听训练音频

必要	成效	调离	高效	角度	接待	料理	缥缈	奇妙	窍门
扫描	挑衅	下调	协调	要好	元宵	资料	材料	调查	发表
技巧	缴枪	疗效	鸟类	票价	敲诈	撒娇	失调	外表	消费
药品	益鸟	支票	表明	雕塑	夺标	候鸟	缴纳	开窍	藐视
飘舞	悄然	扔掉	上交	条例	消防	邀请	疫苗	照耀	

表明	雕塑	夺标	候鸟	缴纳	开窍	藐视	飘舞	悄然	扔掉
上交	条例	消防	邀请	疫苗	照耀	必要	成效	调离	高效
角度	接待	料理	缥缈	奇妙	窍门	扫描	挑衅	下调	协调
要好	元宵	资料	材料	调查	发表	技巧	缴枪	疗效	鸟类
票价	敲诈	撒娇	失调	外表	消费	药品	益鸟	支票	

材料	调查	发表	技巧	缴枪	疗效	鸟类	票价	敲诈	撒娇
失调	外表	消费	药品	益鸟	支票	表明	雕塑	夺标	候鸟
缴纳	开窍	藐视	飘舞	悄然	扔掉	上交	条例	消防	邀请
疫苗	照耀	必要	成效	调离	高效	角度	接待	料理	缥缈
奇妙	窍门	扫描	挑衅	下调	协调	要好	元宵	资料	

韵码"IAN"强化训练

保险	抽烟	典范	奠定	拐骗	简练	连忙	年代	旁边	片面
潜力	顺便	天气	显现	陷阱	演变	左边	编制	道歉	电影
概念	减肥	科研	勉励	年轻	偏移	牵连	少年	天籁	闲暇
陷阱	严惩	战前	避免	大连	电信	封面	航天	鉴别	怜悯
年画	偏爱	欺骗	缺点	思念	添加	现代	延长	增添	

避免	大连	电信	封面	航天	鉴别	怜悯	年画	偏爱	欺骗
缺点	思念	添加	现代	延长	增添	保险	抽烟	典范	奠定
拐骗	简练	连忙	年代	旁边	片面	潜力	顺便	天气	显现
陷阱	演变	左边	编制	道歉	电影	概念	减肥	科研	勉励
年轻	偏移	牵连	少年	天籁	闲暇	陷阱	严惩	战前	

编制	道歉	电影	概念	减肥	科研	勉励	年轻	偏移	牵连
少年	天籁	闲暇	陷阱	严惩	战前	避免	大连	电信	封面
航天	鉴别	怜悯	年画	偏爱	欺骗	缺点	思念	添加	现代
延长	增添	保险	抽烟	典范	奠定	拐骗	简练	连忙	年代
旁边	片面	潜力	顺便	天气	显现	陷阱	演变	左边	

二　短文训练

下面这段话共 276 个字。首先要求读准确，然后通过用亚伟码反复规范地听打、看打，要求能在 3 分 27 秒内打完（80 字/分钟），准确率达 98%以上。

　　社会由人构成。对于个人而言，硬实力相近于人的生存能力，而软实力则近似于人的心理承受能力及生物学能力的综合。个人的健康与否、长相优劣、家庭经济背景等是他的硬实力，而思想状况、思考能力、知识面的广与深、语言的组织与表达能力等则是他软实力的体现。近年来，不同群体的软实力成为学界研究的重点。个体是群体的组成要素，个体软实力的研究对于整个群体素质的探讨有着至关重要的作用。在我国，农民是一个特殊的群体。传统的农民不仅仅是一种职业，更是一种身份的象征。中国社会快速发展的进程中，农民是变迁最为缓慢的一个群体。从农民的身上，我们甚至可以看到整个中国传统的乡土本色。

录入技巧

1. 须联词消字定字的："硬（件）"。

2. 单音词须特定的："由（W：IEO）、于（X：IU）、及（X：GI）、广（W：GUNO）、与（W：IU）"。

3. 须分开单击的："人的"。

4. 打全音码可以捆绑的："近年来、近似于"。

5. 后置成分："社会"。

6. 须在重码提示行中进行选择的："实力（2）"。

"UEO、IUEO" 系列音节码词语强化训练

一 词语强化训练

韵码"UEO"强化训练

聆听训练音频

罢工	冲击	动力	防洪	富翁	公开	轰动	隆冬	农民	热衷
失踪	松散	瞳孔	瓮声	指控	重视	罢工	冲击	动力	防洪
富翁	公开	轰动	隆冬	农民	热衷	失踪	松散	瞳孔	瓮声
指控	重视	罢工	冲击	动力	防洪	富翁	公开	轰动	隆冬
农民	热衷	失踪	松散	瞳孔	瓮声	指控	重视		

办公	匆忙	洞穴	放松	各种	公司	汇总	能动	浓缩	绒毛
时空	通融	推崇	兴隆	重点	总之	办公	匆忙	洞穴	放松
各种	公司	汇总	能动	浓缩	绒毛	时空	通融	推崇	兴隆
重点	总之	办公	匆忙	洞穴	放松	各种	公司	汇总	能动
浓缩	绒毛	时空	通融	推崇	兴隆	重点	总之		

补充	冬季	繁荣	服从	工农	股东	空间	农场	乾隆	荣幸
松弛	同时	嗡嗡	赞同	重返	纵横	补充	冬季	繁荣	服从
工农	股东	空间	农场	乾隆	荣幸	松弛	同时	嗡嗡	赞同
重返	纵横	补充	冬季	繁荣	服从	工农	股东	空间	农场
乾隆	荣幸	松弛	同时	嗡嗡	赞同	重返	纵横		

聆听训练音频

韵码"IUEO"强化训练

常用	功用	借用	炯炯	滥用	穷苦	受窘	心胸	凶猛	匈奴
胸口	沿用	拥挤	慵懒	勇士	用户	运用	费用	狗熊	金庸
窘迫	贫穷	穷人	通用	信用	凶手	汹涌	雄厚	英雄	庸庸
永恒	涌入	用来	作用	服用	护用	迥乎	哭穷	平庸	使用
无穷	凶犯	兄弟	胸怀	熊熊	拥抱	雍正	勇敢	用法	用品

费用	狗熊	金庸	窘迫	贫穷	穷人	通用	信用	凶手	汹涌
雄厚	英雄	庸庸	永恒	涌入	用来	作用	服用	护用	迥乎
哭穷	平庸	使用	无穷	凶犯	兄弟	胸怀	熊熊	拥抱	雍正
勇敢	用法	用品	常用	功用	借用	炯炯	滥用	穷苦	受窘
心胸	凶猛	匈奴	胸口	沿用	拥挤	慵懒	勇士	用户	运用

服用	护用	迥乎	哭穷	平庸	使用	无穷	凶犯	兄弟	胸怀
熊熊	拥抱	雍正	勇敢	用法	用品	常用	功用	借用	炯炯
滥用	穷苦	受窘	心胸	凶猛	匈奴	胸口	沿用	拥挤	慵懒
勇士	用户	运用	费用	狗熊	金庸	窘迫	贫穷	穷人	通用
信用	凶手	汹涌	雄厚	英雄	庸庸	永恒	涌入	用来	作用

二 短文训练

聆听训练音频

下面这段话共 186 个字。首先要求读准确，然后通过用亚伟码反复规范地听打、看打，要求能在 2 分 11 秒内打完（85 字/分钟），准确率达 98%以上。

深入领会"两个确立"的决定性意义，增强"四个意识"、坚定"四个自信"、做到"两个维护"，坚定不移走中国特色社会主义法治道路，紧紧围绕"努力让人民群众在每一个司法案件中感受到公平正义"目标，坚持服务大局、司法为民、公正司法，忠实履行宪法法律赋予的职责，各项工作取得新进展。通过发挥审判职能作用，推动建设更高水平的平安中国、法治中国，为实现"十四五"良好开局提供有力司法服务。

录入技巧

1. 须联词消字定字的："坚定（信）、有力（气）"。

2. 单音词须特定的："的（X：D）"。

3. 打全音码可以捆绑的："法律赋予"。

4. 须在重码提示行中进行选择的："意识（2）、法治（2）、忠实（2）"。

"IEO、INO" 系列音节码词语强化训练

一 词语强化训练

韵码 "IEO" 强化训练

聆听训练音频

别扭	大谬	腐朽	究竟	具有	留恋	没丢	奶牛	纽约	亲友
球队	停留	休息	许久	友爱	有时	装修	成就	丢弃	纠正
救助	理由	流泪	谬误	纽带	啤酒	求婚	死囚	维修	羞愧
游戏	有趣	中流	不久	导游	富有	救济	可丢	流弊	谬论
牛肉	女友	囚犯	石油	网球	休闲	眼球	有点	诱惑	

不久	导游	富有	救济	可丢	流弊	谬论	牛肉	女友	囚犯
石油	网球	休闲	眼球	有点	诱惑	别扭	大谬	腐朽	究竟
具有	留恋	没丢	奶牛	纽约	亲友	球队	停留	休息	许久
友爱	有时	装修	成就	丢弃	纠正	救助	理由	流泪	谬误
纽带	啤酒	求婚	死囚	维修	羞愧	游戏	有趣	中流	

成就	丢弃	纠正	救助	理由	流泪	谬误	纽带	啤酒	求婚
死囚	维修	羞愧	游戏	有趣	中流	不久	导游	富有	救济
可丢	流弊	谬论	牛肉	女友	囚犯	石油	网球	休闲	眼球
有点	诱惑	别扭	大谬	腐朽	究竟	具有	留恋	没丢	奶牛
纽约	亲友	球队	停留	休息	许久	友爱	有时	装修	

韵码"INO"强化训练

聆听训练音频

冰箱	车辆	姑娘	即将	教养	良知	两极	亮相	酿酒	强项
相距	湘江	销量	阳江	氧气	赞扬	中央	猜想	发扬	弘扬
江南	口腔	两岸	两江	娘娘	酿蜜	抢购	相信	想象	新疆
洋相	样品	长江	专项	产量	富强	红娘	奖惩	理想	两边
两样	娘子	酿造	西洋	香味	项目	新娘	养育	样子	照样

猜想	发扬	弘扬	江南	口腔	两岸	两江	娘娘	酿蜜	抢购
相信	想象	新疆	洋相	样品	长江	专项	产量	富强	红娘
奖惩	理想	两边	两样	娘子	酿造	西洋	香味	项目	新娘
养育	样子	照样	冰箱	车辆	姑娘	即将	教养	良知	两极
亮相	酿酒	强项	相距	湘江	销量	阳江	氧气	赞扬	中央

产量	富强	红娘	奖惩	理想	两边	两样	娘子	酿造	西洋
香味	项目	新娘	养育	样子	照样	冰箱	车辆	姑娘	即将
教养	良知	两极	亮相	酿酒	强项	相距	湘江	销量	阳江
氧气	赞扬	中央	猜想	发扬	弘扬	江南	口腔	两岸	两江
娘娘	酿蜜	抢购	相信	想象	新疆	洋相	样品	长江	专项

二 短文训练

聆听训练音频

下面这段话共233个字。首先要求读准确，然后通过用亚伟码反复规范地听打、看打，要求能在2分35秒内打完（90字/分钟），准确率达98%以上。

长期以来，房地产同金融的交织日益密切复杂。资金过多进入房地产领域，导致房地产企业持续加高杠杆提高负债，风险不断加剧，大型房企出现债务危机和经营困难引发高度关注。金融主管部门负责人也曾多次发声提示警惕房地产领域金融风险。当前进行房地产金融调控，正是推动金融、房地产同实体经济协调发展的突出体现。以针对房地产企业的"三线四档"融资管理规则和针对银行的房地产贷款集中度管理为代表的调控效果正在显现。当资金不再过度集中于房地产领域，将更多流向实体经济，强化资金对创新的引领。

录入技巧

1. 须联词消字定字的："房（子）、企（业）、实体（镜）、档（次）"。

2. 单音词须特定的："和（X：XG）、曾（W：BDZNE）、以（X：I）、于（X：IU）"。

3. 打全音码可以捆绑的："集中于"。

4. 后置成分："企业"。

5. 须在重码提示行中进行选择的："危机（1）、发声（2）、警惕（2）、不再（2）、过度（2）"。

"UNO、UAN"系列音节码词语强化训练

一 词语强化训练

韵码"UNO"强化训练

聆听训练音频

安装	创伤	灯光	光临	光绪	荒山	晃晃	狂热	凉爽	伤亡
爽直	推广	旺盛	阳光	有望	症状	装潢	悲壮	创新	风光
光明	广东	荒唐	开创	狂妄	流亡	声望	说谎	网球	现状
摇晃	愿望	庄子	组装	闯荡	创意	疯狂	光荣	豪爽	皇帝
渴望	框架	煤矿	首创	探望	忘记	形状	遗孀	月光	装备

悲壮	创新	风光	光明	广东	荒唐	开创	狂妄	流亡	声望
说谎	网球	现状	摇晃	愿望	庄子	组装	闯荡	创意	疯狂
光荣	豪爽	皇帝	渴望	框架	煤矿	首创	探望	忘记	形状
遗孀	月光	装备	安装	创伤	灯光	光临	光绪	荒山	晃晃
狂热	凉爽	伤亡	爽直	推广	旺盛	阳光	有望	症状	装潢

闯荡	创意	疯狂	光荣	豪爽	皇帝	渴望	框架	煤矿	首创
探望	忘记	形状	遗孀	月光	装备	安装	创伤	灯光	光临
光绪	荒山	晃晃	狂热	凉爽	伤亡	爽直	推广	旺盛	阳光
有望	症状	装潢	悲壮	创新	风光	光明	广东	荒唐	开创
狂妄	流亡	声望	说谎	网球	现状	摇晃	愿望	庄子	组装

韵码"UAN"强化训练

聆听训练音频

暴乱	传达	贷款	饭碗	关键	缓慢	集团	乱离	暖流	软缎
手段	算计	团委	温暖	长宽	专家	组团	奔窜	篡改	短暂
放宽	贯穿	皇冠	款待	乱套	暖暖	软和	刷洗	逃窜	万恶
盐酸	周转	专权	钻探	编篡	打算	断送	飞船	欢腾	机关
联欢	螺栓	全权	商船	松软	铁腕	万贯	长短	专断	转弯

奔窜	篡改	短暂	放宽	贯穿	皇冠	款待	乱套	暖暖	软和
刷洗	逃窜	万恶	盐酸	周转	专权	钻探	编篡	打算	断送
飞船	欢腾	机关	联欢	螺栓	全权	商船	松软	铁腕	万贯
长短	专断	转弯	暴乱	传达	贷款	饭碗	关键	缓慢	集团
乱离	暖流	软缎	手段	算计	团委	温暖	长宽	专家	组团

编篡	打算	断送	飞船	欢腾	机关	联欢	螺栓	全权	商船
松软	铁腕	万贯	长短	专断	转弯	暴乱	传达	贷款	饭碗
关键	缓慢	集团	乱离	暖流	软缎	手段	算计	团委	温暖
长宽	专家	组团	奔窜	篡改	短暂	放宽	贯穿	皇冠	款待
乱套	暖暖	软和	刷洗	逃窜	万恶	盐酸	周转	专权	钻探

二 短文训练

聆听训练音频

　　下面这段话共 239 个字。首先要求读准确，然后通过用亚伟码反复规范地听打、看打，要求能在 2 分 34 秒内打完（95 字/分钟），准确率达 98%以上。

　　2021 年是"十四五"规划和全面建设社会主义现代化国家新征程开局之年。在以习近平同志为核心的党中央坚强领导下，各地区各部门坚持稳中求进工作总基调，立足新发展阶段，贯彻新发展理念，构建新发展格局，巩固拓展疫情防控和经济社会发展成果，我国经济恢复取得明显成效，推动高质量发展取得新进展，构建新发展格局迈出新步伐，经济发展的强大韧性和旺盛活力持续彰显。经济增长国际领先。积极的财政政策效能提升，稳健的货币政策灵活精准，就业优先政策不断强化，国内生产总值较快增长。前三季度，我国经济增速为 9.8%。

录入技巧

1. 须联词消字定字的:"优先(级)"。

2. 单音词须特定的:"和(X：XG)、以(X：I)、各(X：G)"。

3. 须分开单击的:"之年"。

4. 须在重码提示行中进行选择的:"理念(2)、格局(4)、疫情(2)、防控(3)、迈出(2)、韧性(2)、彰显(2)、稳健(3)、优先(2)、较快(2)"。

"IUAN" 系列音节码词语强化训练

一 词语强化训练

韵码"IUAN"强化训练

聆听训练音频

霸权	港元	节选	涓涓	缱绻	全然	泉眼	挑选	宣布	喧嚣
旋转	选民	亿元	元素	圆满	远远	支援	草原	画绢	捐献
凯旋	全力	全选	深远	校园	宣言	悬殊	选录	厌倦	元帅
原谅	源泉	政权	保全	高原	捐款	眷恋	权责	全县	日元
团员	宣告	悬念	选购	炫耀	元年	原来	圆形	怨愤	

保全	高原	捐款	眷恋	权责	全县	日元	团员	宣告	悬念
选购	炫耀	元年	原来	圆形	怨愤	霸权	港元	节选	涓涓
缱绻	全然	泉眼	挑选	宣布	喧嚣	旋转	选民	亿元	元素
圆满	远远	支援	草原	画绢	捐献	凯旋	全力	全选	深远
校园	宣言	悬殊	选录	厌倦	元帅	原谅	源泉	政权	

草原	画绢	捐献	凯旋	全力	全选	深远	校园	宣言	悬殊
选录	厌倦	元帅	原谅	源泉	政权	保全	高原	捐款	眷恋
权责	全县	日元	团员	宣告	悬念	选购	炫耀	元年	原来
圆形	怨愤	霸权	港元	节选	涓涓	缱绻	全然	泉眼	挑选
宣布	喧嚣	旋转	选民	亿元	元素	圆满	远远	支援	

二 短文训练

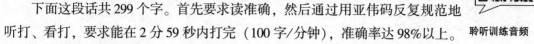

聆听训练音频

下面这段话共 299 个字。首先要求读准确，然后通过用亚伟码反复规范地听打、看打，要求能在 2 分 59 秒内打完（100 字/分钟），准确率达 98% 以上。

当前，国际形势继续发生深刻复杂变化，百年变局和世纪疫情相互交织，经济全球化遭遇逆流，大国博弈日趋激烈，世界进入新的动荡变革期，国内改革发展稳定任务艰巨繁重。越是环境复杂，越要保持清醒头脑和战略定力，善于用全面、辩证、长远的眼光看待我国发展。党的十八大以来，在以习近平同志为核心的党中央坚强领导下，以保障和改善民生为重点加强社会建设，一件事情接着一件事情办，一年接着一年干，人民获得感、幸福感、安全感显著增强，社会治理水平不断提升，续写了社会长期稳定的奇迹。我国经济实力、科技实力、国防实力、综合国力显著增强，经济体量大、回旋余地广，又有超大规模市场，长期向好的基本面不会改变，具有强大的韧性和活力。

录入技巧

1. 须联词消字定字的："清醒（地）、力（气）、感（觉）、续（聘）"。

2. 单音词须特定的："和（X：XG）、期（W：XGI）、以（X：I）、办（W：BNA）、广（W：GUNO）、又（XW：IEO）"。

3. 须分开单击的："向好"。

4. 打全音码可以捆绑的："全球化、幸福感"。

5. 须在重码提示行中进行选择的："变局（2）、世纪（2）、疫情（2）、实力（2）、体量（2）、韧性（2）"。

提高训练

　　提高训练的作用是集中提供一批速度训练范文，按照初级、中级、高级的顺序编排。本部分共提供 36 篇不同阶段、不同方式、不同用途的速度训练范文。本部分训练范文均配有相应的音频文件。

熟文章范文及读打训练

熟文章范文

要求：将文章中的特定码、略码以及其他技巧都挑选出来，做标记或做记录。在此基础上，要认真熟悉、做到心中有数。按照"一次上屏准确"的原则，反复自由看打。

培养学生成为全面建设社会主义现代化强国的筑梦者。梦想要在一代又一代人的接续奋斗、真干实干中实现，新时代也对青年能力素质提出了新的更高要求。要帮助学生树立"不学习、无以立"的意识，帮助他们学习掌握马克思主义立场观点方法，奠定扎实的专业理论基础，让学生在校园学到真学问、掌握真本领。同时也要培养学生博学广览的习惯，注重培养学生的人文素养和科学精神，拓宽学生的人生格局和视野眼界，提升学生洞察社会、驾驭全局、躬身实践的能力，帮助学生练就一身"钢筋铁骨"，在全面建设社会主义现代化强国新征程中接稳接好历史的接力棒。

录入技巧

1. 须联词消字定字的："筑（物）、梦（想）、立（德）、览（器）、躬（亲）、稳（定）"。

2. 单音词须特定的："者（W：ZE）、代（W：DIO）、又（XW：IEO）、无（X：U）、以（X：I）、的（X：D）、广（W：GUNO）"。

3. 须双手并击的："要在、也对、新的"。

4. 须分开单击的："真干"。

5. 打全音码可以捆绑的："一代人"。

6. 后置成分："主义、科学、社会"。

7. 须在重码提示行中进行选择的："博学（2）、视野（4）"。

8. 可以造词的："博学广览"。

素养训练

白云回望合，青霭入看无。

注释：

回望：四周眺望。合：布满。青霭：青青的云雾。入：走进。

翻译：

这两句写登上高峰四望，白云缭绕，青烟弥漫，及至走进，又看不到了。

出处：

唐·王维《终南山》。

词语辨析

接续

接着前面的；继续：请您~讲下去。

驾驭

同"驾御"。

驾御

①驱使车马行进：这匹马不好~。

②使服从自己的意志而行动：~自然。‖也作驾驭。

读打训练

要求： 把下面这篇范文读打准确、熟练。

聆听训练音频

　　高度重视历史特别是自身历史的学习，善于从历史经验中汲取不断前进的智慧和力量，是我们党的优良传统和政治优势。我们党自成立以来，在特殊时期和关键节点，多次组织大规模的党史学习教育，对应对各种风险挑战、加强党的自身建设、巩固党的领导地位发挥了不可替代的重要作用。回顾我们党开展党史学习教育的历史进程，总结主要做法和宝贵经验，对于新时代深入开展党史学习教育，具有重要启示意义。

　　党的十八大以来，我们党先后在党内开展了5次集中主题教育，即党的群众路线教育实践活动、"三严三实"专题教育、"两学一做"学习教育、"不忘初心、牢记使命"主题教育和党史学习教育。在前4次党内集中主题教育中，党史学习教育都贯穿始终。《中共中央关于在全党深入开展党的群众路线教育实践活动的意见》明确指出："学习党的光辉历史和优良传统。""要加强对历史的学习，特别是对中国古代史、中国近现代史、中国共产党党史的学习，历史是一面镜子，从历史中得到启迪、得到定力。"中央办公厅《关于在全体党员中开展"学党章党规、学系列讲话，做合格党员"学习教育方案》明确要求："学习党的历史，学习革命先辈和先进典型。"中央"不忘初心、牢记使命"主题教育领导小组《关于在"不忘初心、牢记使命"主题教育中认真学习党史、新中国史的通知》明确要求："各地区各部门各单位把学习党史、新中国史作为主题教育重要内容，不断增强守初心、担使命的思想和行动自觉。"

录入技巧

1. 须联词消字定字的："严（格）、实（心）、初（级）、心（理）、史（册）、力（气）、守（护）、担（心）"。

2. 单音词须特定的："和（X：XG）、党（W：DNO）、自（X：DZ）、的（X：D）、次（W：BDZ）、即（XW：GI）、中（X：ZUEO）、做（W：DZO）、各（X：G）"。

3. 须双手并击的："两学"。

4. 须分开单击的："一做"。

5. 打全音码可以捆绑的："近现代史"。

6. 须在重码提示行中进行选择的："智慧（2）、优势（2）、节点（2）、党史（2）、启示（4）、党规（2）"。

素养训练

一雁下投天尽处，万山浮动雨来初。

注释：

上句写暴雨来临，大雁疾风避雨；下句写暴雨来势迅猛，万山似在风雨中浮动。

出处：

清·查慎行《登宝婺楼》。

词语辨析

汲取

吸取：~经验｜~营养。

吸取

①把液体或气体等吸进来：吸取清泉｜以竹筒吸取池水｜吸取新鲜空气。

②吸收采取：从中吸取经验教训｜从好书中吸取知识。

节点

电路中连接三个或三个以上支路的点。

结点

直线或曲线的终点或交点。

宝贵

①极有价值；非常难得；珍贵：~的生命｜时间极为~｜这是一些十分~的出土文物。

②当作珍宝看待；重视：这是极可~的经验。

读打训练及综合训练

读打训练

聆听训练音频

要求：把下面这篇范文读打准确、熟练。

　　公共法律服务是政府公共职能的重要组成部分，是保障和改善民生的重要举措。我们要深入理解加快推进公共法律服务体系建设的重大意义，聚焦公共法律服务体系建设中不适应新时代要求的共性问题、关键问题，在解决问题的过程中不断提升公共法律服务体系建设水平。

　　随着我国公共法律服务体系建设稳步推进，各地为提升公共法律服务水平进行了大量实践探索。服务平台逐年增加，服务范围不断拓展，服务内容日益丰富，服务队伍不断壮大，人民群众在化解矛盾纠纷、维护自身权益等方面的公共法律服务需求得到更好满足。当前，人民群众的美好生活需要日益增长，对公共法律服务的需求也不断增长，对服务质量的要求不断提高。同时，公共法律服务分布不均衡、利用不充分的问题也比较突出。这就要求加快整合律师、公证、调解、仲裁、法律援助、司法鉴定等公共法律服务资源，推动完善相关体制机制，促进公共法律服务资源集约式开发利用、协同增效，提高公共法律服务资源的使用效率，为人民群众提供更为及时有效的法律帮助。

　　着力打通信息孤岛。随着经济社会发展，我国公共法律服务的范围不断拓展。公共法律服务除了满足人民群众的需要，在经济社会发展中也大有可为，如促进党政机关依法全面履行职能、推动司法公正和社会公平正义、保障国家重大经贸活动等。新一代信息技术的迅猛发展，为多元化、专业化的公共法律服务蓬勃发展插上了科技的翅膀。近年来，我国公共法律服务信息化建设加速推进，网站、APP、微信公众号、智能机器人、自助法律服务终端机等公共法律服务信息化应用不断涌现，更好满足了个性化、多样化的服务需求。同时也应看到，在信息化条件下，我国公共法律服务资源仍相对分散，需要有关方面加强协同配合，统一技术标准，运用多种手段打通信息孤岛，让公共法律服务资源得到充分利用，促进不同公共法律服务有效互动、形成合力，提升服务效能。

录入技巧

1. 须联词消字定字的："公证（员）、（形）式、打通（了）、微（波）、信（息）、智能（化）、自助（行）、互动（性）"。

2. 单音词须特定的："的（X：D）"。

3. 须双手并击的："这就、更为"。

4. 须分开单击的："也应"。

5. 打全音码可以捆绑的："大有可为、新一代、多元化、专业化、插上了、终端机、个性化、多样化"。

6. 后置成分："矛盾、活动"。

7. 须在重码提示行中进行选择的："共性（2）、调解（2）、合力（2）"。

8. 可以造词的："公众号"。

▶ 素养训练

气变悟时易，不眠知夕永。

注释：

时：时节。易：变化。夕：夜。永：长。

翻译：

气候变化了，因此领悟到季节也变了，睡不着觉，才了解到夜是如此之长。

出处：

晋·陶渊明《杂诗十二首·其二》。

▶ 词语辨析

聚焦

使光或电子束等聚集于一点：~成像。

拓展

开拓扩展。

扩展

向外伸展；扩大：~马路 ｜ 五年内全省林地将~到一千万亩。

综合训练

聆听训练音频

要求：下面这篇短文共 640 个字。首先要求读准确，然后综合运用各种录入技巧，用亚伟码反复看打录入，要求准确、熟练。

科学技术是第一生产力

放眼古今中外，人类社会的每一项进步，都伴随着科学技术的进步。尤其是现代科技的突飞猛进，为社会生产力发展和人类的文明开辟了更为广阔的空间，有力地推动了经济和社会的发展。中国的计算机、通讯、生物医药、新材料等高科技企业的迅速增长，极大地提高了中国的产业技术水平，促进了工业、农业劳动生产率大幅度提高，有力地带动了整个国民经济的发展。实践证明，高新技术及其产业已经成为当代经济发展的龙头产业。

科学技术是人类文明的标志。科学技术的进步和普及，为人类提供了广播、电视、电影、录像、网络等传播思想文化的新手段，使精神文明建设有了新的载体。同时，它对于丰富人们的精神生活，更新人们的思想观念，破除迷信等具有重要意义。

科学技术的进步已经为人类创造了巨大的物质财富和精神财富。随着知识经济时代的到来，科学技术永无止境的发展及其无限的创造力，必定还会继续为人类文明作出更加巨大的贡献。随着现代科学技术知识体系的不断庞大，作为科学技术变化、发展最高理论概括的科学技术哲学（自然辩证法）对现代科学技术的能动的反作用日益凸显，现代科学技术日益社会化、体系化和复杂化都使得科学技术必须纳入到哲学的视域中考察，哲学也就自然对科学研究和工程技术实践具有普遍的指导作用，以往的那种把哲学排斥到科学技术之外的观点应该得到更正。

以信息技术为中心的当代科技革命在全球蓬勃兴起，标志着人类从工业社会向信息社会的历史性跨越。信息技术包括微电子技术、光电子技术、计算机技术、通信技术、成像技术、显示技术等。

录入技巧

1. 须联词消字定字的："放眼（世）、它（的）、力（气）、视（察）、域（外）、显示（了）"。

2. 单音词须特定的："了（X：XD）、使（X：XZ）、化（X：XG）、以（X：I）"。

3. 须双手并击的："更为、也就"。

4. 打全音码可以捆绑的："每一项"。

5. 后置成分："社会、科学"。

6. 须在重码提示行中进行选择的："凸显（2）、兴起（2）、成像（3）"。

❯ 素养训练

荆溪白石出，天寒红叶稀。

注释：

荆溪：即长水，又称浐水，源出陕西蓝田县西南秦岭山中，西北流，经长安区东北入灞水。

红叶：枫树、黄栌、槭树等的叶子秋天变成红色，统称"红叶"。

翻译：

荆溪水流量一天比一天少，河床上露出了白色的石头，天气慢慢地变凉了，枝头的红叶渐渐稀少。

出处：

唐·王维《山中》。

❯ 词语辨析

作为

①行为；所作所为：他的这种作为危害了集体的荣誉。②建树；成就：在事业上无所作为。③可以做的事：大有作为。④当做；做为：作为一名演员｜作为会议室。

做

①进行工作或活动：做活。做事。做工。做手脚（暗中进行安排）。②写文：做诗。做文章。制造：做衣服。③当，为：做人。做媒。做伴。做主。做客。看做。④装，扮：做作。做功。做派。⑤举行，举办：做寿。做礼拜。⑥用为：芦苇可以做造纸原料。⑦结成（关系）：做亲。做朋友。

必须

①表示事理上和情理上的必要；一定要：学习~刻苦钻研。②加强命令语气：明天你~来。｜"必须"的否定是"无须"、"不须"或"不必"。

必需

一定要有的；不可少的：日用~品｜煤铁等是发展工业所~的原料。

初级速度训练1

听打训练

聆听训练音频

要求：下面这篇短文共597个字。首先要求读准确，然后通过用亚伟码反复规范地听打，要求至少在5分43秒内听打完（105字/分钟），准确率达98%以上。

朝着"实践的思考者""思考的实践者"努力。教育的本质在于改造人、塑造人、引领人，既要有内容形式的新与活，更离不开认识观念的破与立，只有做到学思践悟、知行合一，教育质效才能在循环往复中螺旋上升。主动革新教育理念。一方面要始终用科学理论统一认识，培育对真、善、美的欣赏与认同；另一方面要不断回应时代需要，钻进去研究、跳出来思考、循规律践行，让有意义的事情变得有意思，努力把教育搞得既有颜值又有内涵、既有嚼劲又有意境。树立鲜明为战导向。抓教育如果只是盯着"保安全""不出事"，就丧失了服务中心、保证中心的根本职能。要紧紧围绕对备战打仗的贡献率抓教育、统思想，切实把战斗力标准立起来落下去，把正"教"的方向、"育"的目标，找准战斗精神培育的着力点、专攻战斗本领锤炼的增长点、打通战斗作风养成的梗阻点，以战争的需要、战士的担当、战斗的姿态讲好大道理，让教育释放出向战而行、为战而教、为战育人的功效。积极赋能教育实践。用管理赋能，不能一味强调教育的吸引力，更要作为硬性任务和政治训练，不仅依靠思想的自觉，更要抓好规范和约束；靠沉淀赋能，教育的过程是慢工出细活的过程，也是与活思想赛跑的过程，要不急躁、不拖拉、不推诿、不放弃，下足滴水穿石之功；从细节赋能，用小故事串起大道理，让教育与官兵离得近些再近些、联得紧些再紧些、显得亲些再亲些，力求每次教育都能给官兵思想留下痕迹、打上烙印、有所启迪。

录入技巧

1. 须联词消字定字的："既（然）、活（力）、立（德）、思（想）、践（踏）、悟

（空）、质（量）、效（果）、善（意）、美（丽）、跳（舞）、循（环）、行（为）、颜（色）、值（得）、嚼（蜡）、劲（舞）、战（役）、保（护）、统（一）、教（育）、育（人）、打通（了）、行（为）、赋（税）、味（道）、足（球）、功（德）、串（门）、起（来）、离（开）、联（系）、紧（张）、些（须）"。

2. 单音词须特定的："的（X：D）、者（W：ZE）、在（X：DZIO）、又（XW：IEO）、以（X：I）、讲（W：GINO）、得（X：D）、再（W：DZIO）、打（W：DA）"。

3. 须双手并击的："更要、也是（XZI）"。

4. 须分开单击的："新与、把正"。

5. 打全音码可以捆绑的："离不开、滴水穿石"。

6. 后置成分："科学"。

7. 须在重码提示行中进行选择的："认同（2）、功效（3）、急躁（2）、推诿（2）"。

素养训练

只恐夜深花睡去，故烧高烛照红妆。

注释：

高烛：插在高大烛台上的蜡烛。

红妆：年轻妇女的装饰，此处借指海棠花。

翻译：

害怕在这深夜时分，花儿就会睡去，因此燃着高高的蜡烛，不肯错过欣赏这海棠花盛开的时机。

出处：

宋·苏轼《海棠》。

词语辨析

内涵

①内在的涵养：他是个内涵很深厚的人，绝不会恃才傲物的。

②逻辑上指概念中所反映的事物的特有属性。例如"生物"这一概念的内涵就是自然界中有生命的物体。事物的特有属性是客观存在的，它本身并不是内涵；只有当它反映到概念之中成为思想内容时，才是内涵。

内含

①内心所具有的；内部包含的。

②内容。

③犹含蓄。

推诿

推卸责任；推辞。

看打训练

聆听训练音频

要求： 下面这篇短文共 585 个字。首先要求读准确，然后通过用亚伟码反复规范地看打，要求至少在 5 分 27 秒内看打完（110 字/分钟），准确率达 98% 以上。

推动共同富裕背景下的房地产行业，将更加平稳健康发展。房地产政策将重点在防风险、保刚需、重保障、调分配等方面持续发力。

房地产行业因其体量大、产业链长，在我国经济发展中的作用举足轻重。住房问题是重要的民生问题和发展问题。在推动共同富裕的政策背景下观察房地产市场，有助于我们看清房地产行业的未来发展趋势。扎实推动共同富裕，将提高发展的平衡性、协调性、包容性。要强化行业发展的协调性，加快垄断行业改革，推动金融、房地产同实体经济协调发展。长期以来，房地产同金融的交织日益密切复杂。资金过多进入房地产领域，导致房地产企业持续加高杠杆提高负债，风险不断加剧，大型房企出现债务危机和经营困难引发高度关注。金融主管部门负责人也曾多次发声提示警惕房地产领域金融风险。当前进行房地产金融调控，正是推动金融、房地产同实体经济协调发展的突出体现。以针对房地产企业的"三线四档"融资管理规则和针对银行的房地产贷款集中度管理为代表的调控效果正在显现。当资金不再过度集中于房地产领域，将更多流向实体经济，强化资金对创新的引领。可以预计，推动金融、房地产同实体经济协调发展，将使房地产行业逐步回归理性，也将告别过去快速发展阶段而进入相对平稳状态。

录入技巧

1. 须联词消字定字的："防（止）、保（护）、重（要）、调（整）、看清（楚）、性（格）、实体（镜）、房（子）、企（业）、警惕（性）、档（次）"。

2. 单音词须特定的："刚（X：GNO）、需（X：XIU）、以（X：I）、使（X：XZ）、而（X：XE）"。

3. 须双手并击的："也曾、也将"。

4. 须分开单击的："因其"。

5. 打全音码可以捆绑的："主管部门、集中于"。

6. 后置成分："企业"。

7. 须在重码提示行中进行选择的："发力（4）、体量（2）、发声（2）、不再（2）"。

素养训练

长风吹白茅，野火烧枯桑。

注释：

白茅：茅草。

翻译：

大风吹卷着原野上的茅草，野火烧着枯萎的桑树。描写深秋原野的景象。

出处：

唐·岑参《至大梁却寄匡城主人》。

词语辨析

刚（刚需）

硬，坚强，与"柔"相对：刚强，刚直，刚烈，刚劲（姿态、风格等挺拔有力），刚健，刚毅，刚决，刚正不阿，刚愎自用。

恰好，恰巧：刚刚（a. 恰好；b. 才），刚好。

才：刚才，刚来就走。

姓。

观察

仔细察看（事物或现象）：~地形 | ~动静 | ~问题。

交织

①错综复杂地合在一起：各色各样的烟火在天空中~成一幅美丽的图画。

②用不同品种或不同颜色的经纬线织：棉麻~ | 黑白~。

初级速度训练2

看打训练

要求：下面这篇短文共 552 个字。首先要求读准确，然后通过用亚伟码反复规范地看打，要求至少在 4 分 39 秒内看打完（120 字/分钟），准确率达 98% 以上。

建设技能型社会旨在以职业教育高质量发展带动国家教育体系大改革大发展，提高国家教育体系与经济社会发展适应性，形成贯通全生命周期的技术技能形成体系。近年来，伴随着中等职业学校招生难、生源质量不高现象，社会各界对中职存在的必要性提出质疑。事实上，简单否定中等职业教育存在的必要性，是一种完全被普通教育办学优势所导向的观点。技能型社会下，中等职业教育存在的必要性依旧存在。但对其存在的价值不能仅局限在现代职业教育体系的范畴中，更要站在产业经济发展、劳动力市场供给、教育公平等角度去重新审视。技能型社会中产业经济发展模式将从资本密集型转向技术密集型、技能密集型，劳动者技能将作为重要要素进入国家新发展格局的内循环中。国家"十四五"规划明确指出"注重发展技能密集型产业"。目前，全国 7.5 亿就业人员中，技能劳动者超过 2 亿人，高技能人才达到 5800 万人，高技能人才仅占技能人才的 29%。在推进高技能人才持续增长的同时，稳固中技能人才队伍依旧是今后一段时间推动国家产业发展的重要选择。

因此，在当前我国经济发展增速换挡、产业转型升级的背景下，除了加大对高技能人才培养外，仍需坚持发展中等职业教育。中等职业教育能培养有效解决"从图纸到产品"这一科技成果转化难题、破解"最后一公里"距离问题的实用人才，是形成实际生产力、增强国力的有效利器。

录入技巧

1. 须联词消字定字的："职（责）、仅（仅）、亿（特）"。

2. 单音词须特定的："以（X：I）、全（X：XGIUNA）、难（X：XBDNA）、者（W：ZE）"。

3. 须双手并击的："对其、仍需、这一"。

4. 须分开单击的："不高、万人"。

5. 打全音码可以捆绑的："近年来、伴随着、劳动者、生产力"。

6. 后置成分："学校"。

7. 须在重码提示行中进行选择的："质疑（7）、审视（3）、转向（2）、破解（2）、实用（4）、国力（2）、利器（3）"。

素养训练

谁谓河广？一苇杭之。

注释：

谓：说。河：黄河。一苇：一叶扁舟。杭：通"航"，渡河。

翻译：

谁说黄河宽又广？一个芦苇筏就能航行。

出处：

先秦·佚名《诗经·卫风·河广》。

词语辨析

旨在

目的在于。如：旨在澄清事实的外交策略。

利器

①锋利的兵器：精兵~。

②有效的工具：计算机是统计工作的~。

综合训练

聆听训练音频

要求： 下面这篇短文共 580 个字。首先要求读准确，然后综合运用各种录入技巧，用亚伟码反复看打录入，要求准确、熟练。

在汽车产业的顶层设计上，国家先后出台了《汽车产业中长期发展规划》、《智能汽车创新发展战略》和《新能源汽车产业发展规划（2021-2035 年）》。其中《汽车产业中长期发展规划》提出我国汽车产业发展的一个总目标、六个细分目标、六项重点任务和八项重点工程，其中一个总目标即建设汽车强国，总目标可以被进一步细化为六个细分目标，分别是关键技术取得重大突破、全产业链实现安全可控、中国品牌汽车全面发展、新型产业生态基本形成、国际发展能力明显提升、绿色发展水平大幅度提高；为支撑汽车产业目标的实现提出了相应的重点任务与重点工程。

《智能汽车创新发展战略》明确了智能汽车已经是全球汽车产业发展的战略方向，对于我国具有重要的战略意义，同时进一步提出了中国标准智能汽车的技术创新、产业生态、基础设施、法规标准、产品监管和网络安全体系等方面的目标，以及智能汽车在技术创新体系、产业生态体系、基础设施体系、法规标准体系、产品监管体系等方面的主要任务。《新能源汽车产业发展规划（2021-2035年）》围绕新能源汽车产业发展部署了提高技术创新能力、构建新型产业生态、推动产业融合发展、完善基础设施体系、深化开放合作的5项战略任务。

总体来看，我国汽车产业将紧紧围绕新能源汽车与智能网联汽车两个重要发展方向展开，电动化、智能网联化将成为我国汽车产业未来较长一段时间的发展主题，发展目标既体现出规模的要求，同时也包含对技术高度的期望。

录入技巧

1. 须联词消字定字的："智能（化）、项（目）、网（络）、联（系）、既（然）"。
2. 单音词须特定的："即（XW：GI）、化（X：XGW）"。
3. 须分开单击的："较长"。
4. 打全音码可以捆绑的："进一步、产业链"。
5. 须在重码提示行中进行选择的："支撑（2）"。

素养训练

明月照积雪，朔风劲且哀。

注释：

朔风：北风。劲：猛烈。哀：凄厉。

翻译：

明月照在积雪上，北风猛烈而且凄厉。

出处：

南朝宋·谢灵运《岁暮》。

词语辨析

期望

①对未来情况寄托希望或有所等待：期望能有成功的一天。②又称"数学期望""均值"，概率论的基本概念。

希望

①心里想着实现某种情况：希望能考上大学。②心愿；理想：绝境中还抱着希望｜所有的希望全成了泡影｜对未来充满希望。

初级速度训练3

聆听训练音频

听打训练

要求： 下面这篇短文共605个字。首先要求读准确，然后通过用亚伟码反复规范地听打，要求至少在5分34秒内听打完（110字/分钟），准确率达98%以上。

随着我国已进入高质量发展阶段，如何在新形势下做强做优"中国制造"、实现创新发展成为理论与实践必须回答的问题。"科技创新、科学普及是实现创新发展的两翼，要把科学普及放在与科技创新同等重要的位置"的重要论述，进一步凸显了提升公民素质特别是弘扬科学精神与工匠精神之于创新发展的现实意义。为此，我们有必要探讨创新发展同科学精神与工匠精神的内在关系，推动科学精神与工匠精神的实践融合。

马克思在《1844年经济学哲学手稿》中把自由自觉的对象化活动——劳动生产实践看作人的类生活与类本质，进而把"人的生产"与"动物的生产"区别开来，认为动物的生产是与其生命活动直接同一的本能活动，而人的生产则是能动的、使自己的生命活动本身变成自己意志和意识的对象，即有意识的生命活动。正是这种有意识的生命活动把人同动物的生命活动直接区别开来，人成为类存在物、有意识的存在物，成为人的自然存在物，是受动与能动的统一体。人通过实践活动创造对象世界、改造无机界，不仅证明自己是有意识的存在物，而且在改变对象世界的过程中改变着自身，即提升自身的本质力量——生命力的表现。因为，人的生产超越了动物单纯从自身肉体或幼崽的直接需要出发的片面生产，在不受肉体需要影响情况下进行"全面的生产""真正的生产"，能够再生产整个自然界，并自由地面对自己的产品。人的生产不像动物的生产那样只是按照它所属的那个种的尺度和需要来构造，作为对象性活动，人懂得处处都把自身固有的尺度运用于对象。

录入技巧

1. 须联词消字定字的："优（质）、意志（力）、意识（形）、物（品）、界（别）、幼（儿）、崽（子）、像（章）、种（子）"。

2. 单音词须特定的："已（W：I）、做（W：DZO）、与（W：IU）、的（X：D）、化（X：XGW）、使（X：XZ）、即（XW：GI）、着（X：ZE）、于（X：IU）"。

3. 须双手并击的："要把、则是（XZI）、正是（XZI）、是（XZI）受、不受"。

4. 须分开单击的："之于（X：IU）、同一、把人、人的"。

5. 打全音码可以捆绑的："进一步、有意识、再生产、自然界"。

6. 后置成分："科学、活动、世界"。

7. 须在重码提示行中进行选择的："凸显"。

》素养训练

纵一苇之所如，凌万顷之茫然。

注释：

纵：任凭。一苇：小舟。所如：所能航行之处。万顷：宽阔的江面。

翻译：

任凭小船儿在茫无边际的江上漂荡，越过苍茫万顷的江面。

出处：

宋·苏轼《赤壁赋》。

》词语辨析

弘扬

发扬光大：~祖国文化。也作宏扬。

不像

不可以用"象"。

综合训练

聆听训练音频

要求： 下面这篇短文共 590 个字。首先要求读准确，然后综合运用各种录入技巧，用亚伟码反复看打录入，要求准确、熟练。

"信息化为中华民族带来了千载难逢的机遇""推动信息领域核心技术突破，发挥信息化对经济社会发展的引领作用"。习近平总书记的重要论述，明确了我国经济社会发展的战略方向，为实施国家大数据战略、加快建设数字中国、大力发展数字经济提供了根本遵循。

我国是制造大国和互联网大国，推动传统行业数字化转型具备丰富的应用场景、广阔的市场空间和强大的内生动力。然而，一些企业囿于传统观念和路径依赖，对科技发展态势认识和理解不充分，甚至对新技术应用存在抵触情绪，缺乏转型动力；一些企业面对数字化转型初始投入、过程建设、后期维护等成本高以及可能带来的阵痛和风险，不敢率先探索；一些企业缺少经过实践验证的成功经验和路径，在方法、技术和人才方面也相对匮乏，导致转型乏力。发挥信息化对<u>经济社会发展</u>的引领作用，<u>需要创新思路</u>和<u>方法</u>，有效<u>解决这些突出问题</u>。

　　<u>数字经济</u>以数字化知识和信息<u>作为关键生产</u>要素，以现代信息网络作为<u>重要载体</u>，以信息通信技术的有效运用作为效率提升和结构优化的<u>重要推动力</u>。面对数字经济<u>发展</u>的历史机遇，<u>各个</u>行业都<u>需要认清时代大势</u>，主动拥抱信息化。适应数字<u>经济</u>发展<u>趋势</u>，<u>推动</u>企业数<u>字化转型</u>，<u>需要</u>积极培育互联网思维和数字化思维，适应信息<u>技术</u>在经济社会发展<u>过程</u>中从"工具""助手"到"主导""引领"的功能转变。<u>传统行业需要</u>换位思考，从新一代信息<u>技术的视角来审视自身</u>，针对转型<u>发展</u>中的<u>瓶颈问题</u>，<u>开展</u>"<u>自我革命</u>"。

录入技巧

1. 须联词消字定字的："依赖（性）、初始（化）"。
2. 单音词须特定的："和（X：XG）、于（X：IU）、以（X：I）"。
3. 须分开单击的："内生、换位"。
4. 打全音码可以捆绑的："信息化、推动力、新一代"。
5. 后置成分："企业"。
6. 须在重码提示行中进行选择的："实施（2）、阵痛（2）、大势（5）、审视（3）、瓶颈（2）"。

▶ 素养训练

　　秋天万里净，日暮澄江空。

注释：

　　净：洁白无尘。澄江：澄清的江水。

翻译：

　　秋高气爽，一碧万顷。傍晚风息人归，大地沉寂得好像连江水都不复存在。"净"字用得巧妙，极言天空的万里无云，人间的静寂无声。

出处：

　　唐·王维《送綦毋校书弃官还江东》。

▶ 词语辨析

　　囿（囿于）

　　养动物的园子：鹿囿，园囿。

　　局限，被限制：囿于成见。

　　借指事物萃聚之处："游于六艺之囿"。

　　匮乏

　　（物资）缺乏；贫乏：药品~｜极度~｜不虞~。

初级速度训练4

听打训练

要求： 下面这篇短文共 579 个字。首先要求读准确，然后通过用亚伟码反复规范地听打，要求至少在 4 分 52 秒内听打完（120 字/分钟），准确率达 98%以上。

《规划》明确，到 2025 年，公共服务制度体系更加完善，政府保障基本、社会多元参与、全民共建共享的公共服务供给格局基本形成，民生福祉达到新水平。从学理上看，政府治理、市场（公司）治理和社会治理三者之间既相互独立，又相互交叉、相互依存和相互促进。公共服务是连接民心的重要环节，关乎最直接、最现实的民生问题和"急难愁盼"问题。它看似属于社会治理范畴，实则与政府治理、市场治理都紧密相关。长期以来，我国的公共服务保障水平与经济社会发展水平相比相对滞后，能力上存在明显的弱项和短板，认识上亦存在诸多误区和盲区。在工业化、城镇化快速发展和老龄化问题凸显的背景下，公共服务保障水平的滞后性尤为突出。因此，夯实公共服务基础力量、高质量进行公共服务建设成为重要的时代课题。

从服务供给的权责分类来看，公共服务包括基本公共服务和普惠性非基本公共服务两大类。基本公共服务要求实现目标人群全覆盖、服务全达标、投入有保障，实现均等化享有和便利可及。政府是基本公共服务保障的责任主体，同时引导市场主体和公益性社会机构补充供给。普惠性非基本公共服务是为满足公民更高层次需求，以可承受的价格付费享有，满足大多数公民必需的公共服务。市场主体和公益性社会机构是其主体力量。此外，为实现公民追求的多样化、个性化、可付费享有的市场化的高端公共服务，政府要制定规则，优化营商环境，确保相关产业规范可持续发展。

录入技巧

1. 须联词消字定字的："既（然）、急（促）、愁（闷）、盼（头）、它（的）、亦（菲）、性（格）"。
2. 单音词须特定的："又（XW：IEO）、化（X：XGW）、及（X：GI）"。

3. 须双手并击的："实则"。

4. 须分开单击的："可及、是其"。

5. 打全音码可以捆绑的："工业化、城镇化、老龄化"。

6. 后置成分："社会"。

7. 须在重码提示行中进行选择的："共建（4）、福祉（7）、关乎（2）、滞后（2）、凸显（2）、夯实（2）、主体（2）、必需（2）"。

素养训练

慎在于畏小，智在于治大。

注释：

畏小：指要防微杜渐。治大：处理大事。

翻译：

谨慎在于防微杜渐，明智在于把握大局。

出处：

《尉缭子·十二陵》。

词语辨析

福祉

幸福；福利。

范畴

①人的思维对客观事物的普遍本质的概括和反映。各门科学都有自己的一些基本范畴，如化合、分解等，是化学的范畴；商品价值、抽象劳动、具体劳动等，是政治经济学的范畴；本质和现象、形式和内容、必然性和偶然性等，是唯物辩证法的基本范畴。

②类型；范围：汉字属于表意文字的～。

滞后

一个现象与另一密切相关的现象相对而言的落后迟延；尤指物理上的果没有及时跟着因而出现，或指示器对所记录的改变了的情况反应迟缓。如：电流滞后于电压。

看打训练

要求： 下面这篇短文共522个字。首先要求读准确，然后通过用亚伟码反复规范地看打，要求至少在4分27秒内看打完（130字/分钟），准确率达98%以上。

聆听训练音频

科技立则民族立，科技强则国家强。科技创新从来都是国际战略博弈的主要战场。当前，新一轮科技革命和产业变革突飞猛进，科学研究范式正在发生深刻变革，学科交叉融合不断发展，科学技术和经济社会发展加速渗透融合。面对科技创新不确定性、不稳定性持续增加的新趋势，无论是构建新发展格局，还是推动经济高质量发展，都需要以体制机制改革激发国内市场强大潜力，释放各类主体科技创新和创新发展活力。要看到，健全科技创新治理体系是适应科技创新发展新形势的根本要求，关系到科技创新体制机制改革成效，关系到国家战略科技力量的强化，更关系到我国创新型国家的建设进程，具有重大现实和历史意义。我们要加快建设和完善科技创新治理体系，坚持自主创新，坚持深化科技创新管理体制机制改革，坚持完善科技创新人才教育培养模式，提升创新体系整体效能，为科技自立自强提供良好环境，为经济高质量发展提供重要支撑。

科技创新治理体系涉及科研组织模式创新、资源配置机制创新、科技创新人才发展、创新型经济发展、创新网络化发展和科技创新投入等多个领域，旨在为实施创新驱动发展战略、培育新产业新动能、建设现代化经济体系提供核心动能，其本质是多方参与协同治理，通过共创共建共享，提升对科技创新事务的管理能力与水平。

录入技巧

1. 须联词消字定字的："立（德）、型（心）、旨（意）、事务（性）"。

2. 单音词须特定的："的（X：D）、以（X：I）、和（X：XG）"。

3. 须分开单击的："在为"。

4. 打全音码可以捆绑的："网络化"。

5. 后置成分："科学"。

6. 须在重码提示行中进行选择的："范式（6）、主体（2）、自立（2）、支撑（2）、共建（4）"。

素养训练

易俗去猛虎，化人似驯鸥。

注释：

易俗：改变民风。化人：教化百姓。

翻译：

改变风俗就如同驯化猛虎，教化群众如同驯服海鸥。言其之难矣。

出处：

唐·岑参《送颜平原》。

词语辨析

博弈

①局戏和围棋。局戏也是古代弈棋之类的游戏。

②指赌博：这伙人出为盗贼，聚为博弈。

旨在

目的在于。如：旨在澄清事实的外交策略。

初级速度考评

听打考评

聆听训练音频

要求： 下面这篇考评材料共712个字。通过用亚伟码规范地听打，要求能在5分06秒内听打完（140字/分钟），校对时间为5分06秒，准确率达98%以上。

研究产业经济学，对于促进当前国民经济发展，加强产业供给侧结构性改革有重要意义。探究产业经济学的相关前沿问题，介入博弈论相关研究方法，通过论证和实践的形式探讨前沿问题的解决方法，对于产业经济突破发展瓶颈意义非凡。

产业经济学是经济学的重要组成部分，是一个具有一定特殊性的经济学科，之所以称其特殊，是因为产业经济学学科的正式确立以及正式研究起步较晚，但是关于产业经济学的相关思想和内核早在我国春秋战国时期便初见端倪。近年来，随着国民经济发展和增长需求，产业经济学的热度与日俱增，产业经济学研究范围渐广，其为经济发展带来的促进作用也日趋明显，并且在产业经济学研究规模逐渐扩大的过程中，相关学者和专家逐步确立了现代化的产业经济学研究模式，即将微观经济作为经济发展主导，将宏观经济发展作为经济发展核心的全新经济学研究模式。同时，基于当前国民经济发展，市场经济形式日趋多元化，影响企业和经济发展的因素多样，传统经济学背景下只针对企业内部架构的研究方向在促进经济发展层面已显得力不从心，无法全面掌握产业经济发展态势，因此，在新形势下要结合博弈论、方法论等诸多方法，对不同的产业经济案例进行剖析，以多个性来概括产业共性，将竞争秩序与竞争激励作为稳固产业发展的关键要素，进而能够实现多层次、多角度研究现代产业经济学的前沿问题，加速理论成果向实践应用的转化，促进现代产业经济的发展。

从整体来看，研究产业经济学的重要意义主要可以分为两个大方面。首先是理论意义，通过博弈论、方法论、案例解析等方法对产业经济学展开研究，有利于建设统一的产业经济学体系，有效地将经济学与管理学二者有机融合，一改往日传统经济学实践应用效果不佳的弊端，加强应用经济学学科建设水平。

录入技巧

1. 须联词消字定字的："渐（渐）、激励（机）"。

2. 单音词须特定的："和（X：XG）、称（X：BZNE）、广（W：GUNO）、只（W：Z）、已（W：I）、以（X：I）、地（X：DI）、改（W：GIO）"。

3. 须分开单击的："其为"。

4. 打全音码可以捆绑的："博弈论、近年来"。

5. 须在重码提示行中进行选择的："瓶颈（2）、内核（2）、早在（2）、共性（2）"。

素养训练

美成在久，恶成不及改。

注释：

美：好。恶：坏。

翻译：

做成一件好事需要长久的时间，一旦做了坏事就来不及更改。指好的习惯养成在于长时间的修炼，恶习的养成在于不及时改正、纠正错误。

出处：

《庄子·人间世》。

词语辨析

端倪

①事情的眉目；头绪；边际：略有～｜莫测～｜～渐显。②指推测事物的始末：千变万化，不可～。

弊端

弊病：消除社会上流行的种种弊端。

看打考评

聆听训练音频

要求：下面这篇考评材料共 761 个字。通过用亚伟码规范地看打，要求能在 5 分 30 秒内看打完（140 字/分钟），无校对时间，准确率达 98% 以上。

（一）职业教育法强调德技并修。职业教育培养的人一方面要寓德于技，培养受教育者的品德、公德、大德和职业道德，执着专注、精益求精、一丝不苟、追求卓越。另一方面要技能报国，努力提高技术技能水平，成长为能工巧匠、大国工匠，为国家进步、民族复兴提供技能支撑。新法规定，实施职业教育应当弘扬社会主义核心价值观，对受教育者进行思想政治教育和职业道德教育，培养劳模精神、劳动精神、工匠精神，传授科学文化知识和专业知识，培养技术技能，进行职业指导，全面提高受教育者的素质，鲜明体现了德技并修的要求。

（二）职业教育法强调知行合一。新法规定，职业教育要使受教育者具备从事某种职业或者职业发展所需要的职业道德、科学文化与专业知识、技术技能等职业综合素质和行动能力。知行合一、工学结合，就要把教育链和生产链更紧密联结起来，使受教育者把知识和技术直接应用于生产实践。新法许多条款都规定了实习实训，要求建设高水平、专业化、开放共享的产教融合实习实训基地，明确职业教育受教育者有参加实习的义务并保障其实习期间的合法权益等，着力提高动手操作能力。

（三）职业教育法强调市场导向。职业教育是面向市场的就业教育。新法规定，职业教育要满足从事某种职业和职业发展的需要；实施职业教育要坚持面向市场、促进就业；规定职业学校应当建立健全就业创业促进机制，采取多种形式为学生提供就业创业服务，增强学生就业创业能力；规定建立符合职业教育特点的质量评价体系，评价过程应当吸纳行业组织、企业等参与。要增强职业教育适应性，建立更灵活的机制，市场需要什么专业，就培养什么专业，不适应市场的要及时调整。

（四）职业教育法强调类型特征。职业教育是类型教育而不是层次教育。民族复兴需要知识创造型人才，也需要技术技能型人才（数据显示，我国有近9亿劳动者，其中高技能人才只有4700多万人）。

录入技巧

1. 须联词消字定字的："德（国）、技（术）、寓（于）、使（X：XZ）、与（W：IU）、链（矢）、教（育）、型（心）、显示（了）、亿（特）、仅（仅）"。

2. 单音词须特定的："于（X：IU）、者（W：ZE）、和（X：XG）、要（X：IAO）"。

3. 须分开单击的："并修"。

4. 打全音码可以捆绑的："价值观"。

5. 后置成分："科学、学校、企业"。

6. 须在重码提示行中进行选择的："公德（2）、执着（2）、专注（2）、报国（2）、实施（2）、联结（4）、实训（5）"。

素养训练

功以才成，业由才广。

注释：

才：才智。业：事业。广：发展。

翻译：

功绩是凭借才能而成就的，事业是因为人才而发展兴旺的。

出处：

《三国志·蜀志·董允传》。

》 词语辨析

健全

①强健而没有缺陷：身心~｜头脑~。

②（事物）完善，没有欠缺：设施~。

③使完备：~基层组织｜~生产责任制度。

中级速度训练1

看打训练

聆听训练音频

要求： 下面这篇短文共 643 个字。首先要求读准确，然后通过用亚伟码反复规范地看打，要求至少在 4 分 22 秒内看打完（150 字/分钟），准确率达 98% 以上。

城镇化是现代化的必由之路，是新时代推动经济高质量发展的强大引擎。改革开放以来，我国经历了世界历史上规模最大、速度最快的城镇化进程，取得了举世瞩目的成就。2020 年末，我国常住人口城镇化率超过 60%，城镇成为承载人口和高质量发展的主要载体。"十四五"时期，我国进入新发展阶段，新型城镇化建设也迈上新征程。《中华人民共和国国民经济和社会发展第十四个五年规划和 2035 年远景目标纲要》强调："提升城镇化发展质量""深入推进以人为核心的新型城镇化战略"。这是总结我国实践、借鉴世界经验、立足时代发展提出的重大战略部署。我们要按照这一部署，完善新型城镇化战略，遵循客观规律、破解突出难题，显著提升城镇化质量，使更多人民群众享有更高品质的城市生活，为 2035 年基本实现社会主义现代化提供强大动力和坚实支撑。

推进农业转移人口市民化。"十三五"时期，我国户籍制度改革成效显著，1 亿多农业转移人口有序实现市民化，基本公共服务总体覆盖城镇常住人口。同时也要看到，一些在城市工作生活多年的农业转移人口依然面临较高落户门槛，一些暂未落户的农业转移人口还未能平等享有城镇基本公共服务。辩证地看，这些制约因素也是加快农业转移人口市民化、加快推动农业转移人口全面融入城市的潜力所在。推进农业转移人口市民化，一方面需要着眼于"留得下"，全面深化户籍制度及配套制度改革。以城镇存量农业转移人口为重点，放开放宽除个别超大城市外的落户限制，试行以经常居住地登记户口制度，健全农业转移人口市民化配套政策体系，促进符合条件的农业转移人口尽快落户城镇。

录入技巧

1. 须联词消字定字的："迈（步）、坚实（的）、支撑（点）、亿（特）、暂（时）、未（来）、融入（了）、登记（制）"。

2. 单音词须特定的："第（W：DI）、使（X：XZ）、和（X：XG）、化（X：XGW）、的（X：D）、留（W：XDIEO）、得（W：D）、除（W：BZU）"。

3. 须双手并击的："这一"。

4. 打全音码可以捆绑的："城镇化"。

5. 后置成分："世界"。

6. 须在重码提示行中进行选择的："借鉴（3）、破解（2）、户籍（1）、试行（3）"。

素养训练

无信患作，失援必毙。

注释：

无信：没有信用。患：灾患。作：发生。失援：失去援助。毙：亡。

翻译：

没有信用灾患就会发生，失去援助就一定会灭亡。

出处：

《左传·僖公十四年》。

词语辨析

地（辩证地看）

结构助词，用在词或词组之后表示修饰后面的谓语：辩证地看，慢慢地走。

得（留得下）

用在动词后表可能：要不得；拿得起来。

用在动词或形容词后的连接补语，表示效果或程度：跑得快；香得很。

综合训练

聆听训练音频

要求：下面这篇短文共 620 个字，首先要求读准确，然后综合运用各种录入技巧，用亚伟码反复看打录入，要求准确、熟练。

近年来，以数字和网络技术为支撑的新媒体迅速发展崛起，随着手机的推行，以 QQ、微博、微信等 APP 载体的新媒体的迅速发展，使用人员较广泛，新媒体的宣传方式已经悄无声息地融入了人们的生活之中，也对人们的生活方式、行为模式、思维方式等产生了深刻而广泛的影响，也为宣传工作带来了巨大挑战。因此如何更好地利用新媒体，使其在工作领域充分发挥正向舆论引导作用，促进工作创新发展。本文根据新媒体形式的特点，简要分析了运用新媒体开展人社宣传工作的必要性，概述了新媒体宣传工作发展中存在的问题，具体分析并提出了相应的策略。

一是传播速度快。新媒体的新闻宣传方式具有消息的即时性，读者能够在第一时间内获取信息，相比于传统媒体来说，新闻消息传递的更快速，在新媒体的发展中，可通过计算机网络技术，在第一时间更新信息、发布信息，可以最大程度上发挥信息的价值。同时，新媒体具有实时更新能力，可针对重大事态进行连续跟踪报道。

二是互动性很强。在传统媒体时代互动性几乎为零。因为传统媒体的传播方式是单向、线性、不可选择的。传统媒体的表现为在特定的时间内由信息发布者向受众传播信息，受众被动地接受，没有信息的反馈。这种静态的传播方式使得信息不具流动性。而新媒体的传播方式是双向的，发布者和受众现在都成信息的发布者而且可以进行互动，与以往的传统媒体相比，具有很强的优势。

三是信息展现形式丰富。新媒体中，新闻对外界展现的形式很丰富，可以通过文字、图像、视频、直播等形式来更直观、更立体地宣传。

录入技巧

1. 须联词消字定字的："支撑（点）、微（米）、博（士）、信（息）、互动（性）"。

2. 单音词须特定的："以（X：I）、和（X：XG）、社（X：XZE）、使（X：XZ）、由（W：IEO）"。

3. 须双手并击的："为零（WO）"。

4. 须分开单击的："也为、使其、正向、人社"。

5. 打全音码可以捆绑的："近年来、融入了、相比于、发布者"。

6. 须在重码提示行中进行选择的："手机（0）、即时（5）、实时（7）、线性（3）、展现（2）、图像（2）、视频（2）、直播（2）、立体（2）"。

7. 可以造词的："微博、微信"。

素养训练

君子可招而不可诱，可弃而不可慢。

注释：

招：以公告的方式使人来。诱：以利来引诱。慢：怠忽、轻忽。

翻译：

君子可以用公告的方式使其来而不可以利诱，可以弃置不用而不可以怠慢。

出处：

隋·王通《文中子·礼乐》。

词语辨析

即时

立即：~投产。

实时

在某事发生、发展过程中的同一时间：进行~报道|~传递股市行情。

即使

连词，表示假设的让步：~我们的工作取得了很大的成绩，也不能骄傲自满|~你当时在场，恐怕也没有别的办法。"即使"所表示的条件，可以是尚未实现的事情，也可以是与既成事实相反的事情。

既然

连词，用在上半句话中，下半句话中往往用副词"就、也、还"跟它呼应，表示先提出前提，而后加以推论：~知道做错了，就应当赶快纠正|你~一定要去，我也不便阻拦。

中级速度训练2

听打训练

聆听训练音频

要求： 下面这篇短文共 658 个字。首先要求读准确，然后通过用亚伟码反复规范地听打，要求最快在 4 分 27 秒内听打完（150 字/分钟），准确率达 98% 以上。

我国金融业经过一段时期的高速发展，产生和积累了一定的金融风险。在全球经济下行周期，叠加新冠肺炎疫情冲击，我国部分地区和行业的风险进一步集聚和显现。从宏观层面看，主要是高杠杆和流动性风险，比如实体部门过度负债、金融信用过快扩张。从微观层面看，主要是金融业尤其是银行业机构信用风险。随着金融综合化经营趋势加剧、金融产品创新加快和金融科技手段的运用，金融风险更具隐蔽性、复杂性和传染性。风险防范是金融业永恒的主题，对于防范化解重大金融风险，必须持之以恒地推进和落实，以确保金融稳定和金融安全，从而在此基础上提升金融对实体经济的支持和服务。

经济高质量发展是金融业最重要的风险防范手段。因此，必须处理好稳增长和防风险的关系，实施积极的财政政策和稳健的货币政策，根据内外部形势变化适时对政策进行预调、微调，使市场流动性更加合理充裕，将防范化解金融风险与服务实体经济更紧密地结合起来，以经济高质量发展化解系统性金融风险。在此过程中，应注意避免两个错误倾向：一是"因噎废食"，只关注金融风险而忽视对经济发展的支持；二是"鸵鸟效应"，只注重发展速度而无视金融风险的集聚。

防范化解金融风险是"排雷"，不是"爆雷"。需要提高认识，统筹兼顾，协调各方，做好预案，防止在处置其他领域风险过程中引发次生金融风险。金融市场具有脆弱性、敏感性和外部性，因此，防范化解金融风险必须充分考虑金融市场的承受能力，在保持经济平稳运行中逐步排除相关金融风险。

未来一段时间，防范化解金融风险既要坚定信心和决心，又要把握好力度和节奏，坚决防范"处置风险的风险"。

录入技巧

1. 须联词消字定字的："冠（军）、更具（体）、化解（了）、稳（定）、防（止）、预（计）、调（整）、只（W：Z）、爆（炸）、雷（雨）、既（然）"。

2. 单音词须特定的："化（X：XGW）、以（X：I）、使（X：XZ）、地（X：DI）、在（X：DZIO）"。

3. 须双手并击的："又要"。

4. 打全音码可以捆绑的："进一步、银行业、稳健的"。

5. 后置成分："系统"。

6. 须在重码提示行中进行选择的："疫情（2）、集聚（4）、实体（2）、过度（2）、适时（5）、在此（2）"。

7. 可以造词的："新冠肺炎"。

素养训练

君子之仕，不以高下易其心。

注释：

仕：做官。高下：职位的高低。易：改变。

翻译：

君子为官时，不因职位的高低而改变自己的志向。

出处：

宋·苏辙《张士澄通判定州》。

词语辨析

因噎废食

原意是说，因为有人吃饭噎死了，就想让天下人都不吃饭，这太荒谬了。比喻要做的事情由于出了点小毛病或怕出问题就索性不去干。

鸵鸟效应

此处"鸵鸟"比喻自欺欺人者，行径类似传说中鸵鸟般的人；可联想到鸵鸟习性的人。心理学通过研究发现，现代人面对压力大多会采取回避态度，明知问题即将发生也不去想对策，结果只会使问题更趋复杂、更难处理。就像鸵鸟被逼得走投无路时，把头钻进沙子里。

综合训练

聆听训练音频

要求： 下面这篇短文共 625 个字。首先要求读准确，然后综合运用各种录入技巧，用亚伟码反复看打录入，要求准确、熟练。

　　物联网是继计算机、互联网、移动通讯网后发展的又一种信息产业，还被称为传感网。具有广泛的应用领域，不论是在城市安全、智能交通中，还是公共卫生、工业生产中，物联网技术都发挥着自身特有的功能与优势，为人们的生活与工作提供了显著的便捷。

　　就目前实际情况来看，物联网技术早已经被应用在人们的工作与生活中，并能充分满足各个领域的实际需求。但是，受到 4G 通信技术速率、容量、延时的影响，对物联网的发展造成了一定的阻碍，导致物联网技术难以更加深入地应用到各个行业中。物联网技术对于智能化的应用具有一定的要求，如果只依靠 4G 技术很难满足其发展需求，但是 5G 技术的出现，能够在最大程度上促进物联网的发展。结合物联网的发展现状分析，物联网的发展受到限制的主要影响因素即通信速率。在当下的 4G 网络背景下，物联网的通信速率很难满足自身发展与应用的需求，无法获取大量的数据信息。如果传输数据过大，很容易出现诸多不确定的因素，例如网络堵塞、网络延时等情况，这样就会导致物联网感知层的数据不能够在第一时间传输至应用层。在这种情况下，便会很容易出现安全隐患。

　　但 5G 通信技术的出现，被高效地应用在物联网中，借助 5G 通信技术自身高速率、大容量与低延时的优势下，能够在最大程度上满足物联网对数据信息的传输需求，进而保证物联网能够得到全面和更深层次的应用。在智能化的时代浪潮中，网络的速率对物联网的发展具有重要作用。当下的 4G 网络与 Wi-Fi 无线网络都很难满足物联网智能化的需求，需要利用 5G 通信技术作为发展基础。

录入技巧

　　1. 须联词消字定字的："继（续）、网（络）、智能（化）、便（捷）、延（长）、低（涡）"。

　　2. 单音词须特定的："与（W：IU）、时（W：XZ）、只（W：Z）、即（XW：GI）"。

　　3. 须双手并击的："便会"。

　　4. 须分开单击的："还被、过大"。

　　5. 打全音码可以捆绑的："称为"。

　　6. 须在重码提示行中进行选择的："优势（2）"。

》 素养训练

君子固穷，小人穷斯滥矣。

注释：

固穷：固守其穷，不以贫困而改变操守。斯：就。滥：指胡作非为。

翻译：

君子在困窘时还能固守正道，小人困窘就会胡作非为。

出处：

《论语·卫灵公》。

》 词语辨析

速率

质点的路程对时间的变化率，是标量。描述质点运动的快慢，有时也指速度的大小。

速度

①运动物体在某一个方向上单位时间内所通过的距离。常用的单位有米/秒、千米/小时等。

②泛指快慢的程度：他写字的速度很快。

通信

信息通过媒质从一点传递至另一点的过程。现在通过信道传送的信号已发展到语言、声音、文字、图像和数据，构成多媒体通信。综合有线和无线通信的各种设施，并与广义通信如电视、计算机网融为一体，发展为电信港和信息高速通道。随着单光子与光放大器的使用，通信速率可提高到 2 兆比特每秒。

通讯

一种比消息详细并能生动地报道客观事物或典型人物动态的新闻体裁。常见于报纸、刊物驻外地记者发回的专题采访。多用于评介人物、事件，推广工作经验，介绍地方风情等。

中级速度训练3

聆听训练音频

听打训练

要求： 下面这篇短文共727个字。首先要求读准确，然后通过用亚伟码反复规范地听打，要求至少在4分30秒内听打完毕（160字/分钟），准确率达98%以上。

生态文明建设关系中华民族永续发展。生态环境没有替代品，用之不觉，失之难存。唯有经济与环境并重、遵循自然发展规律的发展，才是最有价值、最可持续、最具实践意义的发展。必须高度重视生态文明建设，走一条绿色、低碳、可持续发展之路。要站在为子孙计、为万世谋的战略高度思考谋划生态文明建设，开辟一条顺应时代发展潮流、适合我国发展实际的人与自然和谐共生的光明道路。

生态文明建设关系党的使命宗旨。人民对美好生活的向往，就是共产党的奋斗目标。新时代，人民群众对干净的水、清新的空气、安全的食品、优美的生态环境等要求越来越高，只有大力推进生态文明建设，提供更多优质生态产品，才能不断满足人民日益增长的优美生态环境需要，提高人民的生活质量，建设美丽新中国。

生态文明建设关系我国经济高质量发展和现代化建设。环境保护与经济发展同行，将产生变革性力量。我国经济已由高速增长阶段转向高质量发展阶段。加强生态文明建设，坚持绿色发展，改变传统的"大量生产、大量消耗、大量排放"的生产模式和消费模式，使资源、生产、消费等要素相匹配相适应，是构建高质量现代化经济体系的必然要求，是实现经济社会发展和生态环境保护协调统一、人与自然和谐共生的根本之策。

生态文明建设关系中国的大国生态责任担当。中国是大国，生态环境搞好了，既是自身受益，更是对世界生态环境保护作出的重大贡献。中国虽然正处于全面建成小康社会的关键时期，发展经济、改善民生任务十分繁重，但仍然以最大决心和最积极态度参与全球应对气候变化，真心实意、真抓实干为全球环境治理、生态安全作奉献，树立起全球生态文明建设重要参与者、贡献者、引领者的良好形象，提升其在全球环境治理体系中的话语权和影响力，彰显中国特色社会主义的优越性和说服力、感召力。

录入技巧

1. 须联词消字定字的："失（败）、存（在）、低（涡）、碳（素）、计（策）、谋（划）、策（马）、既（然）、起（来）"。

2. 单音词须特定的："难（X：XBDNA）、已（W：I）、由（W：IEO）、使（X：XZ）、以（X：I）、者（W：ZE）"。

3. 须双手并击的："不觉、才是、最可、最具"。

4. 须分开单击的："用之、之路、人与（W：IU）、其在"。

5. 后置成分："社会"。

6. 须在重码提示行中进行选择的："共生（2）、宗旨（3）、转向（2）、受益（4）、奉献（2）、彰显（2）"。

素养训练

温故而知新，可以为师矣。

注释：

温故：温习旧的知识。

翻译：

温习旧知识从而得知新的理解与体会，凭借这一点就可以成为老师了。

出处：

《论语·为政》。

词语辨析

不觉（用之不觉）

①沉睡不醒。

②不反悟；不觉悟。

③没有发觉；没有感觉。

④想不到；无意之间。

⑤不禁；不由得。

用之不竭

竭：尽。无限取用而不会使用完。

看打训练

聆听训练音频

要求：下面这篇短文共 578 个字。首先要求读准确，然后通过用亚伟码反复规范地看打，要求至少在 3 分 36 秒内看打完（160 字/分钟），准确率达 98% 以上。

让大数据更好为司法赋能

随着新一代信息技术蓬勃发展，数据呈现爆发式增长、海量集聚的特点，已成为国家和社会治理的战略资源。"推动大数据、人工智能等科技创新成果同司法工作深度融合。"推动大数据同司法工作深度融合，必须深刻认识司法大数据所蕴含的重要价值，科学把握大数据发展机遇，更好为司法工作赋能。

科学把握大数据发展带来的机遇

近年来，人民法院加快智慧法院建设，推动大数据管理与服务平台建设，构建中国特色互联网司法新模式，积极为全球互联网法治发展贡献中国智慧中国方案。大数据已成为推动法院改革发展的重要力量，加快大数据同司法工作深度融合发展潜力巨大。

大数据为审判执行赋能。运用司法大数据，有助于实现审判执行的自动化和精准化。大数据在众多司法活动领域如类案推送、量刑辅助、偏离预警、裁判文书自动生成、虚假诉讼识别、判决结果预测、诉讼风险评估等都有应用前景，给审判执行工作现代化带来新机遇。大数据可实现类案自动关联、法律法规推送，为法官工作提供个性化、精细化、智能化服务，便于统一法律适用标准，避免"同案不同判"。通过区块链技术统一证据标准，还能辅助案件办理过程中的证据采集和认定工作。

大数据为审判管理赋能。大数据的价值在于提供科学的技术方法，助力科学决策，助推管理革命。大数据应用可以通过构建扁平化审判管理体系，实现事后管理向事前、事中管理转变，有效提升审判管理质效。

录入技巧

1. 须联词消字定字的："赋（税）、判（决）、链（矢）、助力（车）、事（实）、质（朴）、效（益）"。

2. 单音词须特定的："已（W：I）、化（X：XGW）、案（W：NA）、区（W：XGIU）、块（W：XBGI）"。

3. 须双手并击的："都有"。

4. 须分开单击的："类案"。

5. 打全音码可以捆绑的："新一代、爆发式、近年来、自动生成"。

6. 后置成分："科学"。

7. 须在重码提示行中进行选择的："集聚（4）、智慧（2）、量刑（4）"。

8. 可以造词的："法治"。

素养训练

自见者不明，自是者不彰。

注释：

自见：表现自己。明：显露。自是：自以为是。彰：明。

翻译：

自逞己见的，反而不得自明；自以为是的，反而不得彰显。

出处：

《老子》。

词语辨析

赋能

此处"赋"为给予，亦特指生成的资质：赋予。天赋。禀赋。

区块链

狭义来讲，区块链是一种按照时间顺序将数据区块以顺序相连的方式组合成的一种链式数据结构，并以密码学方式保证的不可篡改和不可伪造的分布式账本。

广义来讲，区块链技术是利用区块链式数据结构来验证与存储数据、利用分布式节点共识算法来生成和更新数据、利用密码学的方式保证数据传输和访问的安全、利用由自动化脚本代码组成的智能合约来编程和操作数据的一种全新的分布式基础架构与计算方式。

区块链是分布式数据存储、点对点传输、共识机制、加密算法等计算机技术的新型应用模式。所谓共识机制是区块链系统中实现不同节点之间建立信任、获取权益的数学算法。

区块链诞生自中本聪的比特币，自 2009 年以来，出现了各种各样的类比特币的数字货币，都是基于公有区块链的。

数字货币的现状是"百花齐放"，下面列出一些常见的数字货币：bitcoin、litecoin、dogecoin、dashcoin。除了货币的应用之外，还有各种衍生应用，如 Ethereum、Asch 等底层应用开发平台以及 NXT，SIA，比特股，MaidSafe，Ripple 等行业应用。

扁平化

扁平化概念的核心意义：去除冗余、厚重和繁杂的装饰效果。

中级速度训练4

看打训练

聆听训练音频

要求：下面这篇短文共627个字。首先要求读准确，然后通过用亚伟码反复规范地看打，要求至少在3分42秒内看打完（170字/分钟），准确率达98%以上。

把保护城市生态环境摆在更加突出位置

城市是人类活动的重要区域。"建设人与自然和谐共生的现代化，必须把保护城市生态环境摆在更加突出的位置，科学合理规划城市的生产空间、生活空间、生态空间，处理好城市生产生活和生态环境保护的关系，既提高经济发展质量，又提高人民生活品质。"良好的城市生态环境，是建设人与自然和谐共生现代化的重要内容和基础。

城市化是人类文明的产物，是现代化的显著特征之一。1900年，全球只有10%的人口生活在城市。现在，全球超过56%的人口生活在城市，人类进入城市化时代。新中国成立后特别是改革开放以来，我国城镇化进程不断加快，1978—2019年，我国城镇常住人口从1.7亿人增加到8.48亿人，城镇化率从17.9%提升到60.6%。快速、大规模的城镇化进程，大大促进了经济社会发展和人民生活水平提高。

城市生态环境为经济社会发展提供了水资源、污染净化、气候调节等重要支撑。城市植物具有较强的空气臭氧吸收能力和空气颗粒物滞留能力，城市绿地对于缓解城市热岛效应具有重要作用。绿地还是城市居民休闲游憩的重要场所，对保障居民身心健康具有重要价值。推进人与自然和谐共生的现代化，必须以满足人民日益增长的优美生态环境需要为目的，以城市发展面临的生态环境问题为突破口，把保护城市生态环境摆在更加突出的位置，在城市生产空间、生活空间、生态空间规划上下足"绣花"功夫，努力处理好城市生产生活和生态环境保护的关系。

作为人类活动最集中的区域，城市运行需要消耗大量自然资源，向自然环境排放大量废弃物，对生态环境影响巨大。

录入技巧

1. 须联词消字定字的："既（然）、亿（特）、缓解（了）、足（球）"。

2. 单音词须特定的："把（X：BA）、的（X：D）、又（XW：IEO）"。

3. 须分开单击的："人与、较强"。

4. 后置成分："活动、科学"。

5. 须在重码提示行中进行选择的："共生（2）、臭氧（2）、滞留（4）、游憩（4）、功夫（2）"。

素养训练

不取亦取，虽师勿师。

注释：

取：取法于人。师：向人学习。

翻译：

既要向别人学习，但又不要全部照搬。

出处：

清·袁枚《续诗品三十三首·尚识》。

词语辨析

热岛

大城市因人口稠密、建筑密度高、工业集中而出现大气温度高于周围地区的现象。几百万人口的大城市年平均温度比周围地区高 0.5~10℃。可造成局部地区的气象异常，如造成城市上空云量和降水量增加等。

热导

透过某种材料的热量除以材料两表面间的温度差，类似于电学中的电导。

游憩

游览与休息。

聆听训练音频

综合训练

要求： 下面这篇短文共 643 个字。首先要求读准确，然后综合运用各种录入技巧，用亚伟码反复看打录入，要求准确、熟练。

科学是人类社会发展与进步的动力，它在解释世界的同时，把一个个梦想变成现实。从"科学技术是第一生产力"的著名论断到"没有全民科学素质普遍提高，就难以建立起宏大的高素质创新大军，难以实现科技成果快速转化"的精辟论述，改革开放 40 多年来，科学技术给中国带来了巨大变化，奠定了当代中国人崇尚科学的取向。

突如其来的新冠肺炎疫情，给世界带来巨大冲击。在人类最严峻的公共健康危机面前，我们坚持向科学要答案要方法。民众看到了科学救治、科学治疗、科学防控带来的显著效果，更深刻认识到，人类同疾病较量最有力的武器就是科学技术，人类战胜大灾大疫离不开科学发展和技术创新。中国能够在短短几个月内，疫情防控取得重大战略成果，一个根本原因就是遵循科学规律；中国民众能够较快摆脱疫情阴霾，一个重要原因是按照科学要求共同防疫。民众尊重科学、崇尚科学、信仰科学，是科学技术不断向前发展的不竭动力，也是一个国家、一个民族突破科学技术壁垒，不断攀上科学高峰、领跑科技前沿的重要契机。

当然，也必须看到，信任科学、崇尚科学并不等于大众自动具备了足够的科学素养。社会公众的科学素养主要由"具有必要的科学知识""掌握基本的科学方法""崇尚科学精神""养成科学行为"等基本要素组成。衡量一个国家是否进入创新型国家行列的标准是，公众具有较高科学素质的比例至少达到10%。第十一次中国公民科学素质抽样调查结果显示，我国公民具备科学素质的比例达到10.56%，这一数字虽较2015年的6.2%有明显攀升，但仍有不小的提升空间。

录入技巧

1. 须联词消字定字的："它（的）、冠（军）、有力（气）、灾（难）、疫（苗）、攀（岩）、型（心）"。

2. 单音词须特定的："与（W：IU）、到（X：DAO）、要（X：IAO）、由（W：IEO）、次（W：BDZ）、的（X：D）"。

3. 须双手并击的："也是、这一"。

4. 须分开单击的："较快、虽较、不小"。

5. 打全音码可以捆绑的："就难以、建立起"。

6. 后置成分："科学、世界"。

7. 须在重码提示行中进行选择的："取向（3）、疫情（2）、危机（1）、救治（4）、防控（3）、契机（3）"。

8. 可以造词的："新冠肺炎"。

素养训练

言之无文，行而不远。

注释：

言：言词。文：文饰。行：流传。

翻译：

语言没有修饰，就不能流传很远。

出处：

《左传·襄公二十五年》。

词语辨析

阴霾

①天气阴晦、昏暗。

②比喻人的心灵上的阴影和不快的气氛。

契机

重要环节；机会：寻找契机｜这可是接近他们的最佳契机。

中级速度考评

听打考评

要求：下面这篇考评材料共 912 个字。通过用亚伟码规范地听打，要求能在 5 分 07 秒内听打完（180 字/分钟），校对时间为 5 分 07 秒，准确率达 98% 以上。

营商环境是企业等市场主体在市场经济活动中所涉及的体制机制性因素和条件，是影响经济增长、创新创业和民生福祉的重要因素。近几年，在"放管服"改革推动下，中国营商环境持续优化，营商便利度大幅提高，有力助推市场主体规范经营和经济高质量发展。

过去几年，中国营商环境全球排名大幅提升，市场主体获得感明显增强。世界银行数据显示，中国营商环境排名从 2013 年的第 96 位提升到 2019 年的第 31 位，是全球营商环境改善最显著的十个经济体之一。营商环境优化培育经济发展新动能，推动全国统一大市场建设，为国内国际双循环注入新动力。尽管受疫情影响中国经济增长有所放缓，但是营商环境优化使市场主体信心提振，外资外贸总体态势稳健，经济长期向好基本面没有改变。

中国营商环境优化取得举世瞩目的成绩，其重要作用体现在多个方面。实践证明，营商环境优化有助于进一步理顺政府与市场的关系、政府内部不同层级和部门间的关系以及市场主体之间的关系，使市场在资源配置中起决定性作用，更好发挥政府作用，市场主体更能感受到公共服务和政府监管的温度。

首先，营商环境优化有助于理顺政府与市场关系。推动有效市场和有为政府更好结合，使政府这只"看得见的手"进一步明确职能边界，市场这只"看不见的手"发挥更大作用。优化营商环境要求政府有所为有所不为，不是放而不管或管而不放。一方面，下放权限、激活市场；另一方面，从注重事前审批为主向注重事中事后监管转变。加强政府部门信息公开和廉政建设，清理整顿不良中介，逐步放开证照办理、资格审查、职业资格认定等，使市场主体越来越有活力，亲清新型政商关系逐步建立。地方政府在营商环境优化过程中更加注重良性竞争，提升公共服务和监管质量，进一步提升政府治理能力；更加注重打造公开透明、预期稳定、公平公正的市场环境，促进政府职能转变。

其次，营商环境优化有助于理顺政府间关系。跨层级的纵向简政放权使行政审批权限下放到基层部门，企业开办、项目开工等环节的行政审批不断降门槛、减环节、减材料，企业经营成本显著降低，市场主体的获得感明显增强。与此同时，跨地区、跨部门横向联动加强，政策形成合力，为企业带来更多利好。

再次，营商环境优化有助于理顺市场主体间关系，创造更加开放公平的市场环境。

录入技巧

1. 须联词消字定字的："营（地）、商（品）、管（理）、服（务），大幅（度）、有力（气）、感（觉）、显示（了）、位（置）、手（指）、事（实）、政（治）、降（低）、减（少）"。

2. 单音词须特定的："等（X：DNE）、第（W：DI）、使（X：XZ）、只（W：Z）"。

3. 须双手并击的："更能"。

4. 须分开单击的："向好、有为、不放、下放、亲清"。

5. 后置成分："企业"。

6. 须在重码提示行中进行选择的："福祉（7）、疫情（2）、稳健（3）、权限（2）、激活（3）、中介（2）、证照（4）、预期（2）、合力（2）"。

7. 可以造词的："营商环境"。

素养训练

言有宗，事有君。

注释：

宗：宗旨。君：主宰，中心。

翻译：

言论有主旨，行事有根据。

出处：

《老子》。

词语辨析

营商环境

指市场主体在准入、生产经营、退出等过程中涉及的政务环境、市场环境、法治环境、人文环境等有关外部因素和条件的总和。

营

①筹划，管理，建设：营业。营作。营田。营造。经营。国营。私营。②谋求：营求。营生。营救。营养。钻营。

看打考评

聆听训练音频

要求： 下面这篇考评材料共 1085 个字。通过用亚伟码规范地看打，要求能在 6 分 10 秒内看打完毕（180 字/分钟），无校对时间，准确率达 98% 以上。

我们清醒地认识到，全面建成小康社会还存在着很多短板，其中农村还有几千万人口的贫困则是最突出的短板，必须合理安排公共资源、动员全党全社会力量齐心协力打赢这场脱贫攻坚战。

进入新时代，我国脱贫攻坚力度之大、规模之广、影响之深前所未有，取得了决定性进展。贫困人口从 2012 年底的 9899 万人减少到 2018 年底的 1660 万人，连续 6 年平均每年减贫 1300 多万人，贫困发生率由 2012 年的 10.2% 下降到 2018 年底的 1.7%。精准扶贫精准脱贫基本方略具有十分丰富的内涵，蕴含着强大的思想力量。它强调贵在精准、重在精准，成败之举在于精准，这既是认识论，也是方法论；强调访真贫、扶真贫、真扶贫，对致贫病因进行"把脉问诊"，追根溯源，找准"穷根"，体现了一切从实际出发、坚持实事求是的辩证唯物主义；强调因人因地施策，因贫困原因施策，因贫困类型施策，区别不同情况，运用"靶向治疗"，拔除"穷根"，抓住了主要矛盾和矛盾的主要方面；强调摆脱意识和精神的贫困，激发贫困地区和贫困群众的内生动力，将扶贫与扶智、扶志紧密结合，纠偏"等靠要"，激活"原动力"，体现了外因与内因的辩证关系，突出了内因的根本性作用；强调广泛动员全社会力量共同参与，构建大扶贫格局，系统治贫，合力攻坚，展现了系统思维、整体思维。精准扶贫精准脱贫基本方略所蕴含的丰富的思想方法和工作方法，成为我们不断战胜贫困、摆脱贫困的强大思想力量。

当前，脱贫攻坚已进入决战决胜期。要围绕现阶段的重点任务和主攻方向，研究新情况、解决新问题，把精准扶贫精准脱贫基本方略切实落到实处。一是从供给侧入手，深刻认识发展产业是实现脱贫的根本之策，牢牢抓住产业扶贫，精确选准特色项目，避免盲目追求短期效益，着力提升产品质量，夯实产业扶贫基础，形成由产业推动的长效而高质量的扶贫发展态势。二是从需求侧发力，积极探索消费扶贫的新模式，精准解决制约消费扶贫的"卡脖子"难题，通过市场机制推动贫困地区产品和服务进入全国市场，形成依靠市场促进贫困人口稳定脱贫的良好局面。三是更好发挥政府作用，不断创新扶贫体制机制。要以"三权"分置推动"三变"改革（资源变资产、资金变股金、农民变股东）为突破口，深入推进农村集体产权制度改革，激活农村各类要素，赋予农民更多财产权。四是主攻深度贫困地区，精准施策、精准推进，着力解决突出问题。特别要瞄准"看不见的贫困"，通过贫困地区职业教育和技能培训，加强开发式扶贫与保障性扶贫统筹衔接。五是从影响农村发展的基础性和战略性问题入手，统筹实施脱贫攻坚与乡村振兴战略，在产业、人才、<u>文化</u>、生态、组织等方面持续用力、久久为功，防止贫困人口在脱贫后返贫，以乡村振兴巩固和<u>扩大脱贫</u>成果。

录入技巧

1. 须联词消字定字的："场（子）、减（少）、贫（乏）、它（的）、贵（重）、重（要）、举（着）、访（问）、扶（持）、（大）致、根（治）、施（展）、策（马）、靶（心）、拔（河）、意识（形）、智（者）、志（气）、问（诊）、治（理）、力（气）、长效（机）、赋予（了）、（形）式、久（已）、功（德）、返（回）"。

2. 单音词须特定的："着（X：ZE）、由（W：IEO）、合（W：XG）、已（W：I）、期（W：XGI）、权（XGIUNA）、变（W：BINA）"。

3. 须双手并击的："则是（XZI）、之广"。

4. 须分开单击的："之大、之深、找准、万人、因人因地、内生"。

5. 打全音码可以捆绑的："几千万、多万人"。

6. 后置成分："社会、系统、制度"。

7. 须在重码提示行中进行选择的："打赢（2）、激活（3）、发力（4）、股金（2）、实施（2）"。

8. 可以造词的："短板"。

素养训练

可言而不信，宁无言也。

注释：

不信：没有信用。宁：宁可。

翻译：

如果言而无信，那就宁可不说话。

出处：

《大戴礼记·曾子立事》。

词语辨析

施策

"施"：实行、用上、给予。

失策

计谋错误：虑无失策丨此乃失策之举。

原动力

①产生动力的力。

②引申为本因、根源。

中高级速度过渡训练

中级速度听打

聆听训练音频

要求： 下面这篇短文共 901 个字。首先要求读准确，然后通过用亚伟码反复规范地听打，要求至少在 5 分 19 秒内听打完（180 字/分钟），准确率达 98% 以上。

历史是最好的教科书。当前我们正处在"两个一百年"奋斗目标的历史交汇期，为实现新的目标，重温党的百年历史，对于提高干部的领导水平有着重要意义。

形势的复杂性要求我们通过学习党史提高领导水平。中华民族伟大复兴战略全局和世界百年未有之大变局，对我们党的领导水平提出了新的更高要求。从国际看，中国作为一个发展中国家，综合国力的不断增强，使得我们的国际地位得到新的提升，同时也面临更多来自各方面的压力和挑战，应对更为复杂的国际局势，对我们是一种新的考验。从国内看，随着社会主要矛盾的变化，各种新的情况和问题也随之而来，满足人民群众对美好生活的向往，推进现代化建设在经济、政治、文化、科技、国防等各方面的新任务，推进国家治理体系和治理能力现代化等，也对我们党的领导水平提出新要求。学习党史，我们可以从中汲取把握形势、处理复杂问题的经验和智慧。

任务的艰巨性要求我们通过学习党史提高领导水平。新中国成立以来，经过 70 多年的奋斗，我们已经有了一个很好的基础。但摆在我们面前的，并不是铺满鲜花的坦途。建设社会主义现代化国家，实际上是一次新的长征。面对各种新的任务、新的困难、新的风险，考验的是我们党的组织和党员干部的意志力、坚忍力、自制力。在我们党的历史上，不论是硝烟弥漫的战争年代，还是挥洒汗水的建设和改革岁月，在各种艰难险阻面前，我们就是靠着坚定的理想信念，靠着顽强不屈的革命斗志，领导人民群众闯关夺隘、披荆斩棘赢得胜利。学习党史，我们可以从党领导人民战胜各种困难和挑战的经历中汲取智慧和力量。

党的自身建设实际要求我们通过学习党史提高领导水平。提高党的领导水平，前提是把党自身建设搞好。党的十八大以来，以习近平同志为核心的党中央推进全面从严治党取得卓著成效。同时必须清醒地看到，党内存在的思想不纯、政治不纯、组织不纯、作风不纯的问题如果得不到根本解决，就会直接影响党的领导水平。在我们党的历史上，提高党的领导水平，都是先从解决好党内现实问题入手的，如果没有延安整风对党风、学风、文风问题的解决，党就不可能顺利完成领导新民主主义革命的任务；如果没有十一届三中全会及其前后解决党的思想路线问题，党就不可能领导改革开放顺利前进。

录入技巧

1. 须联词消字定字的："力（气）、夺（得）、隘（口）、经历（了）、纯（朴）"。

2. 单音词须特定的："期（W：XGI）、各（X：G）、和（X：G）、着（X：ZE）、党（W：DNO）"。

3. 须双手并击的："也对、就会、先从"。

4. 须分开单击的："铺满、就不"。

5. 打全音码可以捆绑的："清醒地、延安整风"。

6. 后置成分："世界、社会、矛盾"。

7. 须在重码提示行中进行选择的："交汇（3）、党史（2）、变局（2）、智慧（2）、坦途（4）、坚忍（6）、自制（2）、汗水（2）、治党（3）、卓著（3）、文风（2）"。

8. 可以造词的："未有之"。

素养训练

君子上交不谄，下交不渎。

注释：

上交：结交地位高的人。谄：谄媚讨好。下交：结交地位低的人。渎：轻侮。

翻译：

结交上级不谄媚阿谀，结交下级不随意轻慢。

出处：

《周易·系辞下》。

词语辨析

坦途（同"坦涂"）

①平坦的道路。

②比喻顺利的形势或境况。

闯关夺隘

"隘"指险要的地方。

高级速度训练准备

聆听训练音频

要求： 下面这篇短文共 679 个字。首先要求读准确，然后综合运用各种录入技巧，用亚伟码反复看打录入，要求准确、熟练。

推动数字经济与实体经济深度融合

新一轮科技革命和产业变革方兴未艾，以大数据、云计算、人工智能等为代表的新一代信息通信技术促使经济社会发生深刻变化，数字经济蓬勃兴起，数字技术广泛渗透于生产生活。根据中国信息通信研究院的数据，2020 年我国数字经济规模达到 39.2 万亿元，占 GDP 比重为 38.6%，目前位居世界第二。与此同时，数字产业化和产业数字化加速演进，进一步推动数字经济与实体经济深度融合，已经成为建设现代化经济体系、实现高质量发展的重要路径。

"十四五" 规划提出 "打造数字经济新优势"，强调 "充分发挥海量数据和丰富应用场景优势，促进数字技术与实体经济深度融合，赋能传统产业转型升级，催生新产业新业态新模式"，对以数字化转型整体驱动生产方式、生活方式和治理方式变革提出了要求。下一阶段，需以推动数字经济与实体经济深度融合为抓手，加快推动数字产业化，推进产业数字化转型，不断壮大经济发展新引擎。

激活数据要素潜能，加快培育数据要素市场。当前，数据已经成为与传统的劳动力、资金、土地等并列的生产要素，且表现出特殊性。一方面，数据体量庞大且更新速度快，在经济社会发展进程中，各领域都需要应用数据并不断产生新的数据。另一方面，数据不受时间空间等因素限制，可以共享且拓展延伸。企业可以通过现代信息技术捕捉到数据，并应用于生产、流通等各环节，能够有效提高企业的生产效率。推动数字经济与实体经济深度融合，需充分挖掘数据作为生产要素的潜能，释放数据的价值，加快培育数据要素市场。特别是要对数据的所有权、使用权、转让权等作出明确界定，在保障数据安全的同时，打破现有壁垒，将数据用好用足。

录入技巧

1. 须联词消字定字的："院（落）"。
2. 单音词须特定的："和（X：XG）、以（X：I）、于（X：IU）、需（X：XIU）、各（X：G）、权（X：XGIUNA）"。
3. 须分开单击的："对以、需以、不受"。
4. 打全音码可以捆绑的："万亿元、应用于"。
5. 后置成分："企业"。

6. 须在重码提示行中进行选择的："实体（2）、兴起（2）、演进（2）、打造（2）、业态（2）、激活（3）、体量（2）"。

素养训练

视其所好，可以知其人焉。

注释：

好：爱好。

翻译：

观察他所喜好的事物，就可以知道他到底是什么样的人。

出处：

宋·欧阳修《有美堂记》。

词语辨析

体量

①气量；器度。

②指建筑物的规模。

③犹体谅。

体谅

有所体察而谅解：服务不周，还望体谅。

高级速度训练1

听打训练

要求： 下面这篇短文共 729 个字。首先要求读准确，然后通过用亚伟码反复规范地听打，要求至少在 3 分 50 秒内听打完（190 字/分钟），准确率达 98% 以上。

加快完善科技创新体制机制

举国体制是社会主义集中力量办大事制度优势的集中体现，是我国科技创新实现历史性转变、取得历史性成就的重要法宝。构建社会主义市场经济条件下关键核心技术攻关新型举国体制，是在新的发展形势和发展要求下，坚持走中国特色自主创新道路的战略性制度安排。构建新型举国体制，要遵循科技创新规律和社会主义市场经济规律，做好顶层设计和统筹谋划，集中力量抓重大、抓尖端、抓基本，做到全国一盘棋。

国家战略科技力量是构建新型举国体制的关键载体。经过 70 年的发展，我国已经拥有一支高水平战略科技力量，在推动我国科技创新事业中发挥了不可替代的作用，是建设新型举国体制的核心骨干力量。当前，我国科技创新正处于加快整体跃升、实现引领发展的关键阶段，必须进一步夯实自主创新的物质技术基础，加快建设以国家实验室为引领的创新基础平台。以国家目标和战略需求为导向，瞄准国际科技前沿，集中优势科技资源，在一些重大创新领域布局一批体量更大、学科交叉融合、综合集成的国家实验室，组织具有重大引领作用的协同攻关，形成集群优势，率先实现重点突破，进而引领带动和加速提升我国的科技综合实力。

国家重大科技项目是构建新型举国体制的重要抓手。要从长远的战略需求出发，进一步聚焦目标、突出重点，部署一批体现国家战略意图、关系国家全局和长远的重大科技项目、关键核心技术攻坚任务，与已经部署的重大项目形成梯次接续的系统布局。以国家重大科技任务为牵引，以国家战略科技力量为主体，充分调动和发挥高校、企业、社会等各方面创新力量，形成开放合作、协同攻关的新格局，加快产出一批战略性技术和战略性产品，开辟新的产业发展方向和重点领域，培育一批新的经济增长点，形成支撑创新发展的先发优势，为经济社会发展提供强大动力。

录入技巧

1. 须联词消字定字的："支（部）、集成（了）"。

2. 单音词须特定的："各（X：G）"。

3. 须双手并击的："要从"。

4. 须分开单击的："新的"。

5. 打全音码可以捆绑的："办大事、一盘棋"。

6. 后置成分："制度、系统、企业、社会"。

7. 须在重码提示行中进行选择的："攻关（3）、夯实（2）、体量（2）、梯次（3）、主体（2）、先发（2）"。

素养训练

检书烧烛短，说剑引杯长。

注释：

检书：翻检图书，指看书。说剑：论剑，指谈论兵事。引杯：举杯，饮酒。长：时间久。

翻译：

点烛读书，烛火越来越短；醉里看剑，酒越喝越痛快。

出处：

唐·杜甫《夜宴左氏庄》。

词语辨析

夯实

捣实。如：把土夯实是打地基的重要一环。

攻关

攻打关口，比喻努力突破科学、技术等方面的难点：刻苦钻研，立志~丨对于重点科研项目，要组织有关人员协作~。

公关

公共关系的简称。

看打训练

聆听训练音频

要求： 下面这篇短文共793个字。首先要求读准确，然后通过用亚伟码反复规范地看打，要求至少在4分11秒内看打完（190字/分钟），准确率达到98%以上。

坚持发展和规范并重。规范发展、加强监管是为了促进平台经济更加健康、更可持续发展，对于支持相关企业增强创新能力、更好参与国际竞争，实现规范健康持续发展具有重要作用。为此，需要坚持正确政治方向，统筹发展和安全、国内和国际，聚焦平台经济领域面临的突出问题，明确规则，划清底线，加强监管。健全完善规则制度，及时弥补规则空白和漏洞，加强数据产权制度建设，强化平台企业数据安全责任。提升监管能力和水平，优化监管框架，实现事前事中事后全链条监管；加强数字化监管支撑，加强和改进信用监管，充分发挥行业协会和平台等多方力量的作用，形成治理合力。

坚持创新和开放联动。引导平台经济向开放、创新、赋能方向发展，补齐平台经济发展短板弱项，有利于推动平台经济规范健康持续发展。为此，在开放方面，重点引导降低平台经济参与者经营成本，推动构建有序开放的平台生态，促进平台经济参与各方平等互利、合作共赢。在创新方面，支持和引导平台企业加大研发投入，加强基础研究，夯实底层技术根基，扶持中小科技企业创新。在赋能方面，加速用工业互联网平台改造提升传统产业、发展先进制造业，支持消费领域平台企业挖掘市场潜力，增加优质产品和服务供给，引导平台企业在赋能制造业转型升级、推动农业数字化转型、促进扩大内需等方面创造更大价值，推动平台经济为高质量发展和高品质生活服务。

营造良好发展环境。积极营造良好的法治环境和营商环境，让各类市场主体创新源泉充分涌流、创造活力充分迸发。鼓励发展平台经济新业态，加快培育新的增长点。发展"互联网+服务业"，支持社会资本进入基于互联网的医疗健康、教育培训、养老家政、文化、旅游、体育等新兴服务领域；发展"互联网+生产"，推进工业互联网创新发展。加强政府部门与平台数据共享，上线运行全国一体化在线政务服务平台电子证照共享服务系统；加大全国信用信息共享平台开放力度，支持平台提升管理水平，夯实新业态成长基础。

录入技巧

1. 须联词消字定字的："事（实）、赋（税）、短（处）、营（地）、商（品）"。

2. 须双手并击的："多方"。

3. 打全音码可以捆绑的："数字化"。

4. 后置成分："企业、制度、社会"。

5. 须在重码提示行中进行选择的："底线（2）、支撑（2）、合力（2）、补齐（2）、共赢（3）、夯实（2）、底层（2）、法治（2）、业态（2）、基于（2）、新兴（2）、上线（3）、在线（3）、证照（4）"。

6. 可以造词的："短板"。

素养训练

以人言善我者，必以人言罪我也。

注释：

以：用。人言：别人的话。善：讨好。罪：谴责，归罪。

翻译：

你因为别人的话认为我好，也一定会因为别人的话认为我不好。

出处：

《韩非子·说林上》。

词语辨析

业态

业务经营的形式、状态：京城零售业在~上已形成新的格局。

液态

物质的液体状态，物质存在的一种形态。

高级速度训练2

看打训练

聆听训练音频

要求： 下面这篇短文共816个字。首先要求读准确，然后通过用亚伟码反复规范地看打，要求至少在4分06秒内看打完（200字/分钟），准确率达98%以上。

增强职业教育适应性何以重要

今年的政府工作报告把教育事业放在民生社会保障领域，从民生的高度抓教育，遵循规律办教育。对职业教育工作提出的要求是"发展现代职业教育，改善职业教育办学条件，完善产教融合办学体制，增强职业教育适应性"四项要求，聚焦促进教育公平与质量提升。

这个要求既与党的十九届五中全会和"十四五"规划提出的要把"增强职业技术教育适应性"作为实现"建设高质量教育体系"的重要举措相符合，又与中共中央办公厅、国务院办公厅印发的《关于推动现代职业教育高质量发展的意见》提出的要"切实增强职业教育适应性"总体要求相一致，还衔接2021年的政府工作报告。

这样反复强调增强职业教育的适应性，作为推动职业教育高质量发展的主攻方向，一是表明它在职业教育创新发展中的重要性；二是说明推进该项工作的艰巨性，也充分说明政府坚持把教育这个关乎千家万户和中华民族未来的大事办好的决心和信心。

第一，增强适应性是促进职业教育高质量发展的关键所在。职业教育属于普惠性、基础性、兜底性民生建设，增强适应性就是要瞄准技术变革和产业优化升级的方向，推进产教融合、校企合作，促进教育链、人才链与产业链、创新链有效衔接，吸引更多青年接受职业技能教育，拓展人口质量红利，提升人力资本水平和人的全面发展能力，切实促进产业升级转型，加快建设制造业强国，切实增进民生福祉，实现更加充分更高质量就业，扩大中等收入群体，促进共同富裕。

第二，适应性是职业教育的特点。如果说基础性是中小学教育的特点，需要开展通识教育，创新性是高等教育的特点，需要立足学术前沿，那么适应性就是职业教育的特点，没有社会需求就没有职业教育的存在，没有产业支撑就没有高质量的职业教育，没有技能形成就没有就业创业，需要通过产教融合、校企合作，按照专业设置与产业需求对接、课程内容与职业标准对接、教学过程与生产过程对接的要求，及时更新教学标准，将新技术、新工艺、新规范、典型生产案例及时纳入教学内容。

录入技巧

1. 须联词消字定字的："项（目）、相（等）、它（的）、大事（件）、校（务）、企（业）、链（矢）"。

2. 单音词须特定的："办（W：BNA）、教（W：GIAO）、既（然）、又（XW：IEO）"。

3. 须双手并击的："要把"。

4. 须分开单击的："将新"。

5. 打全音码可以捆绑的："相一致"。

6. 须在重码提示行中进行选择的："印发（2）、关乎（2）、福祉（7）、通识（7）"。

素养训练

凡事豫（预）则立，不豫（预）则废。

注释：

豫：事先有准备，同预。

翻译：

做任何事情，事前有准备就可以成功，没有准备就会失败。

出处：

《礼记·中庸》。

词语辨析

兜底

①（~儿）把底细全部揭露出来（多指隐讳的事）。

②全部承受：这活儿你们先干着，剩下的我兜底。

通识

①学识渊博的人。

②学识渊博。

③指广博的知识。

综合训练

聆听训练音频

要求： 下面这篇短文共 596 个字。首先要求读准确，然后综合运用各种录入技巧，用亚伟码反复看打录入，要求准确、熟练。

到 2020 年现行标准下的农村贫困人口全部脱贫，是党中央向全国人民作出的郑重承诺，必须如期实现。脱贫攻坚的关键是建立长效机制，既要有"面"上的区域性治理创新，更要有"线"上的政策性机制改革，尤其是医疗保障制度建设，它的实质是减贫防贫计划和制度安排。据 2016 年保监会数据，当年我国贫困人口当中因病致贫占到了 42%。2019 年末，全国农村贫困人口已降至 551 万人，但因病致贫、返贫的压力依然存在，城镇居民也同样面临此压力。因此，加快完善医疗保障减贫防贫长效机制，将为决战决胜脱贫攻坚奠定坚实基础。

我国医保制度建设在减贫防贫中发挥重要作用

一定程度上说，建立中国特色医保制度的初衷，就是基于减贫防贫的考量，其显著优势之一，也是它具有减贫防贫的制度效能。党的十八大以来，党中央高度重视医疗保障工作，将其放在了党和国家事业全局的重要位置，作出了一系列重要部署，我国医疗保障实现了历史性跨越、突破性进展。当前，我国基本医保参保人数超过 13.5 亿人，覆盖率达到 95% 以上。2019 年，居民医保政策范围内的医疗费用报销水平已达到 70% 左右，职工医保达到 80% 以上。

2018 年 3 月，党中央在统筹推进"三医联动"改革、借鉴基层实践探索的基础上，组建了国家医疗保障局。这是推进国家治理体系和治理能力现代化的重要举措，标志着我国医疗保障事业翻开了新的历史篇章。集中力量抓好医保精准扶贫，推进抗癌药降税降价，坚决打击欺诈骗保行为，加快城乡居民医保制度整合，推动医保信息化建设。

录入技巧

1. 须联词消字定字的："既（然）、线（路）、减（少）、防（止）、病（人）、（大）致、贫（乏）、返（回）、亿（特）、医（生）、借鉴（了）、骗（人）、保（护）"。

2. 单音词须特定的："已（W：I）"。

3. 须双手并击的："要有、将为、也是（XZI）"。

4. 须分开单击的："将其"。

5. 打全音码可以捆绑的："放在了"。

6. 后置成分："制度"。

7. 须在重码提示行中进行选择的："郑重（2）、如期（2）、万人（2）、初衷（3）、基于（1）、优势（2）、参保（2）、降税（3）、降价（2）"。

素养训练

烹牛而不盐，败其所为也。

注释：

烹：烧煮。不盐：不放盐。败：败坏。为：所做的事，指烹牛。

翻译：

煮牛肉不舍得放盐，结果把牛肉煮坏了。比喻做事因小失大，甚不可取。

出处：

《淮南子·说山》。

词语辨析

初衷

原本的心意；最初的想法：有负初衷 | 不变初衷。

高级速度训练3

听打训练

聆听训练音频

要求： 下面这篇短文共912个字。首先要求读准确，然后通过用亚伟码反复规范地听打，要求至少在4分36秒内听打完（200字/分钟），准确率达98%以上。

近日，中央宣传部等五部门联合印发《关于加强新时代文艺评论工作的指导意见》，对加强新时代文艺评论工作进行全面部署。可以说，推动新时代文艺评论工作高质量发展，"加强"二字，是其核心精神。也就是说，面对相当一个时期文艺评论对促进文艺繁荣的作用不突出，存在着明显不足，甚或成为文艺整体发展"短板"的现象，当前和今后一段时间，着力加强文艺评论工作是现实的需要，是文艺界面临的重大任务。那么，我们应该如何加强文艺评论工作呢？开展专业权威的文艺评论是一条重要路径、关键路径。

开展专业权威的文艺评论，是牵动改变现有不理想的评论状况的"牛鼻子"，是推进新时代文艺评论工作质量大幅提升的"关节点"，是增强文艺评论效能、营造健康评论生态的"关键一环"。为什么这么说呢？因为只有开展"专业权威的文艺评论"，才能起到导向正确和精神指南的作用；因为文艺评论要做到具有专业性和权威性，就必然有一套科学的话语体系做支撑；因为开展专业而权威的文艺评论，其批评标准肯定是严格高尚的，是能够把政治性、艺术性、社会反映和市场认可统一起来的；因为开展专业权威的文艺评论，势必要从作品出发，坚持严肃客观的评价态度，秉持辩证的、实事求是的、以理服人的批评精神。换一种说法，开展专业权威的文艺评论，是改进评论文风，发扬中国特色评论威力，让文艺评论更有水准更有锐气的一条必由之路。

当代中国的专业权威的文艺评论，指的是一种以马克思主义文艺理论为指导的评论，或者说指的就是马克思主义文艺评论。因为其他各种非马克思主义的文艺评论，其专业性和权威性，显然是达不到我们所希望的层次的。我们应该有这样的自信，即马克思主义文艺评论比其他任何种类的文艺评论都是更专业、更权威的评论，或者说是比其他任何种类的文艺评论都更加彻底、更有说服力、更具影响力的评论。比如，马克思对欧仁·苏的小说《巴黎的秘密》的评论、恩格斯对大诗人歌德的评论、列宁对老托尔斯泰思想和作品的评论，就是杰出的典范。这是近现代文艺思想史所证明了的。

前一段文艺评论工作不尽如人意，究其原因，说一千道一万，就是由于马克思主义的文艺评论少了，能操马克思主义文艺批评枪法的评论家少了，真正具有科学性、战斗力和说服力的评论作品也少了。

录入技巧

1. 须联词消字定字的："大幅（度）、指（出）、具（体）、力（气）、仁（爱）、苏（伊）、史（册）、操（心）"。

2. 单音词须特定的："部（W：B）、字（W：DZ）、即（XW：GI）、道（W：DAO）"。

3. 须双手并击的："甚或"。

4. 须分开单击的："更有"。

5. 打全音码可以捆绑的："文艺界、影响力"。

6. 后置成分："主义、科学"。

7. 须在重码提示行中进行选择的："近日（2）、印发（2）、支撑（2）、文风（2）、威力（2）、杰出（3）、究其（3）"。

素养训练

所是同袍者，相逢尽衰老。

注释：

同袍：指交情极深的朋友。

翻译：

与那些交情极深的朋友相逢时，我们已经衰老了。

出处：

唐·王昌龄《长歌行》。

词语辨析

甚或

表示进一层的意思。

究其原因

"究"：推求，追查；极，到底。

综合训练

聆听训练音频

要求： 下面这篇短文共862个字。首先要求读准确，然后综合运用各种录入技巧，用亚伟码反复看打录入，要求准确、熟练。

汽车的智能化、网联化的融合发展使智能网联汽车不再只是交通运载工具，也是大型智能终端、计算中心，还是中国汽车行业实现弯道超车的绝佳机会，更是支撑构建智能交通和智慧城市的关键节点。但在汽车数据安全与隐私保护上依旧存在具体条款缺失、网联融合应用不充分，存在数据壁垒、部分法律法规跟不上产业发展等诸多问题。

在此背景下，朱华荣建议要不断完善法律法规体系，在安全可控的范围内包容新兴产业发展；加强政府引导、法规保障、标准统一，加速行业合作，打破数据壁垒；合理制定汽车数据安全与隐私保护要求，建立可信汽车数据流通渠道，在满足数据安全要求的同时，进一步促进智能网联汽车发展。

车辆电子合格证取代纸质合格证，提升国家信息化管理能力。

随着数字化及信息技术的迅速发展，信息化管理能力的不断提升、管理范围的不断拓展，各类纸质证明、证书及发票等正在不断被电子化文件所取代，推进票证电子化是社会发展的必然趋势。

目前车辆合格证仍采用纸质证书形式。纸质合格证不仅影响消费者新车上户办理效率，还增加社会和企业管理成本和难度。朱华荣建议，以电子合格证取代纸质车辆合格证，通过信息技术实现系统管理，并通过打通产业链信息管理系统，实现"消费者、整车企业、经销商、融资机构、车管所"之间作业流程线上化流转，进而提升国家信息化管理能力、提升市场管理效率、提升消费者满意度、降低产业成本。

股比放宽后，加强对地方政府引入外资车企引导。

自2022年1月1日起，汽车制造领域取消乘用车制造外资股比限制以及同一家外商可在国内建立两家及两家以下生产同类整车产品的合资企业的限制。

股比放开后，如何合理对外资车企在中国的业务布局（包括新的投资等）进行引导，避免合资产能放空，造车资源浪费？如何避免地方政府政策支持重叠和无序竞争？对此，朱华荣建议，首先，更新并完善《汽车产业投资管理规定》等相关国家政策，加强汽车行业投资准入政策管控力度，加强涉外投资项目（产能）安全审查，防止盲目布点和重复建设投资；其次，加强地方政府对外资车企的金融税收等优惠条件的监管，避免外资在地方政府间博弈重复获得优惠政策。

录入技巧

1. 须联词消字定字的："网（络）、联（系）、智能（化）、朱（德）、荣（誉）、打通（了）、股（民）、起（来）、造（成）"。

2. 单音词须特定的："化（X：XG）、后（X：XGEO）、自（X：DZ）"。

3. 须双手并击的："整车"。

4. 须分开单击的："上户、可在、两家"。

5. 打全音码可以捆绑的："跟不上"。

6. 后置成分："企业、系统"。

7. 须在重码提示行中进行选择的："不再（2）、弯道（4）、支撑（2）、智慧（2）、节点（2）、缺失（2）、在此（2）、制定（2）、纸质（2）、放空（2）、无序（7）"。

素养训练

凡民有丧，匍匐救之。

注释：

丧：灾难。匍匐：爬行，这里指尽力。

翻译：

凡是邻居有了难事，就是爬着也要前去相帮。

出处：

《诗经·邶风·谷风》。

词语辨析

不在

不存在。

不再

不重复第二次。

高级速度训练4

聆听训练音频

听打训练

要求： 下面这篇短文共822个字。首先要求读准确，然后通过用亚伟码反复规范地听打，要求至少在3分54秒内听打完（210字/分钟），准确率达98%以上。

在新发展阶段，我国内外环境发生深刻变化，如何通过制度型改革开放推动经济高质量发展，如何在推动高质量发展中强化就业优先导向、提高经济增长的就业带动力，都需要深入思考。要稳定宏观经济大盘，保持经济运行在合理区间，坚持经济发展就业导向，强化就业优先政策，实现更加充分更高质量就业。

要正确认识和把握技术进步与就业增长目标的关系，重新激发"技术之善"。技术进步在局部、短期可能带来就业压力，对就业产生一定的挤出效应。对此要保持高度关注，政策发力适当靠前，从提高科学素养、职业技能等多方面着手，推动劳动力素质不断提升，培养适合市场需求的高素质劳动力。

信息化、数字化技术的日新月异在为经济发展提供新动能的同时，也对传统就业结构和就业形式带来较大冲击，主要表现在智能化、自动化的应用将加速对部分人工的替代。有数据显示，机器人和人工智能技术将导致全球15个主要经济体就业岗位减少510万个。但同时，新技术的应用、新业态的出现也会催生新的行业和新的就业岗位，形成对传统就业岗位的有效替代，并会带来社会上灵活就业、弹性就业的比重上升。

也要看到，新旧动能的转换会逐步减少对一般劳动力的需求，增加对高技能劳动者的依赖。因此要在供需两侧共同发力，以应对新出现的就业结构性矛盾。一方面，要完善高等教育、职业教育的专业设置和人才培养机制，加强对市场需求人才的培养。要适应新型就业形态的变化，加强对劳动力的专业技能培训；另一方面，要加强对社会灵活就业、弹性就业等新就业形态的研究和服务，不断完善就业统计、监测指标体系，通过更加科学有效的宏观政策为"稳就业"提供坚实保障。

推动制造业迈向全球价值链中高端，以延伸产业链推动就业。一方面，深化创新驱动战略，围绕创新链布局产业链，把就业优先与高质量发展统一起来。技术和产品创新将有效降低单位生产成本，实现企业规模扩张，改变最优劳动力投入，对就业市场带来长期利好；另一方面，加快"中国制造"向"中国智造"演化进程，优化制造业在全球的价值链结构。

录入技巧

1. 须联词消字定字的："型（心）、力（气）、善（意）、显示（了）、依赖（性）、稳（定）、坚实（的）、链（矢）、智（者）、造（成）"。

2. 单音词须特定的："者（W：ZE）、以（X：I）"。

3. 须双手并击的："也对、最优"。

4. 须分开单击的："靠前、万个"。

5. 打全音码可以捆绑的："挤出效应"。

6. 后置成分："制度、科学、矛盾、社会"。

7. 须在重码提示行中进行选择的："优先（2）、发力（3）、业态（2）、供需（2）"。

素养训练

匪今斯今，振古如兹。

注释：

匪：不是。斯：是。振古：自古。兹：此。

翻译：

不是今天才如此，自古以来即如此。

出处：

《诗经·周颂·载芟》。

词语辨析

监测

监视检测：~卫星｜环境~｜空气污染~。

检测

检验测定：质量~。

看打训练

聆听训练音频

要求：下面这篇短文共 913 个字。首先要求读准确，然后通过用亚伟码反复规范地看打，要求至少在 4 分 21 秒内看打完（210 字/分钟），准确率达 98% 以上。

哲学如何成为严格的科学

现象学的创始人埃德蒙德·胡塞尔提出，哲学，而且只有哲学，是一门严格的科学；现象学也不是哲学中的某一学派，它就是哲学本身。正是这种"为哲学正名"的精神，使得胡塞尔在从事哲学时洋溢着非比寻常的神圣性、严肃性和海洋一般宽广的襟怀。他毕生都是一位温和的战士，为了真理和人类未来倾尽全力。今天，让我们重新回到他的理想，回到他开始的地方，用我们自己的光，点燃那最初的一簇簇灵感火花。

真正的哲学需要精神力量作支撑

为了理解"哲学作为严格的科学"这一理想，我们需要重新审视：何谓"科学"？何谓"严格"？哲学又是如何实现"严格的科学"这一理想的？日常意义上的科学，是各门自然科学的总称，是精确的学问，它的核心是可量化性、精确的描述性和预见性，它预设了物质的存在，并且通常要使用数学模型。近代自然科学发展到今天，已经有了一系列固定的程式、模型、研究对象和方法，我们学习自然科学，就是要去领会掌握这些，似乎各种既定的东西摆在我们面前，我们需要的仅仅是"学而时习之"，记忆、练习、熟练操作，或开拓出新的方法，或拓展新的领域，基于承继，方得发展。

我们常把工作和娱乐以及我们属人的一面分开，以此来忍受工作的机械性。科学工作者在某一瞬间曾经或即将自问：在科学中，"我自己"在哪里？我作为人，自然而然的好奇心、探索的愿望、基于自由的成就感实现了吗？如果科学只意味着一系列程式化的操作，那么 AI 岂不是会做得比我更好、更高效、更少错误和偏差？我存在的价值在哪里？或许恰恰就是等着被机器人替代吗？有没有一瞬间，你突然被一种厌倦和虚无感笼罩，你看不到这一切的意义，因为你的生命之流并未被真正注入你所做的工作中？

这些问题可能是令人害怕的，这就是为什么一种真正的哲学总是需要很强的精神力量作为支撑。不过，一旦问出了这些问题，你也许就与浮于表面的所谓"科学"拉开了距离，迈出了走向真正的科学和奥秘的第一步。因为，真正的科学就是对奥秘的接近和探索，是仰望苍穹时一瞬间的惊叹和敬畏；科学的真正突破基于灵感，基于自由心性所迸发出的创造力。

尽管一百多年前尼采就说"重估一切价值"，但正是今日所爆发的空虚感、无意义感乃至精神危机，迫使着我们真正地"重估一切价值"。

录入技巧

1. 须联词消字定字的："德（国）、簇（拥）、门（前）、它（的）、摆（设）、方（法）、常（常）、属（于）、感（觉）、未（来）、浮（想）、力（气）、重（新）、估（计）"。

2. 单音词须特定的："它（的）、时（W：XZ）、又（XW：IEO）、各（X：G）、得（W：D）、以（X：I）、与（W：IU）、于（X：IU）、无（W：U）"。

3. 须双手并击的："蒙德"。

4. 须分开单击的："以此、更少、就与"。

5. 打全音码可以捆绑的："胡塞尔、迈出了"。

6. 后置成分："科学"。

7. 须在重码提示行中进行选择的："正名（2）、一位（2）、战士（2）、支撑（2）、总称（2）、程式（3）、基于（1）、承继（4）、哪里（2）、程式化（2）、之流（3）、敬畏（3）、心性（3）"。

素养训练

小惑易方，大惑易性。

注释：

惑：疑惑，糊涂。易：变换，颠倒。方：方向。性：本性。

翻译：

小的糊涂会使人颠倒方向，大的糊涂就会错乱人的本性。

出处：

《庄子·骈拇》。

词语辨析

正名

辨正名称、名分，使名实相符：正名定分 | 守慎正名。

证明

①用可靠的材料或事实来表明或判定真伪对错等：证明一条定理 | 我证明他当时不在场。②可用来证实的材料：事实是最好的证明。③以若干判断为根据，断定另一个判断为真的思维形式。

高级速度考评

听打考评

聆听训练音频

要求： 下面这篇考评材料共 971 个字。通过用亚伟码规范地听打，要求能在 4 分 29 秒内听打完（220 字/分钟），校对时间为 4 分 29 秒，准确率达 98% 以上。

《规划》全面贯彻落实中央关于深化营商环境改革的总体要求和战略部署，将优化营商环境作为规划目标的重中之重，立足于激发各类市场主体活力，提出一系列重点任务，为规范市场竞争秩序、完善现代化市场监管机制等方面工作指明了方向，对于加快建设高标准市场体系、构建更加成熟的社会主义市场经济体制具有重大而深远的意义。

一、《规划》是激发各类市场主体活力的战略蓝图

市场主体是市场经济的基本细胞和力量单元，是高质量发展的根基、韧性及潜力所在。激发市场主体活力，是深化供给侧结构性改革的主要动力和目标导向之一，也是建设现代化经济体系、促进我国经济高质量发展的关键举措。总体看来，《规划》关于优化营商环境和激发市场主体活力的表述，理念新颖、目标宏大、任务务实、举措可行，为持续优化营商环境、激发各类市场主体活力指明了前进方向，提供了行动指南。

与国际先进水平相比，我国的营商环境仍有短板弱项。为了更好激发市场主体活力，必须坚持以企业和人民群众满意度为出发点和落脚点，持续推动营商环境改革不断深入，"放"出活力、"管"出公平、"服"出便利。正如《规划》所指出的，要坚持放管结合、放管并重，深入推进"放管服"改革，深化商事制度改革，提升公正监管水平，完善市场主体支持政策，有效降低制度性交易成本，更大激发市场主体活力和发展内生动力，为畅通经济循环、推动高质量发展提供有力支撑。

二、持续优化营商环境是增强市场主体内生发展动力不可或缺的制度动因

优化营商环境，是党中央、国务院根据新形势新任务新要求作出的重大决策部署，是增强微观市场主体活力、释放全社会创新创业创造动能的重要举措，是加快转变政府职能、推进国家治理体系和治理能力现代化的重要内容，同时也是进一步深化改革、发展更高水平开放型经济的重要保障。

随着"放管服"改革的不断深化，持续优化营商环境已成为激发市场主体活力的重要制度动因。营商环境的优劣直接影响着市场主体的兴衰、生产要素的聚散和发展动力的强弱。激发市场主体活力，就是要把该营造的环境营造好，该制定的规则制定好，着力提升政务服务能力和水平，让企业和企业家有充分成长和施展才华的空间，最大限度激发市场主体发展内生动力和创造力，稳定市场预期和信心，着力夯实经济增长的微观基础。《规划》立足于激发市场主体活力、促进经济稳定增长，对"十四五"时期持续优化营商环境作出全面部署。

录入技巧

1. 须联词消字定字的："营（地）、商（品）、短（处）、服（务）、事（实）、有力（气）、型（心）"。

2. 单音词须特定的："和（X：XG）、已（W：I）、着（X：ZE）"。

3. 须双手并击的："也是（XZI）、要把"。

4. 须分开单击的："放管、内生"。

5. 打全音码可以捆绑的："进一步、创造力、立足于"。

6. 后置成分："企业、制度、社会"。

7. 须在重码提示行中进行选择的："韧性（2）、理念（2）、务实（9）、制定（2）、预期（2）、夯实（2）"。

素养训练

大海浮萍，也有相逢之日。

注释：

浮萍：水面漂浮不定的草。

翻译：

虽然人海茫茫，漂泊不定，也总有见面的机会。

出处：

明·冯梦龙《警世通言·卷十二》。

词语辨析

供给侧

经济学术语，意思指供给方面。

看打考评

聆听训练音频

要求： 下面这篇考评材料共 1150 个字。通过用亚伟码规范地看打，要求能在 5 分 13 秒内看打完（220 字/分钟），无校对时间，准确率达 98% 以上。

面向人工智能时代的伦理策略

人工智能来了，未来需要我们吗？

人类未来究竟会是一幅怎样的图景？未来图景一是融合科技与后人类发展。依照这一图景，除了人工智能可能发展出超级人工智能之外，纳米、生命、认知和信息等融合科技将使人类的认知与智能增强成为可能，甚至与人工智能和机器人融为一体，乃至可以通过意识上传和身体替代而获得永生。例如，可以通过药物、基因技术等实现认知与智能增强，如服用聪明药可以使人的智能得到改善。此外，可以通过读心术、读脑术、认知介入技术、人机融合的"赛博格"技术等，走向超人类或后人类。例如，不仅人的而且动物的记忆都有可能被移植。但这些技术若能得到开发并付诸应用，必将带来一些难以回避的问题。人类不得不思考的是，人之所以为人，一个最重要的因素是具有自主性，认知介入技术的发展会不会使人的自主性受到冲击？人还有没有认知上的自由？把别人的记忆移植到某人的大脑以后，怎么知道认知是移植过来的还是自身的？

未来图景二是机器掌控世界。机器智能超越人类智能，机器可以在无人监督的情况下自主学习、自行决策甚至自动升级，人类的命运因此可能在很大程度上为机器所掌握。如果机器智能在功能上超越人类智能，甚至从其心智中涌现出意识和自我意识，人类是否会被机器消灭，取决于人类赋予机器智能的伦理架构是否能在终极意义上，使智能机器遵循机器人三定律等伦理义务或绝对的道德命令。如果机器智能在功能上超越人类，但不可能生成意识和自我意识，人类很可能因为对机器的依赖越来越强，而将越来越多和越来越复杂的任务交给机器处理，最终越来越无力掌控维持人类社会运转的复杂决策和行动，不得不逐渐将命运在事实上完全托付给机器。在此不可逆的未来情境中，即便人类认识到不应该由机器掌控世界，也会因为对机器的高度依赖而无法通过关闭机器重获主导权。

未来图景三是人类依然保持对机器的控制，但出现了难以消弭和日渐扩大的智能化鸿沟。在此未来情境中，机器和社会为少数掌握权力、资本和创新的精英所控制，人口中的大多数越来越多地放弃工作而成为社会系统中不必要的"累赘"，即所谓"无用阶层"的出现。而"无用阶层"无疑会对社会治理带来巨大的挑战。如何对其进行心理疏导和社会管控？如何从心理和精神层面对其进行智能化的引导和校正？由此也可能会带来更为复杂的问题，特别是可能出现智能算法的非人格化权力在对不同群体的赋能和授权上的不平等，以及由此形成的渐行渐远的智能化鸿沟等根本性分歧。

透过这些可能的情景构想，人工智能和智能化的未来发展将呈现诸多不易解决的难题。首先，人工智能与智能化发展可能会导致社会不平等的激化与极端化。与以往的自动化及网络信息技术一样，人工智能和智能化的发展日益呈现出对就业的冲击，"机器换人"可谓愈演愈烈，而这一冲击很可能加剧甚至激化社会群体的不平等。

录入技巧

1. 须联词消字定字的："智能（化）、药（物）、读（书）、脑（子）、术（语）、机（械）、格（式）、性（格）、机器（人）、赋予（了）、依赖（性）、重（新）、获（得）、消（息）、弭（兵）、渐（渐）、行（为）、远（大）"。

2. 单音词须特定的："使（X：XG）、由（W：IEO）、即（XW：GI）、化（X：XG）"。

3. 须双手并击的："若能、对其"。

4. 须分开单击的："人的、从其、而将"。

5. 打全音码可以捆绑的："人工智能、不可逆"。

6. 后置成分："世界、社会、系统"。

7. 须在重码提示行中进行选择的："图景（2）、认知（4）、意识（2）、上传（2）、移植（8）、付诸（3）、自行（1）、心智（3）、终极（6）、生成（3）、无力（5）、情境（2）、精英（3）、权力（2）、不易（6）、激化（2）"。

素养训练

孔德之容，惟道是从。

注释：

孔：大。容：容止，行动。从：服从。

翻译：

一个人拥有大德，并非是要这个人去做什么惊天地泣鬼神的事情，这个人只需要跟随着道行事就可以了。

出处：

老子《道德经》。

词语辨析

权力

①权位，势力。②指有权力。③指职责范围内的领导和支配力量。

权利

"义务"的对称。法律对公民或法人能够作出或不作出一定行为，并要求他人相应作出或不作出一定行为的许可。

附　录

亚伟中文速录机培训教程（7.0 版）

本部分所列内容包括高频特定单音词和双音、三音略码词语对照表；后置成分高频特定双音词；高频四音略码词语；高频多音略码词语；三音消字表；形码元一览表。这些列表可供学生随时查阅、浏览，其中，特定、略码词语也可以作为练打材料使用。

一　高频特定单音词和双音、三音略码词语对照表

高频特定单音词		双音略码词语		三音略码词语
X:	W:	:X	:W	首音节 X:X
				阿拉伯
		爱情	爱国	爱好者
按	案	按照	安全	安理会
		昂贵		
		澳门		奥运会
把		巴黎	爸爸（八月）	芭蕾舞（八路军）
百	白	白色	百万	百分点
半	办	办理	办法	办公室
帮		帮忙	帮助	
报	包	保证	包括	保护人
被	倍	北京	北方	被告人
本		本质	本身	本部门
		崩塌	崩溃	
比	笔	比较	必须	必需品
便	变	变成	变化	辩护人
表	标	表示	表现	标准化
别		别离	别人	憋足劲
		宾客	宾馆	
并	病	并且	病人	并没有
		玻璃	剥削	博览会
不	部	不能	部分	不能不
才	采	才能	采用	财产权
		参加	参考	参加者
		仓促	仓库	
草		操作	操纵	
侧		测定	测量	
层	曾	曾经	层次	
差	查	差别	差距	差不多
		拆卸	拆开	拆墙脚
		产品	产生	颤巍巍
长	厂	长期	长度	常见于

高频特定单音词		双音略码词语		三音略码词语
X:	W:	:X	:W	首音节 X:X
朝	超	潮流	超过	
车		彻底	车间	
陈		沉淀	沉重	沉甸甸
称	成	成为	程度	成活率
吃	尺	持续	持久	吃不上
虫	重	重新	充分	充其量
		抽象	仇恨	筹备会
出	除	出来	出去	出发点
		揣测	揣摩	
穿	船	传播	传统	传染病
闯		创造	创作	创始人
		垂直	吹捧	
		春天	春秋	纯利润
此	次	刺激	此外	
从		从而	从事	
				凑热闹
		促成	促进	促进派
		摧残	摧毁	
村	寸	存在	存贮	
错		措施	错误	
大	打	大家	达到	大规模
带	代	代替	代表	代用品
但		但是	单位	单方面
当	党	当然	当时	党中央
到	道	到底	道路	到时候
的	得	得到	德国	得罪人
等		等等	等于	等于零
地	第	地方	地区	第一次
点	电	电脑	电话	电视机
调	掉	调查	调动	
定	顶	定理	定律	
动	东	东西	动作	东南亚

高频特定单音词		双音略码词语		三音略码词语
X:	W:	:X	:W	首音节 X:X
都		都是	斗争	斗争性
	度	独立	赌博	独立性
短	段	锻造	锻炼	短训班
对	队	对象	对于	对立面
吨		蹲点		吨位
多	夺	多少	多数	多方面
		恩情	恩爱	
而		而且	儿童	
法	发	发展	法国	发言人
凡	反	反应	反对	反革命
放	防	方面	方法	房地产
非	飞	飞机	非常	废品率
分	份	分析	分子	分界线
风	封	封建	丰富	丰产田
		佛教	佛祖	
否		否则	否认	否决权
副	富	复杂	负责	服务员
该	改	改变	改革	概念化
干	敢	感到	感觉	感觉到
刚	钢	钢铁	刚才	港澳台
高	搞	告诉	高度	高强度
各	个	革命	各个	革命化
给				
根	跟	根本	根据	
更				
公	共	工业	工作	共产党
够		构造	构成	购买力
故	股	固定	古代	顾不上
挂				
管	关	关系	管理	冠军赛
光	广	广大	广泛	光秃秃
归		规定	规律	规范化
过	国	国家	过程	国务院
				哈尔滨

高频特定单音词		双音略码词语		三音略码词语
X:	W:	:X	:W	首音节 X:X
还	海	还是	孩子	海南岛
汉	含	含量	含有	含水量
行				
好	号	好像	豪华	好容易
和	合	和平	合乎	核试验
黑		黑天	黑暗	黑龙江
很		很小	很快	很难看
横		横行	衡量	
红		红色	宏观	轰炸机
后		后来	后面	候选人
户		忽然	互相	
化	话	化学	划分	划时代
坏				坏分子
换		环境	欢迎	欢送会
黄		荒谬	荒废	
会	回	回来	恢复	会员国
		混淆	混合	婚姻法
活	或	货币	或者	火车站
及	几	基础	技术	积极性
加	假	加强	加快	加拿大
间	件	建设	坚决	柬埔寨
将	讲	将来	讲话	讲排场
较	教	交换	叫做	交易所
节	届	解决	结果	解放军
斤	进	近来	进行	尽可能
经	竟	经济	经过	经济学
就	旧	就是	就要（九月）	就是说
据	举	举行	具有	具体化
卷				
绝		决定	绝对	绝对化
均	军	均匀	军队	军事化
卡				
开		开展	开放	开发区

高频特定单音词		双音略码词语		三音略码词语
X:	W:	:X	:W	首音节 X:X
看		看到	看出	看样子
靠		考验	考虑	
可		可能	客观	科学家
肯		肯定	恳求	肯尼亚
		坑害	坑人	
空		空气	控制	空架子
口		口号	口头	扣帽子
苦	哭	苦难	库存	哭鼻子
		夸大	跨度	
快	块	快餐	快速	
宽		宽大	宽广	
矿		况且	狂欢	
		困难	困苦	
		扩大	扩充	扩大化
拉		拉扯	拉开	拉关系
来		来宾	来源	来得及
蓝		篮球	蓝图	拦河坝
		浪潮	浪费	
老		劳改	劳动	劳动力
了		乐趣	乐观	乐天派
类		类型	类似	雷雨云
		冷藏	冷却	
里	离	利用	例如	利润率
连	联	联系	连续	联合国
两	量	粮食	良好	两手抓
		了解	疗效	了不起
		劣迹	列车	列车员
		临时	邻国	临时工
另	领	领导	领袖	领事馆
流	留	留恋	流动（六月）	留学生
		隆重	垄断	
楼		楼房	漏洞	
路		路线	录用	录像机

高频特定单音词		双音略码词语		三音略码词语
X:	W:	:X	:W	首音节 X:X
率		履行	绿色	旅游业
乱				乱糟糟
		掠夺	略去	略高于
		论证	论述	轮训班
落		落实	落后	逻辑性
马		马上	麻烦	马尼拉
买	卖	买卖	埋头	卖力气
满	漫	漫谈	满足	
忙		盲从	盲人	盲目性
		贸易	茂盛	毛织品
没	每	每年	没有	没什么
		闷热	门口	门市部
		猛烈	猛攻	猛回头
米	密	密切	密谋	
面	棉	面貌	面前	免不了
秒		描写	描绘	
		蔑视	灭亡	
民		民族	民主	民主党
名	命	明显	明确	明细账
		谬论		
末		摩擦	磨损	莫斯科
某		某些	谋划	
亩		目的	目前	穆斯林
那	拿	那么	那样	
乃		耐心	耐用	耐寒性
难	男	难道	南方	男子汉
		脑袋	恼怒	闹革命
内		内勤	内容	内蒙古
能		能力	能够	能动性
你	泥	你们	拟稿	尼泊尔
年		年来	年代	年产量
				娘儿俩
您				
		宁可	宁愿	凝聚力

高频特定单音词		双音略码词语		三音略码词语	高频特定单音词		双音略码词语		三音略码词语
X:	W:	:X	:W	首音节 X:X	X:	W:	:X	:W	首音节 X:X
浓	弄	农民	农村	农产品	全	权	权利	全国	全国性
		努力	怒容	奴隶制	却	确	确定	缺点	
女		女士	女人	女主人			群体	群众	群众性
				暖洋洋	然	染	燃烧	然后	
		偶然	欧洲	偶然性	让				
怕		怕死	怕羞				饶命	扰乱	
派	排	排列	排除	派出所	热		热烈	热心	热心肠
		攀登	判决	判决书	人		人们	人民	人贩子
旁		旁边	旁观	旁观者	仍		仍然	仍旧	
跑		抛弃	抛售	泡病号	日		日期	日本	日用品
配		配合	培养	陪审员			溶解	溶液	
喷							柔和	柔软	
碰		膨胀	朋友		如	入	如下	如果	
批	皮	批评	批判	批评家			软件	软化	软弱性
片	篇	偏差	片面	片面性			润色	润滑	
		飘然	漂亮	飘飘然	若	弱	若是	若干	
		撇下	撇开		塞				
		品种	频率	贫困户	散		散漫		散布（三月）
		平行	平均	平方米			丧失	丧命	
破		迫害	破坏	破天荒	色		色彩	色盲	
		剖析	剖开	剖面图			森林	森严	
		普遍	普通	普遍性	杀		杀死	杀人	杀人犯
其	期	起来	其他（七月）	企业家	山	善	陕西	山区	
		恰当	恰如		上	伤	上来	上面	商标法
前	千	前来	前面	潜伏期	少	稍	少年	少数	少先队
强	抢	强调	强度	强有力	社	设	设计	设备	奢侈品
		巧妙	侨眷	瞧不起	深	身	什么	深入	审判员
且		切实	切断	怯生生	生	升	生产	生活	生产量
亲		亲自	侵略	侵略者	使	时	时间（十分）	时候（十月）	事实上
请	轻	青年	情况	轻工业	受	收	受到	首先	受不了
		穷困	穷人		数	书	数量	属于	
求		求证	秋收	球迷们					耍花招
去	区	去年	区别						

高频特定单音词		双音略码词语		三音略码词语
X:	W:	:X	:W	首音节 X:X
		率领	衰落	
双		双手	双方	双职工
水		水分	水平	水电站
顺		顺利	顺序	
说		说明	说话	说不上
似	死	思想	饲料	思想家
		四川	四月	
送	宋	送入	送出	送人情
		搜集	搜查	
素	速	塑料	速度	诉讼法
算		算是	酸痛	酸牛奶
虽	岁	虽然	随着	
		损失	损害	
所		所谓	所有	所有权
他	她	他们	她们	
太	台	态度	台湾	太平洋
谈		谈到	谈话	贪污犯
唐	糖	搪塞	倘若	
套		逃犯	讨论	讨论会
特		特点	特别	特别是
		腾空	疼痛	
题	提	提高	提出	体育场
天	田	天下	天津	天安门
条	跳	调整	条件	
铁		铁证	铁路	
听	停	停止	听见	
同	通	同志	通过	统治者
头	投	投资	投入	投保人
图	土	突然	土地	土耳其
团		团结	团体	团体赛
推	退	推行	推动	推销员
				吞吐量
脱			妥协	托儿所

高频特定单音词		双音略码词语		三音略码词语
X:	W:	:X	:W	首音节 X:X
无		武装	无论（五月）	无线电
挖		瓦解	挖掘	
外		外交	外国	外交部
完	万	完成	完全	
往	望	往来	妄图	
为	位	为了	委员	为什么
问	文	问题	文化	文学家
我		我们	我国	
系		吸收	希望	吸引力
下		下来	下面	下意识
现		现在	现象	现代化
向	想	相等	相同	相适应
小	笑	小姐	效果	消费者
写		协定	协调	
新	信	心里	信号	新加坡
星		形式	形成	形式上
				凶杀案
修		修理	修改	休假日
需	须	需要	许多	叙利亚
选		选择	宣传	选举权
		学习	学生	学术界
		训练	迅速	训练班
		一切	一般	一系列
以	已	已经	以后	以色列
压		压力	压迫	
言	沿	研究	严重	严重性
样		样品	养成	
要		要是	要求	邀请赛
也	页	业绩	也许	野战军
因	引	因此	因为	
应		应该	影响	营业员
用		勇于	永远	用不着

高频特定单音词		双音略码词语		三音略码词语
X：	W：	：X	：W	首音节 X：X
有	由	由于	有关	优越性
于	与	于是	舆论	于是乎
原	元	原则	原料	原则性
月		约束	月份	越来越
运	云	运用	运动	运动员
		杂质	杂用	
在	再	在于	再生	
		咱们	赞成	
		葬礼	藏族	
早		遭到	造成	
则		责备	责任	
		怎么	怎样	怎么样
		增加	增长	
		诈骗	榨取	诈骗犯
		摘要	债权	债权人
占	站	战争	战斗	战斗力
长		障碍	账户	掌权者
着	找	照片	召开	招待所
着	者	折价	折算	哲学家
		这些	这样	
		二者		

高频特定单音词		双音略码词语		三音略码词语
X：	W：	：X	：W	首音节 X：X
真		真正	镇压	真实性
正		正确	政府	政治犯
之	只	知道	只有	指战员
中	种	重要	中国	重要性
周		周期	周围	周期性
住	主	主要	主席	主席团
抓		抓紧	抓住	
转	传	专门	转动	专利权
装		状态	状况	装饰品
		追求	追究	
准		准备	准确	准确性
		着手	着重	
自	字	自然	自己	自动化
总		总是	总统	总产量
走		走向	走狗	走后门
组		组成	足球	
		钻研	钻营	
最		最小	最后	
			遵守	
作	做	作用	作为	

1. 高频特定单音词的录入方法为"X：音节码"或"W：音节码"，双手并击录入 1 个汉字。相应的汉字以表中为准。如击"X：DZO"为"作"，击"W：DZO"为"做"。

2. 双音略码的录入方法为"音节码：X"或"音节码：W"，双手并击录入 1 个双音词。相应的词语以表中为准。如"DZO：X"录入"作用"，"DZO：W"录入"作为"。

3. 表中位于括号内的双音略码，左手请击"中文小写数字特定码"。

4. 三音略码的录入方法为先左手或右手击音节码，再双手并击"X：X"，录入 1 个三音词。相应的词语以表中为准。如"DZEO X：X"录入"走后门"。

二 后置成分高频特定双音词

1. 活动 **XGWUEO** 大肆活动 党团活动 恐怖活动 社会活动 政治活动 思想活动 准备活动 **2. 阶级** **GWIE** 剥削阶级 地主阶级 反动阶级 工人阶级 农民阶级 统治阶级 无产阶级 有产阶级 中产阶级 资产阶级 **3. 矛盾** **XBWN** 敌我矛盾 根本矛盾	基本矛盾 阶级矛盾 民族矛盾 内部矛盾 外部矛盾 制造矛盾 主要矛盾 自相矛盾 **4. 企业** **XGWIE** 大型企业 独资企业 工业企业 国有企业 技术企业 科技企业 民办企业 合资企业 乡镇企业 中型企业 **5. 社会** **XZWUE** 封建社会 阶级社会 奴隶社会 原始社会	**6. 世界** **XZWIE** 称霸世界 宏观世界 精神世界 内心世界 外部世界 微观世界 **7. 系统** **XWUEO** 灌溉系统 光学系统 呼吸系统 排水系统 神经系统 消化系统 **8. 学校** **XWAO** 高等学校 公立学校 教会学校 会计学校 民办学校 农业学校 师范学校 商业学校	私立学校 体育学校 专科学校 **9. 制度** **ZWU** 宗法制度 剥削制度 耕作制度 工作制度 规章制度 国家制度 货币制度 婚姻制度 教育制度 经济制度 会计制度 陪审制度 社会制度 司法制度 选举制度 政治制度 专制制度 **10. 主义** **ZWI** 爱国主义 霸权主义	拜金主义 保守主义 本位主义 帝国主义 法西斯主义 封建主义 改良主义 个人主义 共产主义 官僚主义 国际主义 集体主义 教条主义 经验主义 军国主义 浪漫主义 利己主义 列宁主义 马克思主义 盲动主义 冒险主义 民主主义 命令主义 平均主义 人道主义 沙文主义	社会主义 实用主义 投降主义 无政府主义 唯物主义 现实主义 新民主主义 形式主义 虚无主义 殖民主义 折中主义 种族主义 主观主义 资本主义 宗派主义 **11. 科学** **XBGWIUE** 材料科学 基础科学 军事科学 人文科学 社会科学 应用科学 自然科学

1. 表中列出了11个"后置成分"双音词及其编码，均可用左手或右手单独录入。

2. 表中其他四音或五音词语录入方法为双手并击"第一个汉字的音节码：后置成分双音词编码"。如"社会主义"指法为"XZE：ZWI"，即左手击第一个汉字"社"的音节码"ZWE"，右手击后置成分"主义"的编码"ZWI"，双手并击完成"社会主义"的录入。

三　高频四音略码词语

A

爱国热情
爱国人士
安定团结
安全生产
安于现状
安装工程
安分守己
按劳分配
澳大利亚

B

八五计划
白色恐怖
百花齐放
百家争鸣
百折不挠
半途而废
半殖民地
包产到户
保加利亚
保卫祖国
本世纪末
比例失调
必不可少
边远地区
变本加厉
表演艺术
别有用心
别出心裁
冰天雪地
拨乱反正
剥削制度

播种面积
薄弱环节
不好意思
不骄不躁
不仅仅是
不可避免
不可思议
不良倾向
不切实际
不屈不挠
不以为然
不言而喻
不折不扣
不正之风
不知不觉

C

财务监督
财政收入
财政收支
裁减军备
彩色电视
产权管理
产业工人
产业开发
常规武器
长期以来
长远利益
长治久安
超级大国
超额利润
彻底清查
乘风破浪

乘胜前进
成本核算
吃大锅饭
赤手空拳
充分发挥
充分认识
丑恶事物
初级阶段
触犯刑律
传统教育
创汇产品
匆匆忙忙
从严控制
从业人员
粗制滥造
错综复杂

D

打成一片
打击报复
大公无私
大好时机
大好形势
大惊小怪
大量生产
大势所趋
大专院校
代表大会
当家作主
当前形势
当务之急
党的纪律
党和政府

倒行逆施
道德规范
德才兼备
敌对势力
地方政府
地理环境
地下水位
电话会议
电视广播
电子工业
掉以轻心
调查取证
调查研究
调动起来
斗志昂扬
独立自主
堵塞漏洞
对立统一
对外开放
对外贸易
多种多样
多种经营

F

发达国家
发愤图强
发展目标
法定程序
法律手段
法律行为
繁花似锦
繁荣昌盛
繁荣富强

反对霸权
反法西斯
反腐倡廉
犯罪分子
方方面面
方针政策
纺织工业
非法盗卖
非法行为
废寝忘食
奋斗目标
奋发图强
奋勇进取
奋勇前进
丰富多彩
丰功伟绩
风险机制
风云变幻
奉公守法
服务行业
服务质量
腐败行为
富有成效
复员军人

G

改革开放
概括地说
干干净净
感性认识
干群关系
港澳同胞
高速发展

高速增长
搞好团结
革命战争
个人利益
个人消费
个体经济
各国政府
各行各业
各式各样
各行其是
根本利益
购销两旺
工程设计
工程项目
工人运动
工业结构
工业企业
工业增长
工艺流程
工作方法
工作起来
工作作风
公共交通
供不应求
共产党员
共同富裕
古今中外
工业生产
顾全大局
寡不敌众
关心群众
管理技能

管理体制	换句话说	建筑工程	经营指标	劳动强度	民族团结
贯彻落实	**J**	建筑艺术	精神文明	劳动群众	民族压迫
贯彻执行	基本方针	健康发展	竞相攀比	劳动时间	面向未来
广播电台	基本观点	讲求实效	就业门路	劳动英雄	莫名其妙
归根到底	基本建设	讲求效益	局部利益	老老实实	墨守成规
国防工业	基本路线	教学改革	举世瞩目	乐不可支	**N**
国防力量	基本原理	教育部门	具体部署	雷厉风行	农村工作
国际环境	基本原则	教育革命	具体实际	理所当然	农副产品
国际形势	基层组织	竭尽全力	具体实践	理性认识	农民起义
国家机构	积极分子	结合起来	巨大变化	利税收入	农民战争
国家权力	积极因素	结合实际	巨大增长	厉行节约	农田水利
国家机关	集体创造	解放思想	决定力量	励精图治	农业机械
国家利益	集体利益	解放战争	决定因素	立案侦破	农业技术
国民经济	集体经济	金融形势	军备竞赛	联合公报	农业生产
国民收入	集中力量	金融秩序	军事基地	廉洁奉公	弄虚作假
国内战争	技术革新	尽力而为	**K**	廉政建设	**P**
过快增长	技术培训	经济发展	开动脑筋	两条道路	培养人才
H	计划生育	经济管理	抗日战争	两种制度	蓬勃发展
海洋资源	计划指标	经济规律	科学技术	粮食作物	蓬蓬勃勃
好上加好	加快发展	经济工作	科学研究	量力而行	平方公里
毫不动摇	加快改革	经济核算	客观规律	临危不惧	平均利润
浩浩荡荡	价值规律	经济基础	刻苦钻研	零售价格	平均收入
和平共处	坚定不移	经济结构	克己奉公	领导核心	破案效率
和平演变	坚决贯彻	经济领域	会计核算	领导机构	普遍规律
狠抓落实	艰苦创业	经济生活	快速增长	领导机关	普遍真理
后来居上	艰苦奋斗	经济手段	扩大开放	令行禁止	**Q**
轰轰烈烈	艰苦朴素	经济体制	扩大会议	流通领域	齐心协力
宏观管理	艰巨复杂	经济危机	扩大投资	垄断资本	企业集团
宏观控制	见义勇为	经济稳定	扩军备战	垄断组织	千差万别
宏观调控	检查部门	经济效益	**L**	楼堂馆所	千方百计
互相补充	检举揭发	经济增长	来之不易	**M**	千千万万
互相配合	建立健全	经济秩序	劳动改造	马马虎虎	前所未有
化学肥料	建立起来	经济作物	劳动纪律	蒙特利尔	强调指出
化学工业	建设时期	经营方式	劳动竞赛	煤炭工业	切切实实
环境保护	建设项目	经营思想	劳动模范	民主党派	敲诈勒索

侵略扩张	认真学习	生产关系	说来说去	突飞猛进	显而易见
侵略战争	认真总结	生产能力	思想工作	突然袭击	显著成效
青红皂白	日新月异	生产指标	思想建设	团结和睦	想方设法
清理整顿	日益加强	生产资料	思想教育	团结起来	消费结构
清清楚楚	日益深入	生动活泼	思想路线	推向前进	消费资料
轻重缓急	日益增长	生机勃勃	思想体系	妥善处理	销售总额
全国纪录	软件开发	生态平衡	思想武器	**W**	小康生活
全国人民	**S**	生育高峰	思想准备	外交使节	新生事物
全局观念	三个世界	剩余产品	司法机关	微不足道	欣欣向荣
全面改革	三座大山	剩余价值	四化建设	违法乱纪	星球大战
全面贯彻	森林资源	剩余劳动	四面八方	违法行为	形而上学
全面进步	商品经济	胜利前进	虽然如此	维护和平	形形色色
全面落实	商品流通	施加压力	随心所欲	伟大理想	行政处分
全民所有	商品生产	食品工业	随行人员	文化教育	行政管理
全体会议	商业利润	实际成本	损人利己	文教卫生	行政手段
确确实实	商业资本	实际情况	所有这些	文学艺术	行之有效
群众利益	上层建筑	实践证明	**T**	稳产增产	兴高采烈
群众路线	上行下效	实事求是	贪污盗窃	稳定发展	雄心壮志
群众团体	少数民族	十年规划	贪污腐化	稳定增长	学生运动
群众运动	舍己救人	始终不渝	贪污受贿	乌鲁木齐	循序渐进
群众组织	社会发展	世界大战	提高警惕	无可奈何	**Y**
R	社会风气	世界市场	提高质量	无期徒刑	研究执行
人口控制	社会关系	事业单位	体育运动	无私奉献	严格控制
人口质量	社会科学	市场繁荣	天气预报	无法无天	严肃查处
人均收入	社会稳定	市场供应	体制改革	武装部队	严肃认真
人民法院	社会生活	市场机制	田径运动	武装力量	阳奉阴违
人民代表	社会治安	市场价格	条件反射	物价管理	也就是说
人民军队	社会制度	市场经济	同甘共苦	物价上涨	冶金工业
人民团体	社会秩序	市场需求	同时进行	物质文明	一成不变
人民武装	社会组织	适销对路	同心同德	**X**	一点一滴
人民政府	身体力行	受贿贪污	同心协力	习惯势力	一分为二
人民战争	深化改革	率先垂范	通货膨胀	先锋模范	一个中心
人造卫星	深入人心	水利工程	统一战线	先进分子	一国两制
认真贯彻	深入实际	水土保持	投机倒把	先进技术	一技之长
认真落实	生产方式	水土流失	投机取巧	先进水平	一劳永逸

一氧化碳	勇于创新	有令不行	祖国统一	振兴中华	治理整顿
以权谋私	勇于开拓	又快又好	扎扎实实	整体利益	质量管理
以身作则	勇于思考	舆论监督	朝气蓬勃	政权机关	至关重要
议事日程	勇于探索	与此同时	战斗堡垒	政治力量	中共中央
意识形态	勇往直前	愈演愈烈	战略部署	政治体制	中华民族
阴谋诡计	优良传统	约束机制	战略目标	政治稳定	中心任务
因地制宜	优良结构	运行机制	战无不胜	政治协商	重要力量
引吭高歌	优良作风	**Z**	沾沾自喜	知识分子	种族歧视
英雄事迹	优生优育	再接再厉	掌握规律	知识青年	众所周知
英雄人物	由此可见	责任事故	这就是说	职能转变	忠于职守
英雄气概	友好合作	增产节约	这是什么	指导方针	助人为乐
拥军优属	有禁不止	增强团结	针锋相对	指导思想	抓住时机
拥政爱民	有利时机	增长速度	振兴经济		

四　高频多音略码词语

被压迫民族	两手都要硬	指导性计划	路线方针政策	在很大程度上
不结盟国家	面向现代化	指令性计划	民族文化传统	在这个基础上
不结盟运动	毛泽东思想	中国共产党	民主法制建设	在这种情况下
从实际出发	民主集中制	中央政治局	农村包围城市	政治体制改革
厂长负责制	欧洲共同体		全面深化改革	中央工作会议
大大地发扬	全民所有制	爱国统一战线	人民民主专政	走自己的道路
大大地提高	群众的力量	持续快速健康	认真贯彻落实	
第三次会议	热烈的掌声	党的基本路线	社会主义经济	半殖民地半封建
发展生产力	人民武装部	党中央国务院	社会主义建设	改革开放的步伐
发展中国家	社会生产力	富强民主文明	市场经济体制	加快改革和发展
反革命分子	社会总需求	高标准严要求	思想政治工作	经济技术开发区
丰富的经验	深度和广度	各地区各部门	四项基本原则	经久不息的掌声
岗位责任制	实现现代化	国民生产总值	提高工作效率	批评和自我批评
个体所有制	是否有利于	工农业总产值	提高经济效益	勤俭办一切事业
更上一层楼	桃李满天下	宏观调控措施	物质文明建设	生产资料公有制
巩固和发展	为人民服务	基本建设投资	物质文化生活	维护群众的利益
国内外形势	无政府状态	计划经济体制	伟大光荣正确	新民主主义革命
集体所有制	唯物辩证法	坚持改革开放	违法乱纪分子	现代化建设事业
集团购买力	文化大革命	精神文明建设	维护世界和平	宣传思想工作者
继承和发扬	现代化建设	经济结构调整	为群众办实事	一个巴掌拍不响
加强和改善	学习和借鉴	经济体制改革	现代企业制度	以阶级斗争为纲
加利福尼亚	伊斯坦布尔	科学技术水平	宣传思想工作	中华人民共和国
扩大再生产	优点和缺点	理论联系实际	一百年不动摇	资产阶级共和国
劳动生产率	有中国特色	立场观点方法	优化经济结构	资产阶级自由化
两个基本点	正因为如此	两个文明建设	在党的领导下	

1. 本表只列部分四音及多音略码，仅供参考。

2. 四音略码需连续依次双手并击"首字音节码：末字音节码"和"X：X"。如"科学技术"录入方法为"XBG：XZU（科术）X：X"。

3. 多音略码需连续依次双手并击"首字音节码：次字音节码"（不可以使用双音略码）和"末字音节码：XO"。如"中华人民共和国"录入方法为"ZUEO：XGW（中华）GO（国）：XO"。

五 三音消字表

A

艾滋（病）	暗地（里）	黯然（失）	按时（计）

B

贬义（词）	芭蕉（扇）	避雷（针）	便携（式）	保质（期）
菠萝（蜜）	备忘（录）	百灵（鸟）	边际（效）	北伐（军）
变电（站）	不眠（之）	拔刀（相）	百花（齐）	饱经（忧）
补习（班）	保值（储）	报仇（雪）	报效（祖）	报国（舍）
秉公（执）	抱头（鼠）	杯酒（释）	被捕（在）	编余（人）
扁形（动）	变幻（无）	病理（解）	波澜（起）	勃勃（生）
博学（多）	部级（干）	梆子（腔）	保洁（箱）	保龄（球）
报幕（者）	包心（菜）	编程（序）	边远（地）	标识（等）
病逝（前）	捕鼠（器）	捕鲸（船）	布谷（鸟）	

C

菜籽（油）	城建（局）	穿衣（镜）	插班（生）	肠胃（病）
出境（证）	常言（道）	辞职（报）	党纪（国）	财源（茂）
触及（到）	成都（市）	穿针（引）	纯洁（组）	处世（哲）
初试（阶）	查处（案）	常胜（将）	厂级（领）	畅行（无）
超期（服）	潮汐（预）	扯皮（现）	沉冤（莫）	吃请（送）
持股（公）	冲昏（头）	崇洋（媚）	出境（证）	出没（无）
出奇（制）	出乎（意）	出师（表）	楚辞（集）	船舶（设）
串通（一）	疮痍（满）	才智（出）	低值（易）	蚕食（鲸）
采油（树）	财务（办）	材积（表）	猜谜（儿）	茶话（会）
初学（者）	储电（量）	抽气（机）	除氧（器）	触发（器）
穿心（莲）	残余（岁）	撑竿（跳）	承办（部）	赤诚（之）
重见（天）				

D

倒班（制）	董事（长）	打捞（船）	冬至（点）	戴帽（子）
调研（室）	代办（处）	奠基（石）	钉子（户）	电信（局）
打字（机）	登记（处）	达成（协）	多边（形）	抵押（品）

洞庭（湖）　　低级（趣）　　单项（式）　　党纪（国）　　得意（洋）
登峰（造）　　电机（工）　　电针（疗）　　电离（层）　　碘化（物）
独轮（车）　　督导（司）　　毒气（弹）　　毒理（学）　　打扫（卫）
打靶（场）　　打胜（仗）

E

阿谀（奉）

F

缝纫（机）　　纺织（业）　　防腐（剂）　　附属（国）　　复式（犁）
复合（模）　　反腐（倡）　　凤尾（竹）　　防卫（厅）　　防火（带）
防治（所）　　防滑（链）　　防锈（剂）　　防雨（布）　　防沙（林）
防暑（降）　　发泡（剂）　　芳香（油）　　伏击（战）　　废弃（物）
负心（人）　　复印（机）　　分销（店）　　风湿（病）　　风俗（习）
风疹（块）　　风靡（一）　　发祥（地）　　方块（字）　　方志（敏）
珐琅（质）　　奉献（给）　　反映（强）　　附件（厂）　　附庸（风）
分期（付）　　分时（系）　　纷繁（复）　　奋力（拼）　　粉妆（玉）
奋起（直）　　封官（许）　　复仇（女）　　富商（大）　　富丽（堂）
富于（理）　　发报（机）　　发源（地）　　返销（粮）　　返修（率）
泛神（论）　　蜂巢（胃）　　父权（制）

G

戈壁（滩）　　公有（制）　　公理（法）　　公益（金）　　公证（人）
公私（合）　　公用（事）　　公职（人）　　攻坚（战）　　攻击（力）
孤儿（院）　　孤立（于）　　甘居（中）　　甘露（醇）　　干劲（十）
橄榄（枝）　　工笔（画）　　工读（学）　　观礼（台）　　故宫（博）
干预（制）　　高速（前）　　高贵（品）　　关税（壁）　　告急（电）
功利（主）　　供认（不）　　恭贺（新）　　古稀（之）　　古籍（书）
古文（字）　　古体（诗）　　骨科（医）　　罐头（食）　　广谱（抗）
国界（之）　　国事（访）　　工休（日）　　恭维（话）

H

狐狸（精）　　回忆（录）　　货郎（担）　　货车（周）　　火力（点）
火化（场）　　火星（报）　　活化（石）　　海事（仲）　　寒冬（腊）
护肤（品）　　护士（长）　　护理（员）　　红眼（病）　　滑雪（板）

化妆（品）　　汇丰（银）　　获利（税）　　赫尔（辛）　　喊冤（叫）
毫无（疑）　　恒星（周）　　胡编（乱）　　互补（原）　　互通（有）
互教（互）　　花费（时）　　花甲（之）　　华东（师）　　华裔（旅）
挥霍（无）　　悔过（自）　　贿赂（之）　　豁嘴（缺）　　豁然（开）
豪华（型）　　耗油（率）　　毫微（米）　　盒子（枪）　　候机（室）
弧光（灯）

J

结核（病）　　金门（岛）　　金质（奖）　　金丝（猴）　　金龟（子）
狙击（手）　　居留（证）　　基督（教）　　吉普（车）　　记叙（文）
寄予（希）　　寄存（器）　　寄居（蟹）　　寄件（人）　　寄宿（制）
剪刀（差）　　交际（花）　　交响（乐）　　交相（辉）　　交接（班）
交款（后）　　纪检（委）　　纪实（性）　　几年（来）　　几天（以）
几何（体）　　计程（仪）　　计时（器）　　检察（长）　　检举（揭）
检票（口）　　检疫（站）　　基建（处）　　监察（局）　　监测（器）
接线（员）　　接收（者）　　紧紧（的）　　焦化（厂）　　竞技（场）
竞相（攀）　　荆棘（丛）　　警卫（员）　　警戒（线）　　激将（法）
激进（党）　　假面（具）　　假象（牙）　　假想（敌）　　假道（学）
假山（异）　　讲习（所）　　讲师（团）　　脊梁（骨）　　减振（器）
进取（心）　　近视（眼）　　佼佼（者）　　接合（部）　　接力（赛）
借书（证）　　借贷（资）　　即使（是）　　既得（利）　　机动（车）
机器（人）　　机电（部）　　经纪（人）　　经典（作）　　急于（求）
急需（掌）　　急躁（情）　　举世（无）　　坚定（不）　　警世（钟）
郡县（制）　　街道（居）　　街头（诗）　　渐进（性）　　杰出（贡）
积蓄（已）　　加班（费）　　加减（法）　　致病（性）　　简政（放）
匠心（独）　　截机（事）　　截肢（术）　　截流（井）　　截击（机）
解铃（系）　　晋级（调）　　井底（之）　　畸形（发）　　久经（沙）
敬业（乐）　　基底（细）　　禁忌（证）　　禁渔（区）　　尽职（尽）
浸蚀（剂）　　简易（床）　　极其（深）　　极乐（世）　　给予（支）
鸡子（儿）　　集束（式）　　集成（电）　　集市（贸）　　集邮（簿）
激励（下）　　夹生（饭）　　甲级（队）　　脚气（病）　　间断（性）
绞肉（机）　　矫正（术）

K

扩音（器）　　科班（出）　　枯心（苗）

L

疗养（院）	练习（本）	练声（曲）	理事（会）	理发（师）
旅行（社）	履历（表）	联席（会）	绿茵（场）	绿化（祖）
卤化（物）	立交（桥）	立体（电）	立面（图）	连环（画）
留言（簿）	留置（权）	留学（生）	脸蛋（儿）	劣质（品）
廉洁（奉）	例行（公）	鲤鱼（钳）	里程（碑）	利己（主）
粒子（束）	劳资（纠）	老实（巴）	良师（益）	淋漓（尽）
羚羊（挂）	令箭（荷）	露宿（风）	孪生（兄）	蓝领（工）
粮棉（油）	流星（群）			

M

马蜂（窝）	冒失（鬼）	没事（儿）	目击（者）	魔术（师）
美美（的）	麻将（牌）	麻风（病）	眉宇（间）	明明（白）
睦邻（友）	墨守（成）	美联（社）	迈向（未）	冒死（相）
闷声（不）	名声（大）	鸣锣（开）	牟取（暴）	门脸（儿）
梦游（症）	密密（的）			

N

奴隶（制）	闹市（区）	闹着（玩）	匿名（信）	耐旱（植）
逆水（行）	年逾（古）	南柯（一）	南疆（战）	

P

炮筒（子）	排头（兵）	排除（异）	普天（同）	评委（会）

Q

千斤（顶）	千秋（万）	千钧（一）	千夫（所）	敲门（砖）
启示（录）	起居（室）	起跑（线）	起重（机）	拳击（手）
齐步（走）	求实（精）	屈指（可）	全盛（时）	启明（星）
强击（机）	轻骑（兵）	轻于（鸿）	清洁（工）	清道（夫）
情势（下）	蛐蛐（儿）	迁延（性）	契约（书）	权力（意）
轻装（上）	气势（磅）	气垫（船）	气力（输）	青云（直）
氢氧（化）	器乐（曲）	欠账（单）	浅水（池）	抢手（货）
倾巢（出）	庆功（会）	擎天（柱）	驱使（下）	取景（器）

R

人情（味）　　人物（志）　　人事（局）　　人寿（保）　　人缘（好）
热衷（于）　　任人（唯）　　任其（自）　　饶舌（人）　　认同（感）
入狱（者）　　入射（点）　　入境（证）　　如愿（以）　　如实（上）
如意（算）

S

赡养（费）　　社稷（坛）　　摄像（机）　　摄制（组）　　摄氏（度）
神枪（手）　　涉及（的）　　生理（学）　　生机（勃）　　食物（链）
食宿（费）　　食用（菌）　　食利（者）　　示意（图）　　事务（所）
事关（重）　　失业（率）　　实业（家）　　实施（处）　　实物（指）
实体（法）　　实力（派）　　实用（主）　　实事（求）　　实践（理）
失眠（症）　　失语（症）　　随想（曲）　　狮子（舞）　　世纪（末）
涉足（于）　　势利（眼）　　石英（钟）　　石版（画）　　收发（室）
收支（平）　　收视（率）　　收货（人）　　司号（员）　　宿命（论）
柿子（椒）　　始发（站）　　射击（手）　　山药（蛋）　　手提（包）
手抄（本）　　手足（无）　　手扶（拖）　　手摇（发）　　兽医（学）
树枝（状）　　树木（学）　　熟食（店）　　爽身（粉）　　丝织（品）
丝绵（布）　　私房（话）　　司礼（监）　　书皮（纸）　　随机（数）
时效（性）　　时令（服）　　时务（报）　　闪击（战）　　誓师（大）
商务（部）　　视力（表）　　市委（会）　　省级（机）　　适用（性）
适宜（于）　　适龄（母）　　师资（力）　　师范（学）　　速录（机）
适销（产）　　输油（站）　　擅离（职）　　石灰（质）　　矢志（不）
尚书（省）　　蜀道（难）　　深化（改）　　首场（演）　　使（领）
馆商（品）　　房深情（厚）　　散兵（游）　　伞形（花）　　三维（空）
杀鸡（吓）　　煽风（点）　　身心（健）　　深感（不）　　神采（奕）
神通（广）　　声势（浩）　　声誉（鹊）　　拾遗（补）　　视频（放）
守备（部）　　守时（间）　　受益（最）　　受贿（贪）　　盛果（期）
识字（班）　　湿地（松）　　试试（看）　　试飞（员）　　试用（期）
试验（田）　　砂子（炉）　　手势（语）

T

碳化（物）　　天主（教）　　天涯（海）　　跳跃（式）　　贴心（人）
通知（书）　　通报（批）　　拓荒（者）　　探亲（假）　　投递（员）
陀螺（仪）　　停滞（不）　　统治（者）　　啼笑（皆）　　它们（的）

特异（功）	昙花（一）	唐诗（三）	提携（后）	甜菜（褐）
停薪（留）	同心（协）	同济（大）	铜器（时）	统观（全）
痛哭（失）	痛心（疾）	吐气（扬）	蜕化（变）	吞噬（细）
脱粒（机）	脱缰（之）	陀螺（罗）	铜版（纸）	铜子（儿）
透水（性）				

W

无敌（于）	无题（诗）	无线（电）	无理（式）	无轨（电）
无缝（钢）	无业（游）	无期（徒）	亡国（奴）	亡命（徒）
王府（井）	王室（成）	微型（机）	卫道（士）	乌纱（帽）
玩意（儿）	违（反）	纪务实（精）	武士（道）	武术（师）
威武（不）	戊戌（变）	唯心（史）	外线（作）	外甥（女）
婉言（谢）	万般（无）	万古（长）	网状（细）	网罗（大）
威信（扫）	娓娓（动）	违禁（物）	胃镜（检）	位移（电）
巍然（屹）	闻名（中）	闻讯（起）	刎颈（之）	呜呼（哀）
物美（价）	雾化（器）	危难（时）	文史（系）	钨丝（灯）
婉言（谢）	窝窝（头）			

X

县委（会）	县级（机）	先遣（队）	先验（论）	先行（者）
显像（管）	显示（器）	相思（树）	相位（失）	心理（学）
心力（交）	心安（理）	心急（如）	心领（神）	心宽（体）
心慈（面）	叙事（诗）	刑事（案）	媳妇（儿）	吸尘（器）
吸血（鬼）	现金（结）	现成（饭）	香蕉（水）	橡胶（树）
线装（书）	线形（动）	嫌（疑）	犯形势（大）	下级（机）
下属（企）	硝烟（滚）	凶相（毕）	休养（所）	学籍（管）
穴位（注）	训政（时）	稀奇（古）	寻事（生）	寻欢（作）
夏熟（作）	闲置（资）	闲情（逸）	闲人（免）	险恶（用）
箱形（结）	乡规（民）	象形（字）	楔形（文）	蟹状（星）
欣喜（万）	辛亥（革）	新兴（科）	信手（拈）	兴致（勃）
星星（之）	星际（物）	形迹（可）	性命（攸）	吸湿（性）
洗发（剂）	像样（儿）	消炎（片）	信访（组）	

Y

疑心（病）	疑难（病）	意气（用）	意识（到）	意味（着）

意向（书）　意料（之）　意志（薄）　友谊（赛）　诱变（剂）
抑制（剂）　演绎（法）　演唱（会）　医务（室）　铱金（笔）
游击（队）　游艺（机）　游泳（池）　游园（会）　游乐（场）
岳阳（楼）　冤枉（路）　冤家（路）　压根（儿）　幼稚（病）
鱼雷（艇）　鱼尾（葵）　烟卷（儿）　艳阳（天）　衣帽（间）
以利（于）　月季（花）　羊角（风）　腰杆（子）　依附（于）
银灰（色）　饮用（水）　优等（生）　优胜（者）　优点（和）
优势（树）　优先（权）　优化（经）　优异（成）　眼镜（蛇）
眼见（得）　燕尾（服）　邮递（员）　邮电（局）　油漆（匠）
油亮（油）　厌世（主）　伊犁（河）　英勇（战）　英姿（焕）
音响（设）　预想（的）　永葆（青）　依赖（性）　一事（无）
愚公（移）　以至（于）　抑郁（寡）　议事（日）　异体（受）
银河（系）　银质（奖）　隐约（其）　隐性（性）　印发（材）
勇于（实）　悠闲（自）　犹豫（不）　有理（式）　余粮（收）
育种（原）　远洋（捕）　远亲（不）　烟酒（糖）　烟熏（火）
严守（机）　严正（警）　严刑（拷）　岩浆（矿）　燕京（大）
延安（文）　扬幡（招）　液力（偶）　乙型（脑）　怡然（自）
盐渍（化）　燕窝（汤）　延展（性）　掩蔽（部）　已知（数）
译码（器）　移交（给）　移居（法）　引申（义）　引燃（器）
硬纸（板）

Z

指导（意）　指甲（盖）　指示（剂）　指点（江）　助理（员）
助长（了）　助推（器）　知名（度）　知识（界）　知情（人）
执法（者）　执委（会）　针线（包）　增值（税）　侏儒（症）
志愿（者）　真实（性）　真知（灼）　早稻（田）　宅基（地）
侦察（员）　蒸馏（水）　植树（节）　中继（线）　中庸（之）
中科（院）　中立（国）　中型（机）　重头（戏）　装甲（车）
自留（地）　自愿（互）　阻击（战）　战友（们）　睁眼（瞎）
责（任）　制展示（会）　驻华（使）　智力（开）　治理（国）
支撑（点）　政企（分）　政法（部）　招商（局）　在职（干）
直辖（市）　直属（机）　直直（的）　直到（最）　直至（今）
直觉（主）　忠实（的）　忠心（耿）　忠于（职）　衷心（感）
证券（跤）　诸如（此）　终止（式）　终端（设）　终点（站）
职务（工）　重工（业）　中科（院）　质疑（问）　只能（是）

郑重（其）	枝枝（节）	综观（全）	紫荆（山）	主管（部）
造化（小）	战果（辉）	仗势（欺）	朝气（蓬）	招摇（过）
招架（不）	昭明（文）	昭君（出）	折中（主）	珍稀（动）
峥嵘（岁）	至关（重）	站台（票）	主治（医）	壮志（未）
追悔（莫）	资方（代）	召回（派）	止血（药）	致病（性）
致命（处）	置信（度）	制服（呢）	制片（厂）	织女（星）
咨议（局）	撰稿（人）	租借（制）	债役（制）	诸葛（亮）
追溯（到）				

六　形码元一览表

笔画数	形码元	读法(音码)		笔画数	形码元	读法(音码)
1	、	点(DIAN)		3	兀	无(U)
1	∣ * ∣	直(Z)		3	*廾 *廾	卉(XGUE)
1	一	横(XGNE)		3	小 ⺌	小(XIAO)
1	丿	撇(BGIE)		3	*囗	围(UE)
1	8139 B 7	提(BDI)		3	彳	双(XZUNO)
1	8139 B 9	捺(XBDA)		3	三 *彡	三(WN)
1	乙乚〈フ	折(ZE)		3	纟糸	丝(XDZ)
1	*乚	乙(I)		3	川 *巛 *儿	川(BZUAN)
2	一	头(BDEO)		3	*尢	尤(IEO)
2	二	二(XWE)		3	幺	么(XBE)
2	冫	两(XDINO)		3	幺	幺(IAO)
2	卜	卜(BO)		3	凡 *凡	凡(XBUAN)
2	十	十(XZW)		3	*彐 *彐	雪(XIUE)
2	*乂	叉(BZA)		3	巳	巳(XDZ)
2	人亻⺅	人(XBZN)		3	子孑 *孓	子(DZ)
2	八丷	八(BA)		3	*昜	扬(INO)
2	冖	秃(BDU)		4	文 *攴攵	文(UN)
2	*门门	门(XBN)		4	火灬	火(XGO)
2	*匚	方(XBUNO)		4	礻示	示(XZ)
2	厂 *ナ	厂(BZNO)		4	兀	兀(XBGNO)
2	*勹	包(BAO)		4	犬犭	犬(XGIUAN)
2	刀 *刂刂	刀(DAO)		4	心忄⺗	心(XIN)
2	*几	风(XBUNE)		4	*尢	沈(XZN)
2	厶	私(XDZ)		4	丏 *丏	丏(GIO)
2	*卩 *巴	节(GIE)		4	长 *镸	长(ZNO、BZNO)
2	阝	耳(XE)		4	丰 *手 *羊 *牛 *丰	丰(XBUNE)
2	*丂	考(XBGAO)		4	韦	韦(UE)
2	*凵 *屮	出(BZU)		4	戈 *戈	戈(G)
3	宀	宝(BAO)		4	水 氵冰	水(XZUE)
3	辶 *辵	走(DZEO)		4	内 *内	内(XBDE)
3	*爿 *爿	壮(ZUNO)		4	*	兴(XINE)
3	艹	草(BDZAO)		4	爫 *爫	爪(ZAO)
3	弋	弋(I)		4	月 *夕	月(IUE)
3	*亍	亍(GIE)		4	日曰	日(XBZ)

笔画数	形码元	读法（音码）
4	殳	殳（XZU）
4	*聿聿	聿（IU）
4	帀*帀	帀（BI）
4	*央	决（GIUE）
4	手*严扌	手（XZEO）
4	氏*氏	氏（XZ）
5	癶	登（DNE）
5	疒	病（BINE）
5	夫	春（BZUN）
5	戋	戋（GIAN）
5	*吕	吕（XDIU）
5	乌	皱（ZEO）
5	氐	氐（DI）
5	疋*疋	疋（BGI）
5	穴穴	穴（XIUE）
6	衣衤	衣（I）
6	羊*羊*羊	羊（INO）
6	*圭	圭（GUE）

笔画数	形码元	读法（音码）
6	老*耂	老（XDAO）
6	*虍虎	虎（XGU）
6	缶	否（XBUEO）
6	*舛	川（BZUAN）
6	艮	艮（GN）
6	竹竹	竹（ZU）
6	言讠	言（IAN）
6	来来	来（XDIO）
7	呙	涡（O）
7	走*走	走（DZEO）
7	卤	卤（XDU）
7	豸	豸（Z）
7	金	检（GIAN）
8	隹	隹（ZUE）
8	*黾	黾（XBIN）
8	金钅	金（GIN）
9	食饣	食（XZ）
10	鬲	鬲（G）

此外，在部首中，有许多形码元都是大家熟悉而能读出的，故未列入上表，它们是几、儿、力、又、工、土、士、寸、大、口、巾、山、夕、广、尸、己、已、弓、女、马、王、木、歹、比、瓦、止、贝、见、牛、毛、气、片、斤、父、欠、文、方、斗、户、毋、车、石、龙、业、目、田、皿、矢、禾、白、瓜、用、鸟、立、皮、矛、母、耳、臣、西、页、虫、后、臼、自、血、舟、米、羽、麦、赤、豆、酉、辰、豕、里、足、身、采、谷、角、辛、青、其、雨、齿、鱼、革、骨、鬼、风、音、麻、鹿、黑、鼠、鼻等。

提 示

※ 上表中形码元前加"*"的是需要记忆的。

※ 凡是中文小写数字，从"一"到"十"，大写数字从"壹"到"拾"，为了输入的方便和准确，仍使用加"W"的特定打法；但是，在单字中的"一"全部作为笔画，读作"横（XGNE）"。

※ "是"的形码打法是"XZI：Z"。

图书在版编目（CIP）数据

亚伟中文速录机培训教程：7.0 版：上下册／廖清

主编. --北京：社会科学文献出版社，2022.11（2024.2 重印）

ISBN 978-7-5228-0888-8

Ⅰ.①亚… Ⅱ.①廖… Ⅲ.①汉字-速记-职业培训

-教材②文字处理-职业培训-教材 Ⅳ.①H126.1

②TP391.1

中国版本图书馆 CIP 数据核字（2022）第 194112 号

亚伟中文速录机培训教程（7.0版）（上下册）

主　　编／廖　清
副 主 编／唐　骥　王　芳　徐云庆　唐　腾

出 版 人／冀祥德
组稿编辑／梁艳玲
责任编辑／王京美　郑凤云

出　　版／社会科学文献出版社（010）59366556
　　　　　　地址：北京市北三环中路甲 29 号院华龙大厦　邮编：100029
　　　　　　网址：www.ssap.com.cn
发　　行／社会科学文献出版社（010）59367028
印　　装／三河市龙林印务有限公司

规　　格／开　本：787mm×1092mm　1/16
　　　　　　印　张：23.25　字　数：504 千字
版　　次／2022 年 11 月第 1 版　2024 年 2 月第 2 次印刷
书　　号／ISBN 978-7-5228-0888-8
定　　价／69.00 元（上下册）

读者服务电话：4008918866